高职高专规划教材

U0689343

汽车车身电控技术

主　编　郑尧军

副主编　陈立旦　黄会明

主　审　陈开考

ZHEJIANG UNIVERSITY PRESS
浙江大学出版社

图书在版编目（CIP）数据

汽车车身电控技术 / 郑尧军主编. —杭州：浙江大学出版社，2009.6（2024.1 重印）
高职高专汽车类规划教材
ISBN 978-7-308-06878-9

Ⅰ.汽… Ⅱ.郑… Ⅲ.汽车—车体—电子系统:控制系统—高等学校：技术学校—教材 Ⅳ.U463.6

中国版本图书馆 CIP 数据核字（2009）第 103995 号

汽车车身电控技术

郑尧军 主编

丛书策划	樊晓燕 王 波
责任编辑	王 波
封面设计	刘依群
出版发行	浙江大学出版社
	（杭州市天目山路 148 号 邮政编码 310007）
	（网址：http://www.zjupress.com）
排 版	杭州青翊图文设计有限公司
印 刷	浙江新华数码印务有限公司
开 本	787mm×1092mm 1/16
印 张	20
插 页	2
字 数	403 千
版 印 次	2009 年 7 月第 1 版 2024 年 1 月第 14 次印刷
书 号	ISBN 978-7-308-06878-9
定 价	49.00 元

浙江大学出版社市场运营中心联系方式：0571-88925591；http://zjdxcbs.tmall.com

高职高专汽车类专业规划教材

编委会名单

主　任　陈丽能

副主任　陈文华　胡如夫

成　员（以姓氏笔画为序）

石锦芸　孙培峰　李增芳　李泉胜　朱仁学

刘冶陶　邵立东　陈开考　陆叶强　范小青

郭伟刚　姜吾梅　谈黎虹　倪　勇　焦新龙

熊永森

总　　序

汽车行业的国家"十一五"规划的重点之一是解决发展的规模和速度问题。关于"十一五"汽车发展愿景,比较权威的信息是:1000万辆左右的年产量,10％左右的增长速度;5500万辆左右的汽车保有量,40辆/千人左右的汽车化水平;工业增加值占GDP的比重提高到2.5％。而面对当前国内汽车行业的现状,我们可以看出,汽车工业要在"十一五"期间的短短5年里实现如此巨大的增幅、如此强劲的增速,对汽车人才的需求十分迫切。据中国汽车人才研究会2006年预测,未来5年,根据汽车发展的水平和需要,汽车后服务技能型人才供求矛盾不是渐增,而是激增,这意味着人才供求的结构性矛盾非常突出,不是哪类人才比较重要,而是各类人才都很重要;不是哪类人才紧缺,而是全面紧缺。理性地看,汽车研发人才重要,汽车制造业人才重要,汽车维修业人才重要,而汽车营销和服务技能型人才等同样重要。

2005年国家教育部在高等职业技术学院设置指导意见中专门设立了汽车类专业,把汽车检测与维修技术、汽车电子技术、汽车技术服务与营销等专业划归其中,这为加强我国汽车后服务产业技能型人才的培养提供了一个很好的专业平台。

汽车后服务技能型人才培养的数量重要,质量更重要。所以,在大力发展汽车后服务技能型人才培养的过程中,广泛开展教学改革,认真搞好教材建设,是非常重要的。

为了适应当前汽车后服务技能型人才培养的需要,充分体现高等职业教育特点,有利于培养出当前以及今后我国汽车行业急需的人才,浙江大学出版社依托浙江省高教研究会及高职高专汽车类专业协作组,在对多年相关专业课程与教材建设及教学经验的认真研讨和总结的基础上,组织编写了这套"高职高专汽车类专业规划教材"。

本系列教材以国家教育部颁发的"高等职业教育汽车专业领域技能型

紧缺人才培养指导方案"为依据,具有以下特点:

1. 以就业为导向,以培养汽车后服务技能型人才为目标,以技术应用能力为主线,注重理论联系实际,注重实用,突出反映新知识、新技术、新设备和新方法的应用。同时,加强实验、实训的内容和要求,加强对学生实际操作能力的培养。

2. 针对当前我国汽车行业各类人才都紧缺的现状,本系列教材的教学对象涉及汽车类专业的各个方向,包括汽车检测与维修技术、汽车电子技术、汽车技术服务与营销等。编写的教材中既有《汽车检测与诊断技术》、《汽车底盘构造与检修》、《汽车发动机构造与检修》、《汽车自动变速箱原理与检修》等技术类的,也有《汽车营销实务》、《汽车信贷、保险与理赔》、《汽车文化》等涉及市场营销及服务类的,符合当前汽车人才培养的新的课程体系。

3. 针对高职高专学生的学习特点,注意"因材施教",教材内容力求通俗易懂,深入浅出,易教易学,有利于改进教学效果,体现人才培养的实用性。

本系列教材的开发与出版将有利于促进高职高专汽车后服务类专业的教学改革、师资建设和专业发展,为我国汽车后服务产业高技能人才的培养做出贡献。

丛书编委会主任

陈丽能

2006 年 9 月

前　言

　　随着我国汽车工业的快速发展,以及汽车电子技术、传感器技术、计算机技术、网络技术等在现代轿车中的大量应用,汽车车身电控系统变得日益复杂、庞大,其检修的难度也越来越大,对从业人员提出了更高的要求。"汽车车身电控技术"作为汽车类相关专业开设的一门专业核心能力课,切实掌握其内容与技能对提高汽车维修从业人员的技能与水平至关重要。

　　本教材以"高等职业教育汽车专业领域技能紧缺型人才培养指导方案"为依据,结合高职教育、企业实际工作岗位要求,在编写中重点突出了以下几个方面:一是内容上较新、较全,全书以汽车安全性控制、方便性控制、舒适性控制、信息化娱乐、网络化通信导航、智能化控制等为主线,并结合了目前汽车车身电控系统中较为典型、较为新颖的内容;二是在内容选择上强调与实际教学设施相符合,与岗位情况、检修实际相符合,在查阅大量文献资料基础上,选择典型车型与相应维修手册内容,力求更符合岗位能力培养的需要。本书可作为高职汽车类专业学生的教材,同时也可作为汽车维修技术人员的参考书及培训教材。

　　全书共分为12章。第1章绪论,概述了汽车车身电控技术的基本内容与发展趋势。第2章安全带与安全气囊,叙述了被动安全概念,安全带、安全气囊的结构与原理,并对典型车型的安全气囊系统进行了分析;第3章汽车防撞控制系统,叙述了汽车车前防撞控制系统的结构与工作原理、倒车雷达的结构;第4章自动座椅,对自动座椅的结构与工作原理进行了阐述,并对典型的凌志自动座椅与帕萨特自动座椅进行了分析;第5章中控门锁与防盗系统,阐述了中控门锁防盗系统的结构原理及典型车型的防盗系统;第6章汽车巡航控制系统,阐述了汽车巡航控制系统的类型与控制功能,对典型的三种巡航系统——本田真空式、丰田电磁电机式、大众电子油门式巡航控制系统进行了深入的分析,并跟踪了最新的自适应式巡航控制技术;第7章汽车多媒体信息娱乐系统,叙述了汽车音响系统的结构,并探讨了汽车音响解码、音响加装等问题;第8章自动空调系统,介绍了自动空调系统的应用情况,并对自动空调系统的结构与工作原理进行了深入的分析,重点突出自动空调系统的电子控制系统与配气系统部分,并对典型的丰田凌志、广本雅阁、大众帕萨特车型的自动空调进行了深入分析;第9章汽车数字仪表与综合信息显示系统,介绍了汽车数字仪表与综合信息显示系统的结构与应用;第10章汽车导向/导航系统,简要介绍了汽车导向/导航系统的类型与应用;第11章车载网络控制系统,对车载网络系统的分类与划分进行了阐述,并重点介绍了动力传输 CAN-BUS、舒适系统 CAN-BUS 的结构原理与检修,还对高档车应用较多的 LIN-BUS、MOST-BUS 进行了分析;第12章其他车身电控新技术,介绍了汽车黑匣子(行车记录仪)、驾驶员安全辅助系统、夜视系统、前照灯智能控制等其他最新车身技术的应用情况。

本书由郑尧军主编,陈立旦、黄会明任副主编。参加本教材编写的主要人员有郑尧军(浙江经济职业技术学院,第1、4、8、11、12章)、陈立旦(浙江经济职业技术学院,第2、3、6、10章)、黄会明(浙江机电职业技术学院,第5、9章)、吴君(浙江经济职业技术学院,第7章)。全书由郑尧军负责统稿,陈开考主审。

本书在编写过程中参阅了大量国内公开发表出版的资料、文献及维修手册,并引用了其中的部分图表资料,编写人员根据维修手册绘制了部分章节的线路原理图,谨此表示深深的谢意。在大纲讨论和编审过程中得到了浙江交通职业技术学院陈文华教授、浙江经济职业技术学院陈开考教授、骆美富高工、武汉科技大学麻友良教授、郭健中副教授等多位专家学者的指导,浙江大学出版社也为本书的出版给予了大力支持,在此一并表示感谢。

鉴于汽车车身电控技术涉及知识面与内容广泛,加之时间仓促、水平有限,书中内容取舍、叙述及安排等方面难免有不妥之处,敬请各位专家和读者批评指正,以便再版时修订。

编　者

目　　录

第 1 章

绪 论

1.1 车身电控技术概述

近年来,在社会需求与法律法规的推动下,随着信息技术、计算机技术、电子技术的迅速发展及其在汽车中的应用,汽车电子电控技术得到了蓬勃发展,汽车行业呈现了多样化的发展趋势。就目前而言,汽车电子技术大致可分为动力控制系统、底盘电控系统、车身电子与安全系统及车载电子系统。具体到车身电控技术领域,其功用有:

(1) 满足用户个性化的需求,大幅度提高汽车的性能,使之更加舒适、方便、安全、可靠;

(2) 满足社会需求,保护环境,节省能源,节约资源;

(3) 实现包括道路在内的交通系统智能化,将汽车和社会有机地联结起来。

更仔细地观察汽车车身电子的发展趋势,大致可再细分为三个方面,即增加功能、提高系统可靠性需求和增加软硬件复用。功能的增加要求在车辆的各个不同电子模块之间建立更有效、更稳定的通信机制;功能的增加必然意味着发生故障的可能性增加,所以现代车身电控系统对汽车的系统使用可靠性提出了更高的要求;"功能的增加"和"提高系统可靠性"趋势,必然会导致更复杂的系统和器件解决方案,解决问题的方法是"软硬件复用"。

1.2 车身电控技术基本内容

车身电控系统是在汽车整体运行环境下能够独立使用的电控系统,它和汽车本身的性能并无直接关系,以节约能源,改善乘坐舒适性、使用方便性,提高汽车档次、安全性,满足现代通信的需要,增加享受型功能等为目的,大多属辅助性功能,在目前汽车电控系统中是更新最快、新技术应用最广泛的领域。车身电控技术按照使用的方便性、安全性、舒适性等可分为以下几大方面：汽车安全控制系统，汽车使用方便性控制系统，汽车车内环境舒适、娱乐系统，汽车数字仪表与信息显示系统，汽车通信导航与智能化控制系统（智能交通 ITS），车载网络系统等。

汽车安全控制系统由主动安全系统与被动安全系统组成，其中主动安全系统包括底盘安全控制技术，如 ABS/ASR/ESP、EPS 等，及车身主动安全装置，典型的车身主动安全装置有车载防撞雷达控制、倒车雷达、智能辅助泊车系统、智能防盗系统、轮胎压力监测、驾驶员状态监视系统等组成；被动安全系统则由已广泛应用的安全带、安全气囊等组成。

汽车使用方便性控制系统有（自适应）巡航系统、电动座椅/自动座椅、灯光控制等。

汽车车内环境舒适、娱乐系统有自动空调、多媒体音响娱乐系统 DVD 等。

汽车数字仪表与信息显示系统有多功能信息显示系统（仪表）、语音系统、接入式互联网等。

汽车通信导航与智能化控制系统有导航与定位系统、车载网络系统、车载电话、智能交通 ITS 等。

1.3　车身电控技术发展趋势

当前汽车电子技术主要向着功能多样化、技术一体化、系统集成化和通讯网络化发展。由于轿车在追求舒适性和附加功能上要求更大，因此进一步提高娱乐性与便利性将是汽车电子技术的发展趋势，为此，智能汽车的概念被提出及具体化。相对于传统汽车，智能汽车将大幅增强其智能控制系统，结合了人、车、环境的综合研究，主要有以下几点：

（1）把驾驶员不仅看作是一个控制源，而且视为车辆的一个子系统，它和车辆其他子系统相互间发生作用。

（2）车辆与车辆之间也看作是相互之间有联系的，因而需要考虑车辆之间的控制问题。

（3）把车辆的综合控制扩展到车辆与道路之间的控制。

（4）进一步探讨人、车与环境系统的智能化控制与自动驾驶问题。

最近，在国外提出了"自适应车辆"的概念（见图 1-1 所示），它具体表达了如何对人、汽车和环境等因素进行综合协调，以达到整个系统的性能最优。其控制方法是在线实时分析行驶环境、车辆运行状况以及驾驶者的操纵意图和能力，然后用计算机对车辆进行综合控制，以期达到人、车与环境系统最优化的目的。

这些设计中的智能控制系统包括：基于传感器的警示系统、乘坐处理的辅助控制系

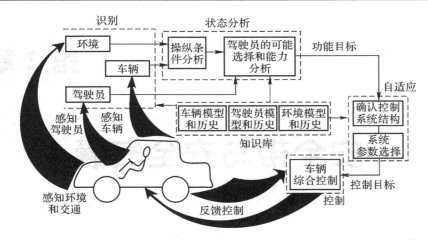

图 1-1　自适应汽车的结构与控制框图

统、基于反应的控制系统、预测反应的控制系统、减撞系统、防撞系统、高速巡航系统和预测控制系统等。

安全带与安全气囊

【应知】

1. 安全带与安全气囊的结构与工作原理
2. 安全带与安全气囊检修注意事项

【应会】

1. 熟练运用仪器对安全带与安全气囊进行检查
2. 熟练更换安全带与安全气囊

2.1 汽车安全控制系统概述

随着现代汽车技术的飞速发展,现代汽车的安全性成为汽车设计、制造与使用中需要研究的一个重要课题。汽车的安全性分为主动安全和被动安全。主动安全是指通过事先防范,使汽车具有主动防止事故发生的能力,主要有操纵的稳定性,制动的可靠性、平顺性等,如 ESP、ABS、ASR、主动防撞控制系统等;被动安全是指在交通事故发生的情况下使汽车具有减少损伤、保护乘员的能力(包括具有在车辆事故发生时大幅减低碰撞强度的功能),主要有防撞式车身、安全带和辅助乘员的保护系统(Supplemental Restraint System,以下简称安全气囊 SRS)等。

由于汽车事故难以完全避免,因此被动安全显得非常重要,安全带和安全气囊作为被动安全的重要研究成果,由于使用方便、效果显著、造价不高,近年来得到迅速发展和普及。

2.2 安全带

2.2.1 安全带的作用

汽车安全带是一种被动安全装置,它在汽车正面低速碰撞事故中能有效地保护乘员,在发达国家早已普及,欧洲许多国家的法规规定汽车乘员必须使用安全带,我国也强制规定行车必须使用安全带。使用安全带是安全气囊有效发挥作用的前提条件。

2.2.2　安全带的类型

安全带按控制方式可分为主动式安全带与被动式安全带。主动式安全带又称预紧式安全带。根据安装方式安全带又可分为两点式(腰肩带)、斜挂式、三点式(腰肩联合带)、四点式,如图 2-1 所示。

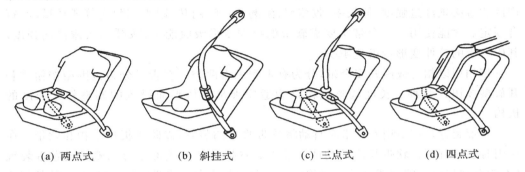

(a) 两点式　　　　(b) 斜挂式　　　　(c) 三点式　　　　(d) 四点式

图 2-1　安全带的安装方式分类

1. 两点式

两点式又称腰带式,是安全带的基本型。仅限制乘员腰部的称腰带;仅限制乘员上半身的称肩带。飞机乘员一般使用的就是这种安全带。软带从腰的两侧挂在腹部。优点是使用方便,容易逃出车外;缺点是腹部负荷很大,在撞车时,上身容易前倾,前座乘员头部会碰到仪表板或风窗玻璃。后座乘员一般可以使用这种安全带。

2. 斜挂式

斜挂式又称安全肩带,软带经乘员胸前斜挂在肩部,可防止上体转动。其缺点是:撞车时乘员受力不均匀,下体容易向前挤出;若安装不当,身体会从带中脱出或头部被撞。这种安全带在欧洲采用较多,但日本、加拿大、澳大利亚等国在标准中排除了这种安全带。国际标准中虽通过了这种安全带,但不推荐使用。由于最近开发了膝部保护装置与这种安全带并用,可以消除这一缺点,美国已认可使用。

3. 三点式

三点式安全带有两种,一种是两点式和斜挂式合二为一的复合式,又称连续三点式;另一种是将防止上体前倾的肩带连在两点式安全带上任意点而成的,称为分离三点式。三点式兼有两点式和斜挂式的长处并且消除了短处,对乘客保护效果良好,实用性高,是现在最通用的一种安全带。

4. 四点式

四点式又称马夹式安全带,是两点式安全带上再连两条肩带组合而成。这类安全带效果最好,也是最完善的一种,但缺点是使用不便,一般用于特殊用途车或赛车上。

2.2.3　安全带的结构

　　安全带的基本结构一般包括软带、带扣、长度调整机构、卷带装置和固定部分。软带是安全带的本体,一般用尼龙织物、聚酯、维尼纶等合成纤维原丝编织成宽约50mm、厚约1.5mm的带子。软带要求具有足够的强度、延伸性和吸收能量性,以便在撞车时起到缓冲作用,可用作腰带和肩带。各国对软带的性能和试验要求都有标准规定。生产的软带必须经过强度、伸长率、收缩率、耐磨、耐寒、耐热、耐水和耐光等考核试验,符合规定后才能使用。安全带主要靠软带的拉伸变形吸收能量,减缓二次碰撞的强度。其中肩带的拉伸变形量可达40%。

　　带扣用以扣合或脱开安全带,分为有舌和无舌两类。有舌又分为包围型按钮式和开放型按钮式两种。长度调整机构是为适应乘员的体形而设置的调整软带长度的机构。

　　卷带装置是在不用安全带时自动将软带收卷的装置,以防止损伤带扣和软带。在使用时还具有调整软带长度的功能。卷带装置按卷带方式可分为无锁紧式卷带装置(不能在软带拉出的位置自动锁紧软带)、自动锁紧式卷带装置(可在软带拉出的任何位置自动锁紧软带)、手动无锁紧式卷带装置(能用手拉出软带,但不能锁紧的卷带装置)、紧急锁紧式卷带装置(可将安全带自由拉出或收回,但当拉出带子的速度超过某限值时则立即锁住)四种。

　　安全带的区别还在于卷收装置的不同。根据卷收装置的不同,又可分为无锁式、手调式、自锁式、急锁止式(目前我国使用最广泛的一种安全带)。在0.7g加速度,织带拉出在小于25mm内锁止;在2g加速度,织带拉出在小于50mm内锁止,卷收装置倾斜12°以下不锁止,27°以上锁止)、预紧式(正常情况下,安全带与人体间保持一定间隙,碰撞到一定强度时,主动收紧安全带,有效消除间隙,提高安全带的作用)、限力式(发生碰撞时,安全带施加很大的拉力,限制乘员的运动,但力大到一定值后,允许卷收锁扣等部位移动,防止力过大的伤害)。

2.2.4　安全带的工作原理

　　当事故发生的瞬间,安全带软带从棘轮轴拉出的加速度超过设计值时,棘轮轴两端的棘爪盘就卡死软带,限制软带拉出从而将成员固定在座椅上。当碰撞结束时,加速度为零,棘爪盘放松,织带可自由拉出。

　　现代轿车大量装备了预收紧式安全带与限力装置。它是在普通安全带的基础上增加预紧器构成的。预紧器可以与锁扣结合在一起(锁扣预紧器),也可以与卷收器结合在一起(卷收器预紧器)。预收紧装置用来尽量消除安全带的多余张紧余量,避免乘员被爆炸的安全气囊伤害头部。和安全气囊的工作原理一样,由于汽车碰撞的形式不同,强度不同,准确点爆是收紧式主动安全带预紧器工作的基本要求。现代预紧器多采用电子控制器触发。如汽车配备了气囊且使用了智能控制器,则预紧式安全带的控制一般由气囊控制器完成。分两级控制:当碰撞强度达到第一级而未达到第二级,点爆预紧式安全带;达到第二级时,点爆安全气囊。

2.2.5　安全带的使用

安全带在发生交通事故时,虽能降低驾乘车人员受伤程度而起保护作用,但前提是必须正确使用,否则会大大降低其效果。首先,要经常检查安全带的技术状态,如有损坏应立即更换;在使用中,安全带应尽量系在髋部和胸前,即应该横跨在骨盆和胸腔之上形成一个水平放置的 V 字;只能一个人使用,严禁双人共用;不要将安全带扭曲使用;使用安全带时不要让其压在坚硬易碎的物体上,如口袋里的手机、眼镜、钢笔等;座椅上无人时,要将安全带送回卷收器中,将扣舌置于收藏位置,以免在紧急制动时扣舌撞击在其他物体上;不要让座椅背过于倾斜,否则影响使用效果;安全带的扣带一定要扣好,以防受外力时脱落而不能起到保护作用。

2.3　安全气囊

2.3.1　安全气囊概述

安全气囊(Supplemental Restraint System)也称辅助乘员保护系统或乘员约束系统,简称 SRS。是一种被动安全装置,是一种当汽车遭到冲撞而急剧减速时能很快膨胀的缓冲垫。

1. 安全气囊的作用

据统计,全球每年都有约 120 万人死于交通事故,其中约 20% 的死亡是由于正面碰撞事故导致。安全气囊的发明大大减少了这类事故的发生。安全统计结果表明,当汽车发生正面碰撞,由于巨大的惯性力对驾驶员所造成的伤害中,胸部以上受伤的概率达 75% 以上。所以,安全气囊在设计时,主要考虑的是针对驾驶员的头部和颈部的保护。使用安全气囊,可以吸收乘员在碰撞过程中的动能;减少破碎的玻璃和飞起的杂物对乘员的伤害;减少乘客后颈部的冲击。根据实际使用效果对比发现:只使用安全带,交通事故中的死伤率下降 45%;只使用气囊,交通事故中的死伤率下降 14%;同时使用安全带和安全气囊,交通事故中的死伤率下降 50%。故安全气囊是座椅安全带的辅助装置,不是替代座椅安全带装置,安全气囊与座椅安全带并用,才能对乘员发挥更大的保护作用。

2. 安全气囊的类型

(1)按照碰撞类型分类

根据碰撞类型的不同,安全气囊可分为正面防护安全气囊(与安全带配合使用)、侧面防护安全气囊和顶部碰撞防护安全气囊。正面碰撞安全气囊系统是目前应用最广泛的一种,而侧面碰撞安全气囊和顶部碰撞安全气囊现已逐渐普及。

(2)按照安全气囊数目分类

按照安全气囊安装数目可分为单气囊系统(只安装在驾驶员侧)、双气囊系统(驾驶员侧和副驾驶员侧各有一个安全气囊)和多气囊系统。

(3)按照安全气囊触发机构分类

按照安全气囊触发机构可分为机械式(M 型)、机电式(ME 型)和电子式(E 型)安全气囊,现代汽车大部分采用了电子控制式安全气囊系统。

3. 汽车对安全气囊的要求

安全气囊是在汽车发生碰撞时才工作的安全装置,所以它的可靠性就显得尤为重要。也就是说,汽车在发生碰撞时,根据不同车速,确定安全气囊可靠地工作。汽车在紧急制动或在高低不平的路面上行驶时,汽车也会产生较大的减速度和剧烈的振动,这时要保证安全气囊不工作。此外,由于现代汽车安全气囊大多是电子控制式的安全气囊,这就要求安全气囊系统在汽车发生碰撞、电源出现故障的短时间(20s)内,应能够正常工作。因此,一般情况下,安全气囊系统采用双电源,在整车电源断电的情况下,安全气囊控制系统电路中的备用电源可引爆安全气囊。在技术上,对安全气囊的要求主要有以下几个方面:

(1)可靠性高

在汽车未发生碰撞事故的情况下,安全气囊的使用年限为 7～15 年。若在碰撞事故中,安全气囊开启,则安全气囊系统要全套更换。

(2)安全可靠

安全气囊系统要能正确区分制动减速度和碰撞减速度的区别。

(3)灵敏度高

当汽车发生碰撞时,安全气囊系统要在二次碰撞(指驾驶员或乘客与转向盘、仪表板或风挡玻璃碰撞)前,正确、快速打开气囊,并能正确泄气,起到缓冲作用。

(4)有防误爆功能

安全气囊系统一般采用二级门限控制,减速度的控制门限要合理。过低,安全气囊就会发生不必要的引爆;过高,汽车发生碰撞时,安全气囊打不开或者打开过晚。

(5)自诊断功能

安全气囊系统应能及时发现故障,并以报警灯的形式报告驾驶员。

4. 汽车安全气囊的发展趋势

近几年来,随着汽车技术的发展与普及,人们对汽车安全性能的要求越来越高,现代轿车大部分都配置了安全气囊系统。国外部分发达国家已经在交通法规中明确规定轿车必须配置安全气囊装置。随着世界汽车市场的激烈竞争,以及安全气囊制造成本的降低,安全气囊将作为标准配置装配到所有家庭用的经济型轿车上。

随着科技的发展和人们对汽车安全重视程度的提高,汽车安全技术中的安全气囊技术近年来也发展得很快,窗帘(屏蔽)式、智能化、多安全气囊是今后整体安全气囊系统发展的必然趋势。新的技术可以更好地识别乘客类型,采取不同的保护措施。系统采用重量、红外技术、超声波等传感器来判断乘客与仪表板远近、重量、身高等因素,进而在碰撞时判断是否点爆气囊、采用 1 级点火还是多级点火、点爆力有多大,并与安全带形成总体控制。通过传感器,气囊系统还可以判断出车辆当前经历的碰撞形式,是正面碰撞还是角度碰撞,侧面碰撞还是整车的翻滚运动,以便驱动车身不同位置的气囊,形成对乘客的最佳保护。

网络技术的应用也是安全气囊系统的发展方向。在汽车网络中,有一种应用面比较窄但是非常重要的网络即 Safe-By-Wire。Safe-By-Wire 是专门用于汽车安全气囊系统的总线,Safe-By-Wire 技术旨在通过综合运用多个传感器和控制器来实现安全气囊系统的细微控制。与整车系统常用的 CAN、FlexRay 等总线相比,Safe-By-Wire 的优势在于它是专门面向安全气囊系统的汽车 LAN 接口标准。为了保证系统在汽车出事故时也不受破坏,Safe-By-Wire 中嵌入有多重保护功能。比如说,即使线路发生短路,安全气囊系统也不会因出错而起动。Safe-By-Wire 技术将会在汽车安全气囊系统中获得广泛的应用。

2.3.2　安全气囊的工作原理

1. 安全气囊的工作原理与有效作用范围

(1) 安全气囊的基本设计思想

安全气囊的基本设计思想是:在汽车发生一次碰撞后(如图 2-2(a)所示),二次碰撞前(如图 2-2(b)所示),迅速在乘员和汽车内部结构之间打开一个充满气体的袋子,使乘员撞在气袋上,避免或减缓二次碰撞,从而达到保护乘员的目的(如图 2-2(c)所示)。由于乘员和气囊相碰时容易因振荡造成乘员伤害,所以在气囊的背面开有两个直径25mm 左右的圆孔。这样,当乘员和气囊相碰时,借助圆孔的放气可减轻振荡。放气过程同时也是一个释放能量的过程,因此可以很快地吸收乘员的动能,有助于保护乘员。

(2) 安全气囊的工作过程

根据德国博世公司在奥迪轿车上的试验研究表明:当汽车以车速 50 km/h 与正前面的障碍物碰撞时,安全气囊系统 SRS 的动作时序如图 2-3 所示。

　(a) 一次碰撞　　　　　　　(b) 二次碰撞　　　　　(c) 一次碰撞后二次碰撞前

图 2-2　安全气囊设计思想示意

　　1)碰撞约 10 ms 后,SRS 达到引爆极限,点火器引爆点火剂并产生大量热量,使充气剂(叠氮化钠药片)受热分解,驾驶员尚未动作,如图 2-3 (a)所示;

　　2)碰撞约 40 ms 后,气囊完全充满,体积最大,驾驶员向前移动,斜系在驾驶员身上的安全带被拉紧,部分冲击能量已被吸收,如图 2-3 (b)所示;

　　3)碰撞约 60 ms 后,驾驶员头部及身体上部压向气囊,气囊的排气孔在气体和人体压力作用下排气节流吸收人体与气囊之间弹性碰撞产生的动能,如图 2-3(c)所示;

　　4)碰撞约 110 ms 后,大部分气体已从气囊逸出,驾驶员身体上部回到座椅靠背上,

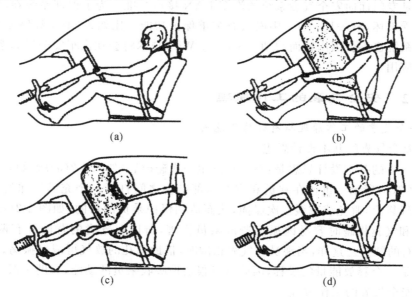

　　　　　(a)　　　　　　　　　　　　　　　　(b)

　　　　　(c)　　　　　　　　　　　　　　　　(d)

图 2-3　安全气囊的工作过程
(a) 10 ms 时; (b) 40 ms 时; (c) 60 ms 时; (d) 110 ms 时

汽车前方恢复视野,如图 2-3(d)所示;

5)碰撞约 120 ms 后,碰撞危害解除,车速降低直至为零。

由此可见,气囊在碰撞过程中的动作时间极短。从开始充气到完全充满约为 30 ms;从汽车遭受碰撞开始到气囊收缩为止,所用时间仅为 120 ms 左右,而人的眼皮眨一下所用时间约为 200 ms 左右。因此,气囊动作状态和经历时间无法用肉眼确认。

图 2-4 为安全气囊的工作示意图。

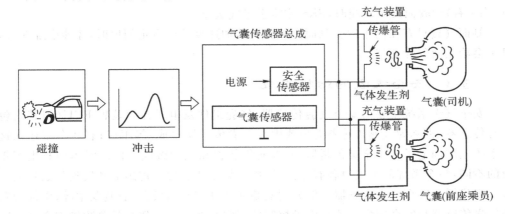

图 2-4　安全气囊的工作示意

2. 安全气囊有效作用范围

汽车安全气囊系统 SRS 并非在所有碰撞情况下都能起作用。正面 SRS 只有在汽车正前方或斜前方±30°角范围内(如图 2-5 所示)发生碰撞、纵向减速度达到设定阈值、且安全传感器和任意一只前碰撞传感器接通时,才能引爆气囊充气。在下列条件之一的情况下,SRS 不会引爆气囊充气。

(1)汽车遭受侧面碰撞超过斜前方±30°角时;

(2)汽车遭受横向碰撞时;

(3)汽车遭受后方碰撞时;

(4)汽车发生绕纵向轴线侧翻时;

(5)纵向减速度未达到设定阈值时;

(6)防护传感器未接通时或所有前碰撞传感器都未接通时;

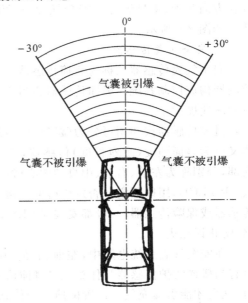

图 2-5　正面碰撞时安全气囊的有效作用范围

(7)汽车正常行驶、正常制动或在路面不平的道路条件下行驶时。

减速度阈值根据 SRS 的性能设定，不同车型 SRS 的减速度阈值有所不同。在美国，因为 SRS 是按驾驶员不配戴座椅安全带来设计的，气囊体积大、充气时间长，所以 SRS 应在较低的减速度阈值时引爆气囊，即汽车以较低车速（20 km/h 左右）行驶而发生碰撞时，SRS 就应引爆。在日本和欧洲，由于 SRS 是按驾驶员佩戴座椅安全带来设计的，气囊体积小，充气时间短，所以设定的减速度阈值较高，汽车以较高车速（30 km/h左右）行驶而发生碰撞时，SRS 才能引爆气囊充气。

侧面气囊只有在汽车遭受侧面碰撞且横向加速度达到设定阈值时，才能引爆充气，且不会给正面气囊充气。

2.3.3 安全气囊的结构组成

安全气囊系统主要由安全气囊传感器、气囊组件及电子控制装置 ECU（因其内包含有传感器，也称为气囊传感器总成或中央气囊传感器总成）等组成；有些车型还在这一系统上增加电子式安全带预紧器，通常充气装置和气囊做成一体。因车型和生产年份的不同，整个系统的组成也各有差异，这些差异主要表现在传感器和气囊的数量上。

现代轿车安全气囊传感器一般分别安装在驾驶室间隔板左、右侧及中部；中部的安全气囊传感器与安全气囊系统与电子控制装置安装在一起。驾驶员侧防撞安全气囊装置在方向盘中；乘员侧防撞安全气囊一般装置在乘员侧仪表台上，外层用一塑料盖遮住。如图 2-6 所示。

1. 安全气囊传感器

安全气囊传感器又称为碰撞传感器。碰撞传感器的作用是判别撞车程度，与电子控制器构成控制系统。碰撞传感器相当于一只控制开关，其工作状态取决于汽车碰撞时的减速度大小。

碰撞传感器按功用可分为碰撞信号传感器和碰撞防护传感器两类。碰撞信号传感器又称为碰撞烈度（激烈程度）传感器，安装在汽车左前、右前、前部中央和 SRS ECU 内部，分别称为左前、右前、中央和中心碰撞传感器，其功用是将汽车碰撞时的减速度输入 SRS ECU，用以判定是否发生碰撞。碰撞防护传感器简称防护传感器，又称为安全传感器或保险传感器，一般都安装在 SRS ECU 内部，其功用是控制气囊点火器电源电路，防止误点火。

在安全气囊系统电路中，左前、右前、中央和中心碰撞传感器之间均为并联关系。只有当碰撞防护传感器与任意一只碰撞信号传感器同时接通时，点火引爆电路才能接通，气囊才能引爆充气。设置碰撞防护传感器的目的是防止前碰撞传感器意外短路而造成气囊误膨开。因为在不设置碰撞防护传感器的情况下，当检修前碰撞传感器时，如果不慎将其信号输出端子短路使点火器电路接通，那么气囊就会引爆充气膨开，造成不

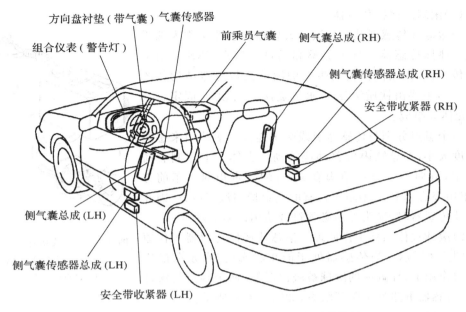

方向盘衬垫（带气囊）气囊传感器

组合仪表（警告灯）

前乘员气囊

侧气囊总成（RH）

侧气囊传感器总成（RH）

安全带收紧器（RH）

侧气囊总成（LH）

侧气囊传感器总成（LH）

安全带收紧器（LH）

图 2-6　1997 年后产 LS400 SRS 系统的零件位置

必要的损失。设置防护传感器后，如果防护传感器电路不接通，那么点火器就没有电源，气囊回路始终断开，从而可以避免气囊误膨开。

碰撞防护传感器和碰撞信号传感器的结构原理完全相同，其唯一区别在于设定的减速度阈值有所不同。换句话说，一只碰撞传感器既可用作碰撞信号传感器，也可用作碰撞防护传感器，但是必须重新设定其减速度阈值。设定减速度阈值的原则是碰撞防护传感器的减速度阈值比碰撞信号传感器的减速度阈值稍小。当汽车以 40 km/h 左右的速度撞到一辆静止或同样大小的汽车上或以 20 km/h 左右的速度迎面撞到一个不可变形的障碍物上时，减速度就会达到碰撞信号传感器设定的阈值，传感器就会动作。

碰撞传感器按结构可分为全机械式、机电结合式、电子式和水银开关式。

全机械式碰撞传感器是利用传感器中传感重块的移动速度高于某一特定车速（称为 TBD 车速）时，传感重块便将其机械能直接传给引发器使气囊膨开，现代轿车已基本不采用此类碰撞传感器了。

机电结合式碰撞传感器是一种利用机械机构运动（滚动或转动）来控制电器触点动作，再由触点与非碰撞传感器同时闭合来控制气囊点火器电路接通与切断的传感元件（以 TBD 以上的车速发生碰撞时）。常用的有滚球式、滚轴式和偏心锤式三种碰撞传感器。

（1）滚球式碰撞传感器

1）滚球式传感器结构 滚球式碰撞传感器又称为偏压磁铁式碰撞传感器。日本尼桑和马自达汽车 SRS 采用了这种传感器，德国博世公司生产的滚球式传感器结构如图2-7所示，主要由铁质滚球1、永久磁铁2、导缸3、固定触点4和壳体5组成。

两个触点分别与传感器引线端子连接。滚球用来感测减速度大小，在导缸内可移动或滚动。壳体5上印制有箭头标记，方向与传感器结构有关，有的规定指向汽车前方（如丰田凌志 LS400 型轿车），有的规定指向汽车后方，因此在安装传感器时，箭头方向必须符合使用说明书规定。

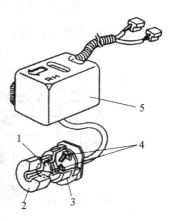

图 2-7 滚球式传感器结构
1—滚球；2—磁铁；3—导缸；
4—触点；5—壳体

2）滚球式传感器工作原理 滚球式碰撞传感器工作原理如图2-8所示。当传感器处于静止状态时，在永久磁铁的磁力作用下，导缸内的滚球被吸向磁铁，两个触点与滚球分离，传感器电路处于断开状态，如图2-8（a）所示。

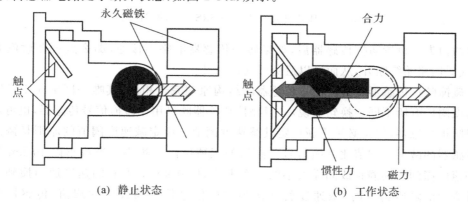

(a) 静止状态   (b) 工作状态

图 2-8 滚球式传感器工作原理

当汽车遭受碰撞且减速度达到设定阈值时，滚球产生的惯性力将大于永久磁铁的电磁吸力。滚球在惯性力作用下就会克服磁力沿导缸向两个固定触点运动并将固定触点接通，如图2-8（b）所示。当传感器用作碰撞信号传感器时，固定触点接通则将碰撞信号输入 SRS ECU；当传感器用作碰撞防护传感器时，则将点火器电源电路接通。

（2）滚轴式碰撞传感器

1）滚轴式传感器结构 丰田、本田和三菱汽车安全气囊系统采用了滚轴式传感器，其结构如图2-9（a）所示，主要由止动销1、滚轴2、滚动触点3、固定触点4、底座5和片状弹簧6组成。

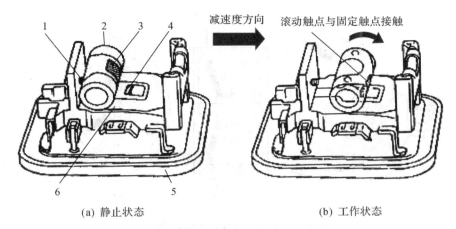

（a）静止状态　　　　　　　　　　　（b）工作状态

图 2-9　滚轴式传感器结构原理
1—止动销；2—滚轴；3—滚动触点；4—固定触点；5—底座；6—片状弹簧

片状弹簧 6 一端固定在底座 5 上，并与传感器的一个引线端子连接，另一端绕在滚轴 2 上，滚动触点 3 固定在滚轴部分的片状弹簧上，并可随滚轴一起转动。固定触点 4 与片状弹簧 6 绝缘固定在底座 5 上，并与传感器的另一个引线端子连接。

2）滚轴式传感器工作原理　当传感器处于静止状态时，滚轴在片状弹簧的弹力作用下滚向止动销一侧，滚动触点与固定触点处于断开状态，如图 2-9（a）所示。

当汽车遭受碰撞且减速度达到设定阈值时，滚轴产生的惯性力将大于片状弹簧的弹力。滚轴在惯性力作用下就会克服弹簧弹力向右滚动，滚动触点与固定触点接触，如图 2-9（b）所示。当传感器用作碰撞信号传感器时，滚动触点与固定触点接触则将碰撞信号输入 SRS ECU；当传感器用作碰撞防护传感器时，则将点火器电源电路接通。

（3）偏心锤式碰撞传感器

1）偏心锤式碰撞传感器结构　偏心锤式碰撞传感器又称为偏心转子式碰撞传感器。丰田、马自达汽车 SRS 采用了这种传感器，其结构如图 2-10 所示，主要由偏心锤 1 与 8、偏心锤臂 2 与 15、转动触点臂 3 与 11、转动触点 6 与 13、固定触点 10 与 16、复位弹簧 19、挡块 9、壳体 4 与 12 等组成。

转子总成由偏心锤 1、转动触点臂 3 及转动触点 6 与 13 组成，安装在传感器轴 18 上。偏心锤偏心位于在偏心锤臂上。转动触点臂 3 与 11 两端固定有转动触点 6 与 13，触点随触点臂一起转动。两个固定触点 10 与 16 绝缘固定在传感器壳体上，并用导线分别与传感器接线端子 7、14 连接。

2）偏心锤式碰撞传感器工作原理　偏心锤式传感器的工作原理如图 2-11 所示。当传感器处于静止状态时，在复位弹簧弹力作用下，偏心锤与挡块保持接触，转子总成处于静止状态，转动触点与固定触点断开，如图 2-11（a）所示，传感器电路处于断开

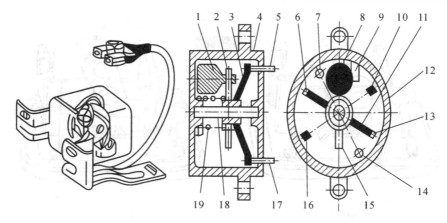

图 2-10　偏心锤式碰撞传感器的结构

1、8—偏心锤；2、15—锤臂；3、11—转动触点臂；4、12—壳体；5、7、14、17—固定触点接线端子；
6、13—转动触点；9—挡块；10、16—固定触点；18—传感器轴；19—复位弹簧

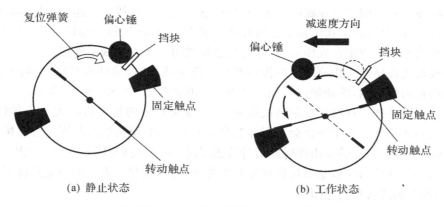

(a) 静止状态　　　　　　　　　　　　(b) 工作状态

图 2-11　偏心锤式碰撞传感器工作原理

状态。

当汽车遭受碰撞且减速度达到设定阈值时，偏心锤产生的惯性力矩将大于复位弹簧的弹力力矩，转子总成在惯性力矩作用下克服弹簧力矩沿逆时针方向转动一定角度，同时带动转动触点臂转动，并使转动触点与固定触点接触，如图 2-11(b) 所示。当传感器用作碰撞信号传感器时，转动触点与固定触点接触则将碰撞信号输入 SRS ECU；当传感器用作碰撞防护传感器时，则将点火器电源电路接通。

（4）水银开关式碰撞传感器

水银开关式碰撞传感器利用水银具有良好的导电特性而制成，用来控制气囊点火器电路接通或切断，一般用作防护传感器。结构如图 2-12 所示。

水银开关式碰撞传感器的工作原理如图 2-12 所示，当传感器处于静止状态时，水

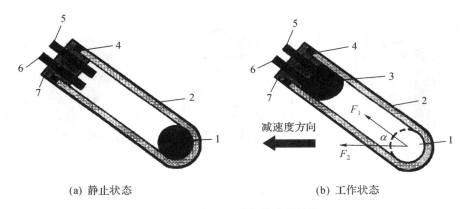

(a) 静止状态   (b) 工作状态

图 2-12 水银开关式传感器结构

1—水银(静态位置);2—壳体;3—水银(动态位置);4—密封圈;5—电极(接点火器);
6—圈电极(接电源);7—密封螺塞;8—水银运动方向分力;9—惯性力;
α—水银运动方向与水平方向之间的夹角

银在其重力作用下处于图 2-12(a)所示位置,传感器的两个接线端子处于断开状态。当汽车发生碰撞且减速度达到设定阈值时,水银产生的惯性力在其运动方向的分力将克服其重力的分力而将水银抛向传感器电极,使两个电极接通,如图 2-12(a)所示位置。当传感器用作碰撞信号传感器时,两个电极接通则将碰撞信号输入 SRS ECU;当传感器用作碰撞防护传感器时,则将点火器电源电路接通。

(5)电子式碰撞传感器

电子式碰撞传感器没有电器触点,常用的电子式碰撞传感器有压阻效应式和压电效应式两种,一般用作中心碰撞传感器,分别利用半导体的压阻效应和压电效应制成,其基本结构和工作原理在发动机电子控制技术部分的压力传感器和爆震传感器中已经介绍。

电子式碰撞传感器利用电子加速度计对汽车正向加速度进行连续测量,并将测量结果输送给 ECU。ECU 内有一套复杂的碰撞信号处理程序,能够确定气囊是否需要膨开。若需要气囊膨开,ECU 便会接通点火电路,安全保险传感器同时也闭合,则引发器接通,气囊膨开。如图 2-13 所示。

在压阻效应式碰撞传感器中,应变电阻受到碰撞压力作用就会产生变形,其阻值随之发生变化,经过信号处理电路处理后,输入 SRS ECU 的信号电压就会发生变化。当汽车遭受碰撞且减速度达到设定阈值时,传感器信号电压就会达到设定值,SRS ECU 就会发出控制指令将气囊点火器电路接通,从而引爆气囊充气。

在压电效应式碰撞传感器中,压电晶体受到碰撞压力作用其输出电压就会发生变化。作用力越大,晶体变形量越大,输出电压就越高。当汽车遭受碰撞且减速度达到设定阈值时,传感器输入 SRS ECU 的信号电压就会达到设定值,SRS ECU 立即发出控

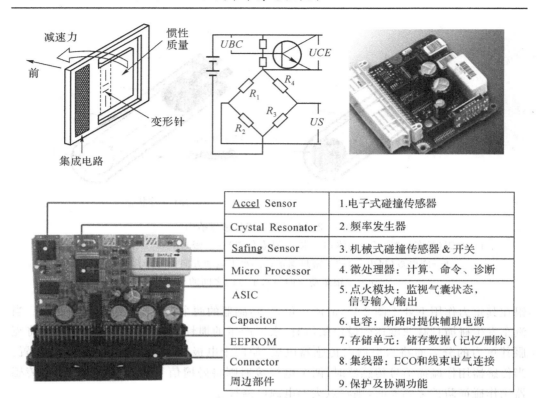

Accel Sensor	1.电子式碰撞传感器
Crystal Resonator	2.频率发生器
Safing Sensor	3.机械式碰撞传感器 & 开关
Micro Processor	4.微处理器：计算、命令、诊断
ASIC	5.点火模块：监视气囊状态，信号输入/输出
Capacitor	6.电容：断路时提供辅助电源
EEPROM	7.存储单元：储存数据（记忆/删除）
Connector	8.集线器：ECO和线束电气连接
周边部件	9.保护及协调功能

图 2-13　电子式碰撞传感器结构

制指令，使气囊点火器电路接通，从而引爆气囊充气，达到保护驾驶员和乘客之目的。

电子式可检测出减速率，然后点火控制和驱动电路，再根据此信号判断是否让气囊充气。机械式也可测出减速率，并直接驱动气囊充气。

2.安全气囊组件

气囊组件按功能分为正面气囊组件和侧面气囊组件两大类。按安装位置分为驾驶席、前排乘客席（副驾驶席）、后排乘客席气囊组件和侧面气囊组件四种。

气囊组件由螺旋电缆、气囊、点火器和气体发生器等组成。驾驶席与乘客席气囊组件一般都用同一个 SRS ECU 控制，其组成部件和工作原理基本相同，但具体结构有所不同。

驾驶席气囊组件安装在转向盘的中央，前排乘客席气囊组件安装在副驾驶员座椅正前方的仪表台上，如图 2-14 所示。

（1）驾驶席气囊组件

驾驶席气囊组件的结构如图 2-15 所示，主要由气囊饰盖、SRS 气囊、气体发生器和

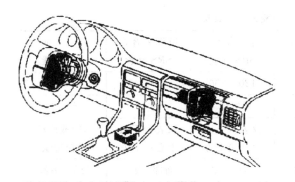

图 2-14　BOSCH 公司气囊组件安装位置

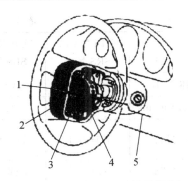

图 2-15　BOSCH 公司驾驶席气囊组件结构
1—饰盖撕印；2—气囊饰盖；3—SRS 气囊
4—气体发生器；5—点火器引线

安装在气体发生器内部的点火器引线组成。

1）气囊　SRS 气囊是用聚酰胺织物（如尼龙）制成，内层涂有聚氯丁二烯，用以密闭气体。气囊在静止状态时，像降落伞未打开时一样折叠成包，安放在气体发生器上部与气囊饰盖之间，如图 2-15 所示。气囊开口一侧固定在气囊安装支架上，先用金属垫圈与气囊支架座圈夹紧，然后用铆钉铆接。除此之外，固定气体发生器的专用螺栓也穿过金属垫圈和支架座圈将气囊与气体发生器固定在一起（本田雅阁 2.2 型轿车气囊用了 8 个铆钉和 4 个专用螺栓固定），以便承受气体压力的冲击。气囊饰盖表面模压有撕印，以便气囊充气时撕裂饰盖，减小冲出饰盖的阻力。

目前用于制作气囊的材料是由 420d（d 代表织物纤度单位：旦尼尔）、630d、840d 的尼龙 6 或尼龙 66 织物制成。SRS 气囊不会燃烧，在各种环境条件下，具有良好的耐磨性能和防裂性能，同时还具有机械强度高、使用寿命长、表面涂膜容易、与涂层结合牢固等优点。气囊织物必须进行物理特性试验、化学特性试验、织物等级测定试验和环境条件试验等，这些试验总共不少于 50 项。目前气囊织物主要由美国联信和杜邦两家公司供应，联信公司供应尼龙 6 织物，杜邦公司供应尼龙 66 织物。

气囊的大小依制造公司不同而有所差异。在日本和欧洲，由于座椅安全带的使用率超过 90%，因此驾驶席气囊大都采用体积较小（约 40 L）的气囊（奔驰、绅宝和沃尔沃公司除外，这些公司采用的气囊的体积与美国采用的基本相同，约为 60 L），通常称为"面部气囊"或"欧洲气囊"。模拟试验证明，如果驾驶员正确佩戴座椅安全带，这种成本较低的小气囊完全能够保护驾驶员的面部和胸部。在美国，由于有的州政府并未规定强制使用座椅安全带（使用率仅为 50% 左右），因此美国制造和进口的气囊体积较大，约为 60 L。采用这种体积较大的气囊时，即使在驾驶员没有佩戴座椅安全带的情况下，气囊也可起到保护驾驶员面部和胸部的作用。各种气囊的性能如表 2-1 所示。

表 2-1　各种气囊的性能比较

技 术 项 目	美国驾驶席 SRS气囊	欧洲驾驶席 SRS气囊	美国乘客席 SRS气囊	欧洲乘客席 SRS气囊	侧 面 SRS气囊
体积/L	60~65	40~60	120~200	90~140	12~18
充气时间/ms	约30	约30	约30	约30	约12
安装位置	转向盘上	转向盘上	仪表台下面 手套箱上方	仪表台下面 手套箱上方	车门或座椅 靠背边缘
保护部位	面部、胸部	面部、胸部	面部、胸部	面部、胸部	腰部、头部

在汽车遭受碰撞时，气囊一般在一次碰撞后 10 ms 内开始充气。从开始充气到气囊完全膨开的整个充气时间约为 30 ms。驾驶席气囊膨开时，是沿转向柱管偏挡风玻璃方向膨开，防止驾驶员面部与挡风玻璃、胸部与转向盘发生碰撞。

气囊背面（与驾驶员或乘客方向相反一面）或顶部制有 2~4 个排气孔。当驾驶员在惯性力作用下压到气囊上时，气囊受压便从排气孔排气，持续时间不到 1 s，从而吸收驾驶员与气囊碰撞的动能，使人体不致受到伤害。排气孔最早设计在气囊背面，后来设计在气囊顶部。近年来研制出一种能够"呼吸"的新型气囊，气囊上没有排气孔。有的气囊内部设置有拉绳，用以控制气囊膨开的形状。

2）气体发生器　气体发生器又称为充气器，结构如图 2-16 所示，由上盖 1、下盖 3、充气剂（叠氮化钠固体药片）4 和金属滤网 6 组成，其功用是在点火器引爆点火剂时，产生气体向 SRS 气囊充气，使气囊膨开。气体发生器按气体产生方式可分为烟火式和压缩气体式，目前大部分轿车采用的是烟火式充气。

气体发生器用专用螺栓与螺母固定在转向盘上的气囊支架上。螺栓为圆形平头螺栓，螺母外圆为圆形，外圆上压制有几条沟槽，由于没有六角对边，因此用扳手无法进行装配（其目的就是不允许拆卸），只有使用专用工具才能进行装配。为了便于安装，驾驶席气体发生器一般都做成圆形。

气体发生器壳体由上盖和下盖两部分组成。上盖上制有若干个长方形或圆形充气

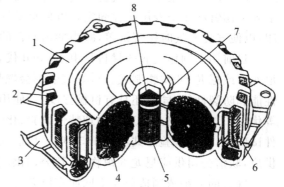

图 2-16　安全气囊气体发生器的结构

1—上盖；2—充气孔；3—下盖；4—充气剂；5—点火器药筒；6—金属滤网；7—电热丝；8—引爆炸药

孔。下盖上制有安装孔,以便将气体发生器安装到转向盘上的气囊支架上。上盖与下盖用冷压工艺压装成一体,壳体内装充气剂、滤网和点火器。金属滤网安放在气体发生器壳体的内表面,用以过滤充气剂和点火剂燃烧产生的渣粒。

①充气剂　充气剂普遍采用叠氮化钠片状合剂。叠氮化钠,是无色有剧毒的六方形晶体,溶于水和液氨,微溶于乙醇,不溶于乙醚,在约 300℃ 时分解。可由氨基钠与一氧化二氮反应制得。

目前,大多数气体发生器都是利用热效反应产生惰性气体(以氮气居多)而充入气囊。在点火器引爆点火剂瞬间,点火剂会产生大量热量,叠氮化钠药片受热立即分解释放氮气,并从充气孔充入气囊。虽然氮气是无毒气体,但是叠氮化钠的副产品有少量的氢氧化钠和碳酸氢钠(白色粉末)。这些物质是有害的,因此在清洁气囊膨开后的车内空间时,应保证通风良好并采取防护措施。

②点火器　气囊点火器外包铝箔,安装在气体发生器内部中央位置。其功用是根据 SRS ECU 的指令引爆点火剂,产生热量使充气剂分解。气囊点火器主要由引爆炸药 1、药筒 2、引药 3、电热丝 4、电极 10 和引出导线 7 等组成,如图 2-17、图 2-18 所示。

点火器的所有部件均装在药筒内。点火剂包括引爆炸药和引药。引出导线与气囊连接器插头连接,连接器(一般都为黄色)中设有短路片(铜质弹簧片)。当连接器插头拔下或插头与插座未完全结合时,短路片将两根引线短接,防止静电或误通电将电热丝电路接通使点火剂引爆而造成气囊误膨开。

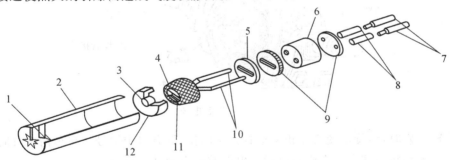

图 2-17　气囊点火器结构

1—引爆炸药;2—药筒;3—引药;4—电热丝;5—陶瓷片;6—永久磁铁;7—引出导线;

8—绝缘套管;9—绝缘垫片;10—电极;11—电热头;12—药托

点火器的工作情况是:当 SRS ECU 发出点火指令使电热丝电路接通时,电热丝迅速红热引爆引药,炸药瞬间爆炸产生热量,药筒内温度和压力急剧升高并冲破药筒,使充气剂(叠氮化钠)受热分解释放氮气充入气囊。

3)螺旋电缆　螺旋电缆是连接车身与方向盘的电器接线。螺旋电缆由转子、壳体、电缆和解除凸轮组成。转子与解除凸轮之间有连接凸缘和凹槽,方向盘转动时,两者互

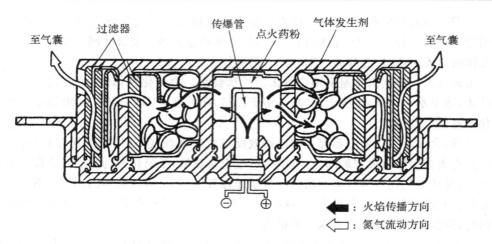

图 2-18　气囊点火装置截面图

相触动,形成一个整体一起随方向盘转动。电缆很薄很宽,大约 4.8 m 长,呈螺旋状盘在壳体内。电缆的一端固定在壳体上,另一端固定在转子上。当方向盘向左或向右转动时,电缆在总长度内转动而不会被拖曳,如图 2-19 所示。

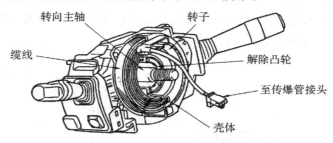

图 2-19　螺旋电缆

车辆维修时,螺旋电缆必须正确地找到中间位置(有对中记号),在车辆正直向前的状态下安装到转向柱上。否则容易造成电缆被扯断和其他故障。

(2)乘客席气囊组件

前排乘客席气囊组件安装在副驾驶员座椅正前方手套箱与仪表台之间,如图 2-20 所示,虽然气囊饰盖有的面向前排乘客(如 BOSCH 公司气囊),有的设在仪表台上(如本田雅阁轿车),但是气囊膨开时都是沿挡风玻璃偏向乘客面部和胸部方向膨开。

乘客席气囊组件的组成和工作原理与驾驶席气囊组件基本相同,仅结构有所不同,下面介绍其结构特点。

乘客席气囊用专用螺栓安装在气囊组件支架上。由于乘客席气囊距离乘客的距离比驾驶席 SRS 气囊距离驾驶员的距离长,因此乘客席气囊的体积比驾驶席气囊的体积

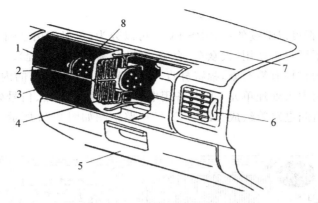

图 2-20　乘客席气囊组件结构

1—点火器引线；2—饰盖撕印；3—气囊饰盖；4—SRS 气囊；5—手套箱；
6—空调风向开关；7—仪表台；8—气体发生器

要大。乘客席气囊组件的气体发生器为长筒形，如图 2-21 所示。乘客席气体发生器用药质量一般为 500 g 左右。

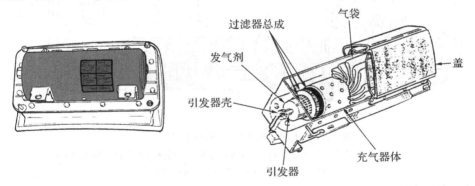

图 2-21　乘客席气体发生器结构

3. 安全气囊 ECU 及附加装置

SRS 控制组件的全称是辅助防护系统控制组件 SRS CM（Supplemental Restraint System Control Module），通常简称 SRS ECU。

SRS ECU 是安全气囊系统的核心部件，其安装位置依车型而异。当防护传感器与 SRS ECU 组装在一起时，SRS ECU 应当安装在汽车纵向轴线上，如本田市民和雅阁轿车将 SRS ECU 安装在变速杆前面的装饰板下面，而丰田科罗娜轿车将 SRS ECU 安装在变速杆后面的装饰板下面。当碰撞防护传感器与 SRS ECU 分开安装时，SRS ECU 的安装位置则依车型而异，如马自达、宝马 BMW 5、BMW 7 系列轿车将 SRS ECU 安装在驾驶席仪表台下面，而宝马 BMW 3 系列轿车将 SRS ECU 安装在前排乘客席仪表台下面。

　　按碰撞后是否可以继续使用,SRS ECU 可以分为:可以使用型(有些丰田车);可使用三次(宝马);不可以再使用(大众车、奔驰、赛欧等需要重新编程)。

　　SRS ECU 的结构有简有繁,福特林肯·城市轿车 SRS ECU 的内部结构如图 2-22 所示,主要由专用中央处理单元 CPU、备用电源电路、稳压电路、信号处理电路、保护电路、点火电路和监测电路等组成。SRS ECU 电路框图如图 2-22 所示。

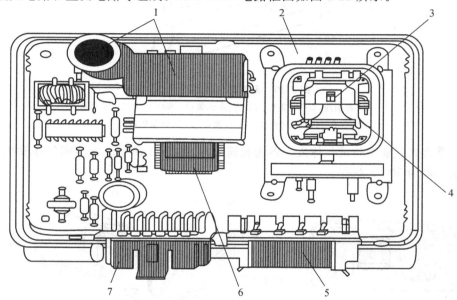

图 2-22　林肯·城市轿车 SRS ECU 的结构
1—能量储存装置(电容器);2—碰撞防护传感器总成;3—传感器触点;4—传感器滚轴;
5—四端子插座;6—专用 CPU;7—SRS ECU 插座

（1）专用 CPU

　　专用 CPU 由模/数(A/D)转换器、数/模(D/A)转换器、串行输入/输出(I/O)接口、只读存储器 ROM、随机存储器 RAM、电可擦除可编程只读存储器 EEPROM 和定时器等组成,如图 2-23 所示。其主要功用是监测汽车纵向减速度是否达到设定阈值,控制气囊点火器引爆电路。

　　在汽车行驶过程中,专用 CPU 不断监测前碰撞传感器检测的车速变化信号,判定是否发生碰撞。当判断结果为发生碰撞时,立即运行控制点火的软件程序,并向点火电路发出点火指令引爆点火剂,点火剂引爆时产生大量热量,使充气剂受热分解释放气体给气囊充气。除此之外,专用 CPU 还要对控制组件中关键部件的电路(如传感器电路、备用电源电路、点火电路、SRS 指示灯及其驱动电路)不断进行诊断测试,并通过

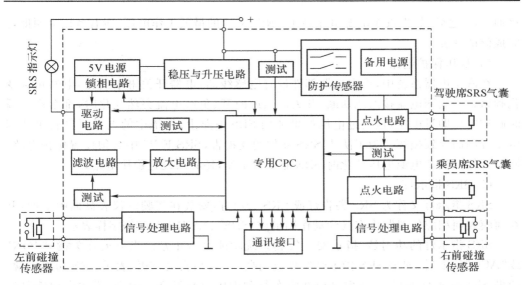

图 2-23 SRS ECU 电路框图

SRS 指示灯和存储故障代码来显示测试结果。仪表盘上的 SRS 指示灯可直接向驾驶员提供 SRS 的状态信息。存储器中的状态信息和故障代码可用专用仪器或通过特定方式从串行通信接口(诊断插座)调出,以供检修与设计参考。

(2)信号处理电路

信号处理电路主要由放大器和滤波器组成。其功用是对碰撞传感器检测的信号进行整形和滤波处理,以便 SRS ECU 能够接收与识别。

(3)备用电源电路

SRS 有两个电源:一个是汽车电源(蓄电池和交流发电机);另一个是备用电源(Back-up Power)。备用电源又称后备电源或紧急备用电源,其功用是:当汽车电源与 SRS ECU 之间的电路切断后,在一定时间(一般为 6 s)内维持 SRS 供电,保持 SRS 的正常功能;当汽车遭受碰撞而导致蓄电池或交流发电机与 SRS ECU 之间的电路切断时,备用电源能在 6 s 之内向 SRS ECU 供给电能,保证 SRS ECU 测出碰撞、发出点火指令等正常功能;点火备用电源能在 6 s 之内向点火器供给足够的点火能量引爆点火剂。时间超过 6s 之后,备用电源供电能力降低,SRS ECU 备用电源不能保证 SRS ECU 测出碰撞和发出点火指令;点火备用电源不能供给最小点火能量,气囊将不能充气膨开。

备用电源电路由电源控制电路和若干个电容器组成。在单气囊控制组件中,设有一个 SRS ECU 备用电源和一个点火备用电源。在双气囊控制组件中,设有一个 SRS ECU 备用电源和两个点火备用电源,即两条点火电路各设置一个备用电源。点火开关接通 10 s 之后,如果汽车电源电压高于 SRS ECU 的最低工作电压,所有备用电源即可完成储能任务。

(4)稳压保护电路

在汽车电器系统中,许多电器部件带有电感线圈,电器开关琳琅满目,电器负载变化频繁。当线圈电流接通或切断、开关接通或断开、负载电流突然变化时,都会产生瞬时脉冲电压即过电压,这些过电压如果加到 SRS 电路上,系统中的电子元件就可能因电压过高而导致损坏。为了防止 SRS 元件遭受损害,SRS ECU 中必须设置保护电路。同时为保证汽车电源电压变化时 SRS 能正常工作,还必须设置稳压电路。

(5)SRS 指示灯

SRS 指示灯又称为 SRS 警告灯或 SRS 警示灯,安装在驾驶室仪表盘面膜下面,并在面膜表面相应位置制作有气囊动作图形或"SRS"、"AIR BAG"等字样表示。

SRS 指示灯的功用是:指示安全气囊系统功能是否正常。当点火开关拨到"ON"或"ACC"位置后,如果 SRS 指示灯发亮或闪亮约 6 s 后自动熄灭,表示 SRS 功能正常。如果 SRS 指示灯不亮、一直发亮或在汽车行驶途中突然发亮或闪亮,说明自诊断测试系统发现 SRS 故障,应及时排除。自诊断系统在控制 SRS 指示灯发亮或闪亮的同时,还会将所发现的故障编成代码存储在存储器中。检查或排除 SRS 故障时,首先应使用专用检测仪器或通过特定方式从通讯接口(诊断插座)调出故障代码,以便快速查寻与排除故障。实践证明,在汽车遭受碰撞,气囊已经膨开后,故障代码一般难以调出。如此设计的目的是要求气囊引爆后,必须更换 SRS ECU。

(6)安全气囊系统的连接器

安全气囊系统中的所有连接器均为黄色,以便与其他系统的连接器相区别。这些连接器专为安全气囊系统而设,具有多种不同的特殊功能,而且连接器的端子均可能镀金,以保证高度的可靠性和耐久性。丰田凌志 LS400 轿车安全气囊系统部件与线束连接器如图 2-24 所示,系统共有 12 个连接器,不同的连接器有不同的特殊机构,这些机构有 4 种:端子双锁机构、安全气囊防误动机构、电器连接检查机构和连接器双锁机构。一个连接器可有多种不同的机构(如表 2-2 所示)。

表 2-2 连接器中不同机构的类型

编号	名称	应用
1	端子双锁机构	连接器①,②,③,④,⑤,⑥,⑦,⑧,⑨,⑩
2	安全气囊防误动机构	连接器①,③,④,⑤,⑥,⑨,⑩
3	电器连接检查机构	连接器①,②,⑧,⑨
4	连接器双锁机构	连接器③,④,⑤,⑥,⑦,⑩

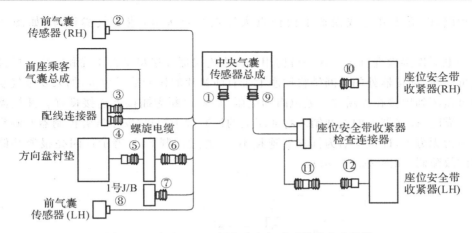

图 2-24 凌志 LS400 轿车安全气囊系统线束连接器

1)安全气囊防误动机构 在连接点火器的各插接器上设有防止气囊误爆机构,其原理如图 2-22 所示,连接器上有一个短路簧片,用于在插接器拔开时将点火器侧的两

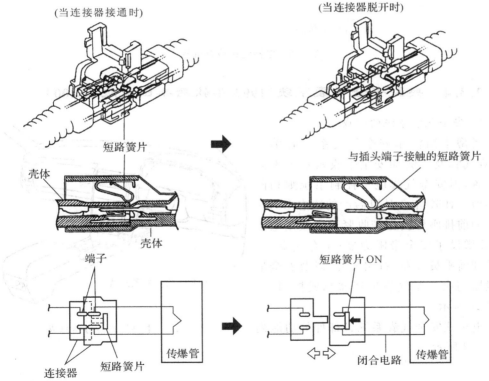

图 2-25 安全气囊防误动机构

端子短路,以防止静电或误通电而使点火器点燃点火剂,造成气囊误爆,如图2-25所示。

2)电器连接检查机构　这一机构用来检查连接器连接得是否正确和完全。插接器连接可靠时,插接器处的诊断销将插座上带有弹簧片的诊断端子短接,如果安全气囊控制器可监测到串接在诊断端子处电阻的电阻值,就诊断为插接器连接良好。插接器连接不可靠时,插接器处的诊断销未将插座上的诊断端子短接,安全气囊控制器监测到的电阻值为无穷大,即可诊断为插接器连接不良,通过控制SRS警示灯闪亮报警并储存相应的故障码(如图2-26所示)。

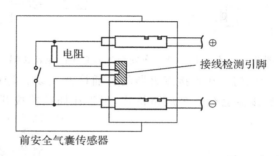

图2-26　电器连接检查机构

2.3.4　典型安全气囊系统(1997年款后丰田凌志LS400)

1. 安全气囊系统的组成

各型丰田汽车安全气囊系统有单气囊、双气囊及气囊加安全带收紧器等不同的配置,但安全气囊电子控制系统则相同或相似。1997年7月以后产的凌志LS400车型的前排座位安全带收紧器又改用电子式,并增设了安全带限力器;所有气囊(驾驶员和前乘员及左、右侧气囊)以及安全带收紧器均由一个气囊传感器总成控制,如图2-27所示。

电子式安全气囊系统各部件的功能列于表2-3所示。

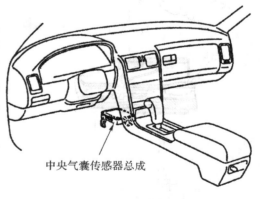

图2-27　中央气囊传感器总成

表 2-3　电子式安全气囊系统各部件的功能

部件	功　　能
前气囊传感器	检测车辆的减速率
中央气囊传感器总成或气囊传感器总成*	根据碰撞减速力的大小来决定是否使气囊充气张开；若系统内有任何电路故障时，它会切换至诊断状态，以提供自检功能
侧气囊传感器总成	根据侧面碰撞减速力的大小来决定是否使侧气囊充气张开
充气装置	瞬间产生气囊充气所需的氮气
气囊	接收充气装置瞬间产生的氮气，一旦充满，即从气囊后而的穿孔中释放出氮气。它可吸收驾驶员和前乘员的撞击力
螺旋电缆	将点火所需电流由中央气囊传感器总成或气囊传感器总成传送至点火装置
警告灯	亮起以警告驾驶员系统有故障

* 若该车装备有电子式安全带收紧器，则中央气囊传感器总成或气囊传感器总成将同时控制气囊和安全带收紧器动作。

　　当车辆设有前气囊传感器时，此传感器总成称为中央气囊传感器总成，里面所包含的传感器也称为中央气囊传感器；如果车辆未设置前气囊传感器，则称为气囊传感器总成，里面所包含的传感器称为气囊传感器。如图 2-27 所示，中央气囊传感器总成安装在车内地板的中间位置上，它从气囊传感器（前气囊传感器和其内置的中央气囊传感器）接收信号，判断气囊应否张开，并诊断系统的故障。

　　2. 丰田凌志 LS400 轿车安全气囊控制系统电路

　　中央气囊传感器总成由中央气囊传感器、安全传感器，点火控制与驱动电路和诊断电路组成。一个可靠性极高的备用电源系统也组合在总成内，以防在碰撞时因汽车电源系统的损坏而导致气囊系统不工作。丰田汽车安全气囊控制电路大同小异，1997 年后凌志 LS400 轿车中央气囊系统控制电路如图 2-28 所示。

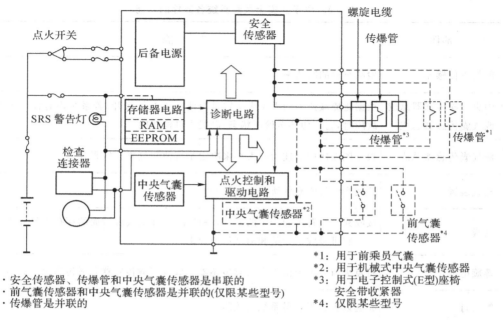

图 2-28　中央气囊传感器总成电路

· 安全传感器、传爆管和中央气囊传感器是串联的
· 前气囊传感器和中央气囊传感器是并联的(仅限某些型号)
· 传爆管是并联的

*1：用于前乘员气囊
*2：用于机械式中央气囊传感器
*3：用于电子控制式(E型)座椅
　　安全带收紧器
*4：仅限某些型号

2.4　安全气囊的检修

2.4.1　安全气囊检修注意事项

（1）务必在点火开关转到 LOCK 位置和从蓄电池负极（一）端子拆下电缆 90 s 以后才能开始检修工作。这是因为辅助乘员保护系统配有备用电源，如果从蓄电池上拆下负极（一）电缆后不到 90 s 就开始维修工作，它可能会使安全气囊张开。在拆下蓄电池搭铁线之前，应将音响系统的设定内容记录下来。

（2）检查转向盘衬垫、前座乘客安全气囊总成、安全气囊传感器总成和前安全气囊传感器。

（3）在修理过程中，如果可能会对传感器有冲击作用，则在修理前应拆下安全气囊传感器。安全气囊传感器含有水银，不要将换下的旧零件毁掉。当报废车辆或只更换安全气囊传感器本身时，应拆下中央安全气囊传感器总成并作为有害废物处置。

（4）应用高阻抗（至少 10 kΩ/V）伏/欧表诊断电路系统的故障。对安全气囊组件只能使用模拟法（取 2~5 Ω 代替气袋装到线束）与排除法，不能直接用万用表测量电阻。检修的一个基本原则就是充分利用系统自诊断。

（5）不恰当的安全气囊系统线束维修可能导致安全气囊或预紧安全带突然展开，这会引起严重伤害。如果发现系统线束有问题，就要更换线束，不要试图维修线束。

（6）安全气囊一旦由于事故或其他原因爆开，则必须更换 SRS 单元。因为即使用过的 SRS 单元外部没有任何损坏，内部也可能已损坏。

（7）安全气囊的放置：操作未爆开过的安全气囊组件时，气囊的前表面不要朝着人体，以避免气囊突然爆开时对人体造成伤害，通常采用的方式是

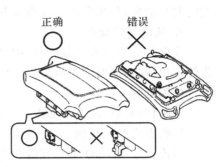

图 2-29　安全气囊的放置

将正面朝上放置，这样便可以减小安全气囊展开时组件的运动。如图 2-29 所示。

2.4.2　丰田凌志 LS400 轿车安全气囊的故障自诊断

1. 自我诊断功能

安全气囊系统具有自我诊断功能，可诊断系统内的任何故障。中央气囊传感器总成（或气囊传感器总成）内设有专门的诊断电路。诊断电路分 3 个阶段，时刻监视着安全气囊系统的工作，如图 2-30 所示。

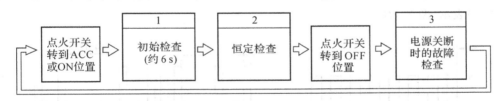

图 2-30　安全气囊系统自我诊断流程图

1）初始检查。当点火开关转到 ACC 位置或 ON 位置时，诊断电路点亮气囊警告灯约 6 s，进行初始检查。此时，安全电路被触发，禁止传爆管点火。诊断电路检查中央气囊传感器（或气囊传感器）以及点火与驱动电路功能是否正常。如果在初始检查中检测出故障，气囊警告灯在 6 s 后仍保持亮。

2）恒定检查。如果初始检查未检出故障，气囊警告灯大约在 6 s 后熄灭，安全电路也不再被触发，以使传爆管可随时点火。此时诊断电路开始进行恒定检查，对气囊系统各元件、电源系统和线束的故障（如短路或开路等）连续不断地进行检查。如果测出故障，气囊警告灯亮起，以警告司机。当电源电压下降时，警告灯会亮，但在电压恢复到正常时，警告灯大约在 10 s 后熄灭。

3）电源关断时的故障检查。当点火开关关上时，即对备用电容器进行诊断。如果

此时测出故障,气囊警告灯在点火开关转到 ACC 或 ON 位置时保持亮。

2. 故障码的读取

安全气囊系统发生故障时,中央气囊传感器总成或气囊传感器总成会点亮气囊警告灯发出警告,同时会把故障以代码的形式储存起来。诊断代码可通过一定的程序,由警告灯闪烁的方式输送出来。

诊断代码的读取方法如下:

1)将点火开关转到 ACC 或 ON 位置,并等待 20 s 以上。

2)连接 TDCL(DLC2)或检查连接器(DLCl)上的端子 TC 和 E1(图 2-31),这时气囊警告灯开始闪烁,显示诊断代码。

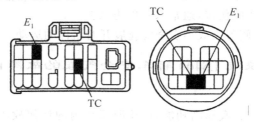

图 2-31　安全气囊的放置

如果系统正常(无故障码储存),则 SRS 警示灯以连续的短闪烁(亮 0.25 s、灭 0.25 s)表示(图 2-32(a))。

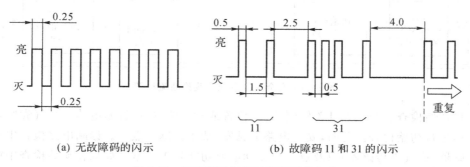

(a) 无故障码的闪示　　　　　　(b) 故障码 11 和 31 的闪示

图 2-32　SRS 警示灯闪示故障码的方式

如果有故障码,则 SRS 警示灯按图 2-32(b)的方式闪示二位数故障码,以第一次连续闪烁(亮 0.5 s、灭 0.5 s)的次数表示故障码的十位数,相隔 1.5 s 后的连续闪烁次数表示故障码的个位数。若有两个或两个以上的故障码,则一个故障码闪示后,相隔 2.5 s 再闪示下一个故障码,并按故障码数字从小到大的顺序逐个显示。待所有的故障码显示完后,相隔 4.0 s 再重复闪示故障码。

各故障码所代表的故障及可能的故障部位如表 2-4 所示。

表 2-4 丰田车系安全气囊系统故障代码说明

代号 编码	闪烁方式	诊断	故障部位	SRS 警告灯	备注
正常①		系统正常		不亮	所有车型
		电源电压降低	·蓄电池 ·中央气囊传感器总成	亮	
11		·传爆管电路或前气囊传感器电路短路(对地) ·前气囊传感器或中央气囊传感器总成故障	·传爆管(驾驶员气囊,前座乘员气囊和座位安全带收紧器) ·前气囊传感器 ·螺旋电缆 ·中央气囊传感器总成 ·配线	亮	1997 年以前车型
		驾驶员气囊传爆管电路短路(对地)	·传爆管(驾驶员气囊) ·螺旋电缆 ·气囊传感器总成 ·配线		1997 年以后车型
12		传爆管电路短路(对B⁺)	·传爆管(驾驶员气囊,前座乘员气囊和座位安全带收紧器) ·前气囊传感器 ·螺旋电缆 ·中央气囊传感器总成 ·配线	亮	1997 年以前车型
		驾驶员气囊传爆管电路短路(对 B⁺)	·传爆管(驾驶员气囊) ·螺旋电缆 ·气囊传感器总成 ·配线		1997 年及以后车型
13		驾驶员气囊传爆管电路短路	·方向盘衬垫(传爆管) ·螺旋电缆 ·中央气囊传感器总成 ·配线	亮	所有车型
14		驾驶员气囊传爆管电路开路	·方向盘衬垫(传爆管) ·螺旋电缆 ·中央气囊传感器总成 ·配线	亮	所有车型

续表

代号编码	闪烁方式	诊断	故障部位	SRS警告灯	备注
15		·前气囊传感器电路开路 ·前气囊传感器电路短路(对B+)	·前气囊传感器 ·中央气囊传感器总成 ·配线	亮	适用于有前气囊传感器车型
22②		SRS警告灯系统故障	·SRS警告灯 ·中央气囊传感器总成 ·配线	亮	适用于1994年以前车型,1994年以后取消此代码
31		中央气囊传感器总成故障	中央气囊传感器总成	亮	所有车型
32		右侧气囊传感器总成故障	·右侧气囊传感器总成 ·配线	闪烁	适用于1997年以后的车型
33		左侧气囊传感器总成故障	·左侧气囊传感器总成 ·配线	闪烁	适用于1997年以后的车型
41		储存在储存器中的故障	中央气囊传感器总成	亮	1993年以前车型
41		右侧气囊传爆管电路短路(对地)	·右侧气囊总成(传爆管) ·气囊传感器总成 ·配线	闪烁	1997年以后车型
42		右侧气囊传爆管电路短路(对B+)	·右侧气囊总成(传爆管) ·气囊传感器总成 ·配线	闪烁	1997年以后车型
43		右侧气囊传爆管电路短路	·右侧气囊总成(传爆管) ·气囊传感器总成 ·配线	闪烁	1997年以后车型
44		右侧气囊传爆管电路开路	·右侧气囊总成(传爆管) ·气囊传感器总成 ·配线	闪烁	1997年以后车型

代号编码	闪烁方式	诊断	故障部位	SRS警告灯	备注
45		左侧气囊传爆管电路短路（对地）	·右侧气囊总成（传爆管） ·气囊传感器总成 ·配线	闪烁	1997 年以后车型
46		左侧气囊传爆管电路短路（对 B+）	·右侧气囊总成（传爆管） ·气囊传感器总成 ·配线	闪烁	1997 年以后车型
47		左侧气囊传爆管电路短路	·右侧气囊总成（传爆管） ·气囊传感器总成 ·配线	闪烁	1997 年以后车型
48		左侧气囊传爆管电路开路	·右侧气囊总成（传爆管） ·气囊传感器总成 ·配线	闪烁	1997 年以后车型
51		前座乘员气囊传爆管电路短路（对地）	·前座乘员气囊总成（传爆管） ·中央气囊传感器总成 ·配线	亮	1997 年以后车型
52		前座乘员气囊传爆管电路短路（对 B)	·前座乘员气囊总成（传爆管） ·中央气囊传感器总成 ·配线	亮	1997 年以后车型
53		前座乘员气囊传爆管电路短路	·前座乘员气囊总成（传爆管） ·中央气囊传感器总成 ·配线	亮	所有车型
54		前座乘员气囊传爆管电路开路	·前座乘员气囊总成（传爆管） ·中央气囊传感器总成 ·配线	亮	所有车型

续表

代号编码	闪烁方式	诊断	故障部位	SRS警告灯	备注
61	⎍⎍⎍⎍⎍⎍⎍⎍	右座位安全带收紧器传爆管电路短路（对地）	• 右座位安全带收紧器（传爆管） • 中央气囊传感器总成 • 配线	闪烁	1997 年以后车型
62	⎍⎍⎍⎍⎍⎍⎍⎍	右座位安全带收紧器传爆管电路短路（对 B+）	• 右座位安全带收紧器（传爆管） • 中央气囊传感器总成 • 配线	闪烁	1997 年以后车型
63	⎍⎍⎍⎍⎍⎍⎍⎍	左座位安全带收紧器传爆管电路短路	• 左座位安全带收紧器（传爆管） • 中央气囊传感器总成 • 配线	亮	1993 年和 1994 年车型
		右座位安全带收紧器传爆管电路短路	• 右座位安全带收紧器（传爆管） • 中央气囊传感器总成 • 配线	闪烁	1997 年以后车型
64	⎍⎍⎍⎍⎍⎍⎍⎍	左座位安全带收紧器传爆管电路开路	• 左座位安全带收紧器（传爆管） • 中央气囊传感器总成 • 配线	亮	1993 年和 1994 年车型
		右座位安全带收紧器传爆管电路开路	• 右座位安全带收紧器（传爆管） • 中央气囊传感器总成 • 配线	闪烁	1997 年以后车型
71	⎍⎍⎍⎍⎍⎍⎍⎍	左座位安全带收紧器传爆管电路短路（对地）	• 左座位安全带收紧器（传爆管） • 中央气囊传感器总成 • 配线	闪烁	1997 年以后车型
72	⎍⎍⎍⎍⎍⎍⎍⎍	左座位安全带收紧器传爆管电路短路（对 B+）	• 左座位安全带收紧器（传爆管） • 中央气囊传感器总成 • 配线	闪烁	1997 年以后车型

续表

代号编码	闪烁方式	诊断	故障部位	SRS警告灯	备注
73	⊓⊔⊓⊔⊓⊔⊓⊔⊓⊔ ⊓⊔⊓⊔	右座位安全带收紧器传爆管电路短路	• 右座位安全带收紧器（传爆管） • 中央气囊传感器总成 • 配线	亮	1993 年和 1994 年车型
		左座位安全带收紧器传爆管电路短路	• 左座位安全带收紧器（传爆管） • 中央气囊传感器总成 • 配线	闪烁	1997 年以后车型
74	⊓⊔⊓⊔⊓⊔⊓⊔⊓⊔ ⊓⊔	右座位安全带收紧器传爆管电路开路	• 右座位安全带收紧器（传爆管） • 中央气囊传感器总成 • 配线	亮	1993 年和 1994 年车型
		左座位安全带收紧器传爆管电路开路	• 左座位安全带收紧器（传爆管） • 中央气囊传感器总成 • 配线	闪烁	1997 年以后车型

①SRS 警告灯一直亮着而故障代码又为正常代码时，表明电源电压降低。这种故障不储存进（中央）气囊传感器总成。一旦电源电压恢复正常，约在 10 s 之后，SRS 警告灯就会自动熄灭。

②对于 1994 年以前的车型，当 SRS 警告灯系统出现故障时，就会记录到代码 22。如果 SRS 警告灯系统出现开路故障，SRS 警告灯不亮，所以在该故障排除之前，包括代码 22 在内的诊断代码就无法确认。1994 年以后的车型取消了此代码。

3. 故障码的清除

即使在故障被修复之后，故障代码仍保留在中央气囊传感器总成内。如果未清除储存的故障代码，则当点火开关转至 ACC 或 ON 位置时，气囊警告灯不会熄灭。清除故障代码的方法会因记忆电路形式的不同而不同。

对于常规的 RAM（随机存取储存器）记忆电路，当其电源被切断时，记忆内容即被清除。而对 EEPROM（电子可擦可编程只读寄存器）记忆电路，即使其电源被切断，记忆内容也不会被清除。

丰田汽车在安全气囊系统中采用过 3 种记忆电路：

（1）没有备用电源的常规 RAM

这种形式的记忆电路在点火开关关上时，即可清除故障代码，无需作特别的处理。这种形式广泛应用在 1995 年以后的车型上，如凌志 LS400、GS300、ES300、丰田佳美、亚洲龙、皇冠和大霸王等。

（2）EEPROM

这种形式的记忆电路即使拆下蓄电池电源线也无法清除故障代码,必须输入特殊的信号到中央气囊传感器总成才能把故障代码清除掉。这种形式主要用于1993—1994年的车型上。清除的方法有两种:使用诊断导线和使用仪器——丰田手持式测试器。

1)使用诊断导线。

①将诊断导线连接到 TDCL 或检查连接器的 TC 和 AB 端子。

②将点火开关转到 ACC 或 ON 位置,并等待大约 6 s。

③由 TC 端子开始,交替地将 TC 和 AB 端子接地两次,每次接地的时间为 1.0±0.5 s,最后将 TC 端子接地。

在交替将 TC 和 AB 端子接地时,断开一个端子的接地并立即使另一个端子接地。这一动作必须在如图 2-33 所示的时间内完成。若动作不准确,则要重复进行,直至代码被清除。

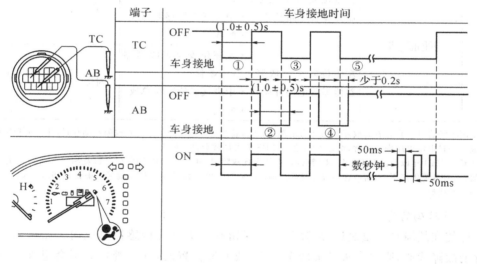

图 2-33　清除故障代码的程序

④若操作程序正确,则在保持 TC 端子接地的情况下,气囊警告灯以 50 ms 的周期闪烁,表明代码已经清除。

2)使用丰田手持式测试器(图 2-34)。

①将丰田手持式测试器连接至 TDCL 或检查连接器。

②按照测试器屏幕上的指示将故障代码清除。

（3）有备用电源的常规 RAM 和 EEPROM。

由于故障代码储存在常规 RAM 中,当蓄电池电源线从蓄电池脱开,即可清除故障

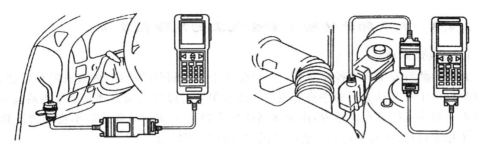

图 2-34　丰田手持式测试器的连接

代码。但此时故障代码 41 就储存到 EEPROM 中。于是点火开关转至 ACC 或 ON 位置时,警告灯仍保持亮。要清除故障代码 41,其方法与清除 EEPROM 方法相同。这种形式主要用于 1993 年以前的车型,现已不再使用。

4. LS400 安全气囊系统电路图(图 2-35)

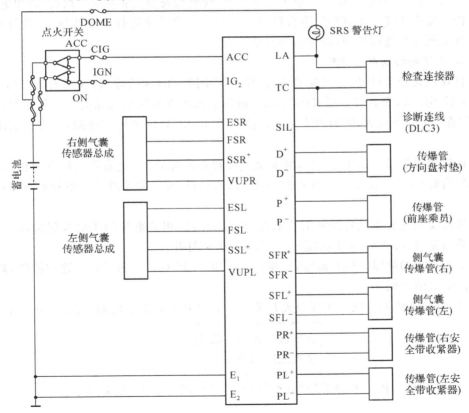

图 2-35　1998 和 1999 年款 LS400 安全气囊系统电路图

2.4.3　大众帕萨特轿车安全气囊的故障自诊断

1. 自我诊断功能

大众帕萨特安全气囊控制单元(J234)位于中央控制台的后部,内有故障存储器,自诊断接头位于手制动旁边的中央通道上。控制单元可以自动检测到安全气囊系统的故障并永久地存入故障存储器内,由于线路或接头暂时松动而导致接触不良的故障也会被存储起来,但这些故障将作为暂时性故障并以"SP"显示。

根据撞车性质和强度,安全气囊控制单元向中央门锁控制单元发送一个"撞车信号"。该功能具有被动安全特点,即当一个安全气囊触发后,中央门锁机构将车门锁和行李厢锁并锁止车内开关,车内照明灯被接通。可用执行元件诊断来检查"撞车信号"。安全气囊触发后,控制单元将记录故障"已存入撞车数据",这时需更换控制单元。

使用新的安全气囊控制单元前需先编码。安全气囊控制单元(J234)在司机或副司机安全气囊触发一次后、前座安全带张紧器和/或侧面安全气囊触发三次后,必须更换。

检查安全气囊只能对导线进行目测。不能对点火线路进行连续性测量,并只能在点火开关断开时进行检查,以免引爆安全气囊。

2. 故障码的读取与清除

打开点火开关后,安全气囊警告灯(K75)将闪烁约4 s后熄灭,如果警告灯(K75)在4 s后不熄灭,警告灯然后又闪烁15s,则表示前座乘客安全气囊失效。如果警告灯(K75)在4 s后不熄灭,则通向安全气囊控制单元(J234)的电源有故障,应查询故障代码。

如果警告灯(K75)再次点亮,则安全气囊存在故障,要查询故障代码并排除故障。如果警告灯(K75)连续点亮,则可能控制单元未编码,或所装控制单元型号不对或有故障。

进行安全气囊系统自诊断时应满足以下条件:①相关系统的供电及保险丝正常;②故障阅读器 V. A. G1551 已接好;③点火开关已打开。

短时出现的故障是偶然故障,在显示屏上用"/SP"提示。为了排除这些故障,修理前应清除故障代码。

(1)连接故障阅读仪。接通点火开关。按下键1"快速数据传输"模式。屏幕显示:

```
快速数据传输　帮助
输入地址码 XX
```

(2)按下键 1 和 5(车辆系统"安全气囊"的地址码为 15)。屏幕显示:

```
快速数据传输    Q
15-安全气囊
```

（3）按下 Q 键确认输入。屏幕显示：

```
8L0 959   655B 安全气囊   VW3-S V00      →
编码 00066              WSC12345
```

其中：8L0 959 655B 表示控制单元的配件号，由系统指定；（安全气囊 VW3）；V00 为版本号；00066 和 WSC12345 表示编码及经销商号（将自动存入到控制单元内）。

（4）按下→键。屏幕显示：

```
快速数据传输       帮助
选择功能   XX
```

（5）如果在屏幕上出现了一个故障信息，可能引起故障的原因可以通过帮助按钮打印出来。

```
快速数据传输   帮助
控制单元无应答！
```

（6）点火开关必须接通时，屏幕显示：

```
快速数据传输   帮助
到电源的 K 线未接通
```

（7）在程序开始发生故障（外部干扰？）时，屏幕显示：

```
快速数据传输      →
控制单元无信号！
```

（8）需要检查诊断导线，电源以及接地连接时，屏幕显示：

```
快速数据传输      →
通讯联络故障
```

（9）在排除了可能的故障原因后，再次输入地址码 15，用于检查安全气囊，并用 Q 键确认。在输入地址码 15 后的屏幕显示：

> 快速数据传输
>
> 测试传输地址码 15

（10）然后在屏幕上出现以下显示：

> 8L0 959　655B 安全气囊 VW3－S　V00
>
> 编码 00066　　　　　　WSC12345

可选择的功能见表 2-5 所示。

表 2-5　自诊断功能表

地址码	功能	地址码	功能
01	查询控制单元版本	06	结束输出
02	查询故障代码	07	控制单元编码
03	最终控制诊断	08	读取测量数据块
05	清除故障代码	10	匹配

　　表 2-6 列出了可由安全气囊控制单元 J234 识别的故障，这些故障按故障代码排列。只有接通打印机后才可打印出带 5 位故障代码的故障。

　　如果出现故障，安全气囊系统故障警报灯就亮，排除故障并清除故障代码后该灯才会熄灭。如果查出某一部件有故障，必须按电路图检测该件的导线是否断路或短路。

表 2-6　大众帕萨特安全气囊故障代码表

故障代码	故障原因	故障排除
00000 没有识别到故障	如果在进行维修之后出现"未识别到故障"则自诊断结束。	
00532 电源 信号太小	—到安全气囊控制单元(J234)的导线和连接故障 —电池被放电或损坏	—根据电路图测试到控制单元的导线的连接 —对蓄电池充电或更换
00588 安全气囊点火器驾驶员侧(N95) 电阻太大 电阻太小 对正极短路 对地短路	—导线或连接故障 —驾驶员侧安全气囊(N95)故障 —带有滑动环的线圈接头(F138)故障	—更换损坏的导线或连接 —更换驾驶员侧的安全气囊(N95) —更换带有滑动环的线圈接头 —读取测量数据块

故障代码	故障原因	故障排除
00589 前座乘客侧安全气囊点火器 (N131) 电阻太大 电阻太小 对正极短路 对地短路	—导线或连接故障 —前座乘客侧安全气囊 （N131)故障	—更换损坏的导线或连接 —更换前座乘客侧的安全气囊 （N131) —读取测量数据块
00595 存储的撞击数据		—更换控制单元 —更换安全气囊单元和所有损 坏的部件
01217 驾驶员侧安全气囊点火器 (N199) 电阻太大 电阻太小 对正极短路 对地短路	—导线或连接故障 —驾驶员侧安全气囊(N199) 故障	—更换损坏的导线或连接 —读取测量数据块 —更换驾驶员侧安全气囊 （N199)
01218 前座乘客侧安全气囊点火器 (N200) 电阻太大 电阻太小 对正极短路 对地短路	—导线或连接故障 —前座乘客侧安全气囊 （N200)故障	—更换损坏的导线或连接 —更换前座乘客侧安全气囊 （N200) —读取测量数据块
01221 驾驶员侧安全气囊 撞击传感器(G179) 电阻太大 电阻太小 开路 短路 故障 未授权	—导线或连接故障 —撞击传感器故障 —控制单元故障 —撞击传感器和控制单元不 匹配	—更换损坏的导线或连接 —更换损坏的部件 —更换撞击传感器或控制单元

续表

故障代码	故障原因	故障排除
01222 驾驶员侧安全气囊 撞击传感器(G180) 电阻太大 电阻太小 开路 短路 故障 未授权	—导线或连接故障 —撞击传感器故障 —控制单元故障 —撞击传感器和控制单元不匹配	—更换损坏的导线或连接 —更换损坏的部件 —更换撞击传感器或控制单元
01280 前座乘客安全气囊未激活	前座乘客安全气囊失去功能	控制单元匹配
65535 控制单元故障	—外部的电子干扰,接地不良或与控单元(J234)的正极连接不良 —控制单元故障	—根据电路图测试通向控制单元的导线和接头 —更换控制单元

只有在使用新的控制单元时才需要进行编码。表 2-7 所示为控制单元编码表。

表 2-7　控制单元编码表

车辆设备	索引	编码
仅驾驶员有安全气囊	A	00065
驾驶员/前座乘客有安全气囊	B	00066
驾驶员/前座乘客有安全气囊(美国)	C	00067
驾驶员/前座乘客有安全气囊/侧面安全气囊	A	00065
驾驶员/前座乘客有安全气囊/侧面安全气囊(美国)	B	00066

3. 大众帕萨特安全气囊系统电路图

图 2-36 所示为大众帕萨特安全气囊系统电路图。

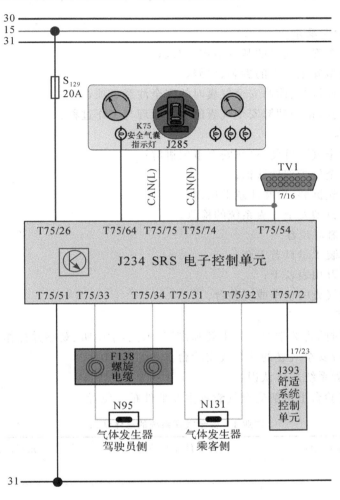

图 2-36　大众帕萨特安全气囊系统电路图

实训 1　安全气囊的结构认识与检修

1. 实训目的与要求

（1）掌握汽车安全气囊的基本结构、型式；

（2）掌握典型安全气囊的拆装、检修；

（3）重点掌握拆装、检修安全气囊时的安全注意事项；

（4）结合实验，正确理解安全气囊的工作原理与工作过程。

2. 实训内容

（1）汽车安全气囊拆装、检修安全事项讲解；

（2）汽车安全气囊部件认识；

（3）安全气囊拆装、检修注意事项讲解；

（4）实验台典型安全气囊系统的检修。

3. 工具、仪器与设备

（1）常用拆装工量具若干套；

（2）高阻抗万用表若干；

（3）带安全气囊的整车或实验台。

4. 实训步骤

实验安排：时间为 2 学时。先由教师讲解、示范，学生听、观察并操作。

实训对象：带安全气囊的整车或实验台。

（1）安全气囊系统总体认识。

在整车或实验台上讲解安全气囊各主要部件布置位置。

作业 1　安全气囊系统的总体认识

安全气囊系统组成	元器件安装位置	元器件作用

（2）简要回顾安全气囊的工作过程原理。

教师根据安全气囊实验台，讲解实验台安全气囊电路原理，对安全气囊进行工作过程演示（注意不同安全气囊实验台的差异）；对安全气囊进行检修。

作业 2 安全气囊系统工作过程描述

过程描述	工作条件分析

（3）对气囊主要部件进行拆装操作。

作业 3 安全气囊系统的拆装

拆装部件名称	作用等	注意事项

（4）典型安全气囊系统的检修。

教师根据安全气囊实验台，讲解安全气囊检修过程中应重点注意的安全事项；探讨如何对安全气囊进行检修。

作业 4 安全气囊系统的检修记录

安全气囊系统故障现象描述	原因分析	排除方法

5. 注意事项

（1）零部件拆装、检测和更换必须按正确的程序操作（如先检测出诊断码，然后再从蓄电池上脱开负极电缆），否则有可能使气囊意外张开而导致严重事故。更有甚者，气囊维修过程中的失误有可能使其在需要时无法发挥作用或不需要时起作用，这都是极其危险的。

（2）一定要在点火开关旋至"LOCK"（锁住）位置，且脱开蓄电池负极电缆 90s 之后才能开始操作（"SRS"配有备用电源，如在脱开蓄电池负极电缆 90s 以内进行操作，就有可能使气囊张开）。

（3）在修理过程中，如有可能振动到传感器，则应先拆下气囊传感器再开始操作。

（4）不要将气囊系统零件直接置于炎热的空气中或明火旁。

（5）对"SRS"电路进行故障检查时，应使用高阻抗（10 kΩ/V 以上）的伏/欧表。不能用万用表测量转向盘衬垫、气囊传爆管的电阻，否则可能使安全气囊张开，很危险的。

（6）"SRS"的所有连接器均为黄色，以区别于其他连接器。"SRS"的连接均经专门设计而具有特殊功能，均采用耐久的镀金端子。

（7）转向盘衬垫放置时应使皮面向上。转向盘衬垫不得涂润滑脂，也不得用任何类型的洗涤剂清洗。

（8）前安全气囊传感器上的箭头朝向汽车的前方，定位螺栓已经过防锈处理，拆装后务必更换。

（9）当用电弧焊时，要在工作之前先将位于转向柱下面靠近组合开关连接器的安全气囊连接器（黄色，两个引脚）脱开。

6. 实训考核要求

（1）正确检修安全气囊系统（以科创安全气囊实验台为考核实验台）；

（2）明确安全气囊的工作过程及原理，口述检修安全气囊过程中应注意的事项。

7. 鉴定说明（含鉴定方式）

（1）考核时间为30分钟；

（2）考核过程中任何人不得提示，各人应独立完成检修工作；

（3）主考人有权随时检查是否符合操作规程及技术要求，但应相应折减所影响的时间；

（4）若有作弊行为，一经发现一律按零分处理，不得参加补考；

（5）考核前应准备考核所需仪器设备与器材：科创安全气囊实验台、万用表、常用拆装工量具；

（6）主考人应在考核结束后填写考核所用时间并签名。

8. 评分标准

根据操作步骤，采用倒扣法评分，具体如下表。

班级：　　　　　姓名：　　　　　学号：

序号	考核内容	配分	评分标准	考核记录	扣分	得分
1	正确使用工具、仪器	10	工具使用不当扣 10 分			
2	正确的拆装顺序	40	拆装顺序错误酌情扣分			
	所有零件摆放整齐		摆放不正确扣 5 分			
	能够清楚各零件的工作原理		不能较好地叙述零件的工作原理扣 5 分			
3	正确组装安全气囊	30	组装顺序错误酌情扣分			
4	使用仪器复查气囊系统	10	不复查扣 5 分			
			复查法错误每错扣 5 分			
5	整理工具、清理现场	10	每项扣 2 分，扣完为止			
	安全用电，防火，无人身、设备事故		因违规操作发生重大人身或设备事故，此题按 0 分计			
6	分数总计	100				

备注：

监考教师：　　　　　主考教师：　　　　　　　　　　年　　月　　日

思考题

1. 汽车安全气囊有哪些保护作用？通常安装在哪些部位？

2. 汽车安全气囊系统气囊组件由哪几部分构成？

3. 安全气囊系统指示灯在什么情况下表明系统出现了故障？

4. 检修安全气囊时应注意哪些问题？

5. 如何处置安全气囊？

6. 在安全气囊检修过程中，为何等蓄电池断电 1 min 以上，才可拆卸安全气囊部件？

7. 某带安全气囊的车辆需要更换左右转向横拉杆，某维修工在更换后发现方向盘不在正中央，故拆下方向盘将其放在正中央，结果车主在行驶一段时间发现安全气囊指示灯常亮，试分析可能的原因；该维修工操作过程中有何不妥，为什么？

汽车防撞控制系统

3.1 汽车防撞控制系统概述

汽车防碰撞系统是一种主动安全系统,是一种可向驾驶员预先发出视听警告信号的探测装置,主要是解决汽车行驶的安全距离问题。该系统能探测企图接近车身的行人、车辆或周围障碍物;能向驾驶员及乘客提前发出即将发生撞车危险的信号,促使驾驶员甚至撤开驾驶员采取应急措施来应对特殊险情,避免损失。在正常行驶时,该系统处于非工作状态。当本车的车头非常接近于前车的车尾时,该系统将发出防追尾警告。在发出警告后,如果驾驶员没有采取制动减速措施,该系统便自动起动紧急制动装置,以避免发生追尾事故。

汽车防碰撞控制系统如图 3-1 所示。

1. 汽车防碰撞控制系统主要功能

(1)环境监测功能。位于车辆前部的雷达能够分辨车辆前方物体的距离和方位,与附有监测路面情况的传感器共同承担环境监测功能。

(2)防碰撞判断功能。防碰撞分析系统对前后障碍物的距离和方位以及路面信号进行分析,提取有用数据,进行危险性判断,输出必要的警示信号或应急车辆控制信号。

(3)车辆控制功能。该系统根据防碰撞系统输出信号的控制,实现对制动系统(ABS)或转向系统进行自动操作。自动操作系统处于工作状态时,如驾驶员的操作制

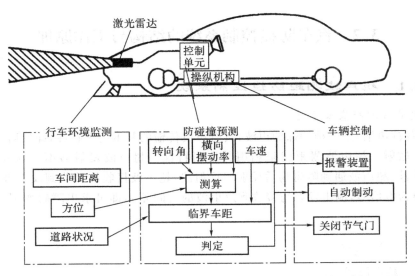

图 3-1　汽车防碰撞控制系统

动力大于自动控制系统提供的制动力,则驾驶员操作有效,这样可保证自动操作系统失灵时,驾驶员控制的制动系统仍能起作用。

2. 测定汽车行驶安全距离的主要方法

(1)超声波测距。利用超声波回声测距的基本原理,测量车前后一定距离内的物体。

(2)雷达测距。利用电磁波反射来发现目标并测定其位置。

(3)激光测距。其工作原理与雷达测距相似,具体的测距方法有连续波和脉冲波两种。

3. 汽车防碰撞控制系统的发展趋势

汽车防撞系统是高科技的产物,它将伴随微电子、光纤、红外等技术的进步而得到新的发展。汽车防撞系统未来的发展方向为:

(1)为满足高速行驶,进一步增大探测距离;

(2)降低成本和售价,供在用车改装和新车安装使用;

(3)与自动驾驶仪形成反馈系统,按时间响应,排除人为影响,正确保持车距或作出机动避让;

(4)向智能化方向进一步拓展。

3.2　汽车防撞控制系统的结构与工作原理

3.2.1　超声波测距防撞控制系统

1. 超声波测距基本原理

超声波(声纳)是一种特殊的声波,具有声波传输的基本物理特性,即反射、折射、干涉、衍射、散射。超声波测距就是利用其反射特性。超声波发射器不断地发射出 40 kHz 超声波,超声波遇到障碍物后反射回反射波,超声波接收器接收到反射波信号,并将其转换为电信号,测出发射与接收到反射波的时间差 t,即可求出障碍物到汽车的距离 s:

$$s = \frac{1}{2}ct$$

式中:c——超声波音速。

超声波也是声波,c 即为声速。声速 c 与温度有关,如表 3-1 所示。

表 3-1　声速与温度之间的关系

温度/℃	−30	−20	−10	0	10	20	30
声速/(m/s)	313	319	325	332	338	344	349

在一般情况下,可以认为声速是基本不变的。如果测距精度要求很高,可以通过温度补偿的方法加以校正。当将声速作为常数时,只要测得超声波信号往返的时间,即可求得距离,并将距离用数字显示出来,如图 3-2 所示。

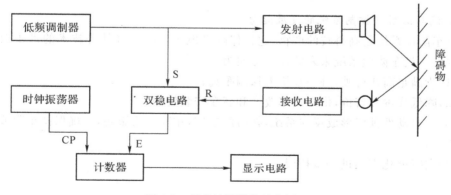

图 3-2　超声波测距的基本原理

发射电路在发射受低频调制的超声波的同时,使双稳电路置位,此时计数器的闸门

E 被打开,时钟信号开始进入计数器,而当接收电路接收到反射波时双稳电路复位,计数器闸门 E 被关闭,时钟信号被切断,数据被锁存,然后经译码驱动在显示器上被锁存的数值,假设声速为 343 m/s,则时钟振荡器的频率为 34.3 kHz 时,认为显示器上的读数只需要 17.15 kHz,因为我们要考虑超声波来回的双倍时间。

超声波雷达倒车防撞系统一般由超声波振荡器、检测器、控制器和报警电路等组成。

3.2.2　激光测距防撞控制系统

激光扫描雷达安装在车辆前端的中央位置,将测得的车距和前面车辆方位信号送入防碰撞预测系统。激光扫描雷达的扫描角和视域如图 3-3 所示,激光束的视域窄并呈扇形,即在水平面上较薄,在垂直面上呈扇形。

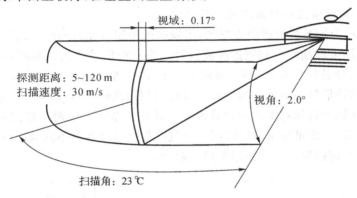

图 3-3　激光扫描雷达

1. 防追尾碰撞激光报警装置

这种装置包括发光部、受光部、计算车间距离的激光雷达、信号处理电路、显示装置以及车速传感器等。

激光镜头使脉冲状的红外激光束向前方照射,并利用汽车后部反光镜的反射光,通过受光装置检测其距离。使用汽车反光镜,检测距离约 100 m,最大检测宽度 35 m 以上。三个激光束中的左右激光束,取其 35 m 以上,宽度控制在 3.5 m,中央激光束的检测距离取其 80 m 以上,这样就能够更早地检测插入车流的车辆,同时还能识别弯道上的标识物,随时发出警报,使之达到最优状态。

控制部分由微机进行下列运算,本车车速、前方行驶车辆的车速、车间距离、根据车间距离和安全车间距离比较发出警报声或报警灯闪烁。显示装置安装在仪表板上进行距离显示。

2. 扫描式激光雷达

最早的前方用激光雷达都是发出多股激光光束,并依靠前方车反光镜的反射时间来测定其距离。但是由于要对前方车辆进行辨别,因而后来开始采用扫描式激光雷达。这样,不但至前方车的距离可测,而且其横向的位置也可以检测出来。此技术的进一步发展,可使扫描角度成 360°。这样,如果在车辆四角设置类似的扫描式激光雷达,那么车辆四周的障碍物都可以测出。

3.2.3 雷达测距防撞控制系统

汽车电磁波雷达防撞系统,是利用电磁波发射后遇到障碍物反射的回波,对其不断检测和计算与前方或后方障碍目标的相对速度和距离,经分析判断,对构成危险的目标按程度不同进行报警,控制车辆自动减速,直到自动制动。

1. 汽车电磁波雷达防撞系统的工作原理

图 3-4 所示为该系统组成的方框图,当发射机采用微波调频连续波体制时,在车辆行进中雷达窄波束向前发射调频连续波信号。当发射信号遇到目标时,被反射回来为同一天线接收,经混频放大处理后,可用其差拍信号间的相差来表示雷达与目标的距离,把对应的脉冲信号经微处理器处理计算可得到距离数值,再根据差频信号相差与相对速度关系,计算出目标对雷达的相对速度。微处理器将上述两个物理量代入危险时间函数数字模型后,即可算出危险时间。当危险程度达到各种不同级别时,分别输出报警信号或通过车辆控制电路去控制车速或制动。

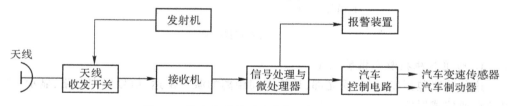

图 3-4 汽车电磁波雷达防撞系统的原理图

2. 汽车防撞雷达主要技术参数

(1)作用距离不少于 100 m,误差 ±0.5 m;

(2)微波发射频率 24.125 GHz。

3. 汽车防撞雷达主要功能

(1)测速测距;

(2)对前方 100 m 内危险目标提供声光报警;

(3)兼备汽车黑匣子功能;

(4)自动巡航系统(行驶过程中自动保持与前面行驶车辆之间的距离);

(5)紧急情况下起动自动制动系统。

装有防撞雷达的汽车上了高速公路以后,驾驶员就可以起动车上的防撞雷达系统。雷达选定好跟随的汽车以后,被跟随的汽车就成了后面汽车的"目标车",无论它是加速、减速,还是停车、起动,后面的汽车都能在瞬间之内予以模仿。如果前面的汽车在行驶一段时间之后,不再适合于作为自己的"目标车",驾驶员可以重新选择另一辆"目标车"。

4.汽车雷达防撞系统发展状况

汽车雷达防撞系统在美国一些公司研制开发的时间较长,有的已有十几年或几十年的历史,产品目前已进入商品化实用性阶段。一些工业化国家如日本、澳大利亚、法国和德国也都处于大力推广应用时期。我国在此方面起步较晚,到目前为止开发出的产品仍处于初级阶段。

3.2.4 倒车雷达

1.倒车防碰撞系统的组成

汽车倒车防碰撞系统由超声波传感器(俗称探头)、控制单元和显示器(或蜂鸣器)等部分组成,如图 3-5 所示。奥迪等中高档车型倒车防碰撞装置在车辆前部有 4 个传感器,如图 3-6 所示。在后保险杠上涂漆的区域装有 4 个超声波传感器,即左后传感器、左后中传感器、右后中传感器、右后传感器,如图 3-7 所示。传感器外形如图 3-7 所

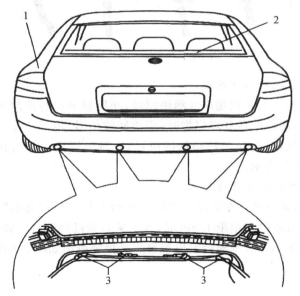

图 3-5 倒车防碰撞系统示意图

1—倒车防碰撞系统控制单元(J446);2—倒车防碰撞系统蜂鸣器 H15;3—倒车防碰撞系统传感器

示,可发送超声波和接收反射后的超声波。电子系统利用发送和接收到的超声波计算汽车与障碍物的距离。

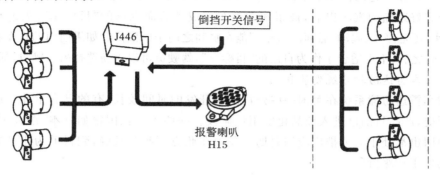

图 3-6　倒车防碰撞系统组成

J446—超声波倒车防碰撞系统控制单元

图 3-7　汽车超声波传感器

2.倒车防碰撞系统的工作原理

倒车防碰撞系统一般采用超声波测距原理,在控制单元的控制下,由传感器(图 3-7)发射超声波信号,超声波遇到障碍物时,产生回波信号,传感器接收到回波信号后经控制单元进行数据处理,判断出障碍物的位置,由显示器显示距离并发出其他警示信号,使驾驶员得到及时警示。

3.倒车防碰撞系统的工作过程

当挂上倒挡时,超声波倒车防碰撞系统即开始工作,发出"嘟嘟"的声音,表明该系统状态良好。当车与障碍物相距 1.6m 时,可听见间断报警信号。离障碍物越近,声音越急促。如距离小于 0.2m,则连续发出报警声。报警范围如图 3-8 所示。

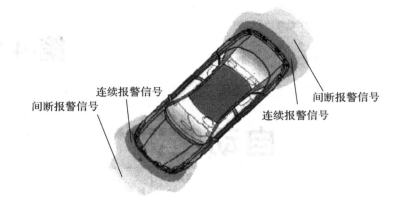

间断报警信号　连续报警信号　间断报警信号　连续报警信号

图 3-8　汽车防碰撞系统的报警范围

思考题

1.简述超声波倒车防碰撞系统的工作过程。
2.简述超声波倒车防碰撞系统的工作原理。

自动座椅

4.1　电动座椅概述

电动座椅与普通座椅相比,提供了便于操作、舒适而又安全的驾驶位置及为乘员提供不易疲劳、舒适又安全的乘坐环境。电动座椅在一定程度上提高了驾驶员与乘客的方便性和乘坐的舒适性。但对于某些特殊的驾驶环境下,如驾驶员基本固定,但偶尔有其他驾驶员使用的情况下,固定的驾驶员就必须经常性地调整座椅的位置、方向盘的位置与高度、后视镜的位置等。自动座椅可较好地解决这个问题。

4.1.1　电动座椅的结构与工作原理

电动座椅由双向座椅电动机、传动机构(包括高度调整机构、纵向调整机构、靠背倾斜调整机构、腰部支撑调节机构、头枕高度调节机构)、座椅开关等组成,如图 4-1 所示。座椅空间位置的调整由双向座椅电动机实现座椅的滑动、前后垂直、倾斜、头枕、腰垫等位置变化。使用时,通过操作相应的座椅开关按钮,即可实现座椅前后垂直、倾斜、头枕、腰垫等位置的电动控制。

4.1.2　自动座椅与电动座椅的关系

在传统电动座椅的基础上,装备有存储记忆功能的控制器,即实现了电动座椅的记

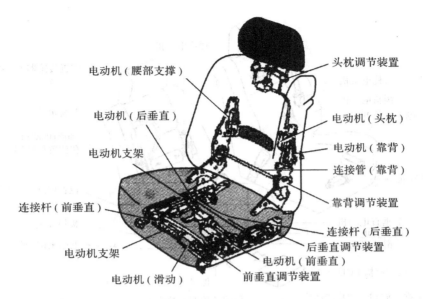

图 4-1　电动座椅结构图示意

忆和存储功能。驾驶员可以按照自身的意愿和实际需求进行相应的设定，之后将设定信息存储在电动座椅控制 ECU 内，使得电动座椅具有记忆和存储功能，在需要时只需按动记忆按钮，就可以调整到设定的最舒适、最方便的位置，即实现电动座椅的自动调整功能。

4.2　自动座椅的组成与工作原理

4.2.1　自动座椅的组成

　　以丰田 LS400 型轿车的自动座椅为例，自动座椅由电动座椅、电动座椅 ECU、（方向盘）伸缩与倾斜 ECU、后视镜 ECU、座椅（调整）开关、存储和复位开关、腰垫开关、位置传感器及驱动电动机、安全带扣环调整装置等组成。如图 4-2 所示。

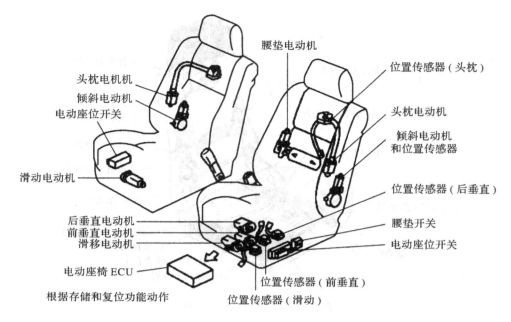

图 4-2　自动座椅的组成

4.2.2　自动座椅的工作原理

　　自动座椅电子控制系统由输入信号电路(座椅开关、位置传感器)、电动座椅 ECU 和执行机构的驱动电动机 3 大部分组成,自动座椅电子控制系统原理如图 4-3 所示。能完成对方向盘倾斜及伸缩调整、后视镜调整、座椅调整安全带锁扣位置调整等功能,自动座椅的控制功能如图 4-4 所示。

　　1. 输入信号电路工作过程

　　座椅(调整)开关接通时向 ECU 输入滑移、前垂直、后垂直、倾斜或头枕位置信号。

　　存储开关的功能可使座椅的滑移、前垂直、后垂直、倾斜和头枕调节位置存储在存储器中并复位。

　　位置传感器部分包括座椅位置传感器、后视镜位置传感器、安全带扣环传感器以及方向盘倾斜传感器等。在驱动电动机工作时将相应的位置信号输入 ECU 即可。

　　2. ECU 工作过程

　　ECU 包括输入接口、微机 CPU 和输出处理电路等。CPU 接到输入信号后,对信号进行相应的处理(计算、逻辑判断等),并且按照既定的程序对执行器进行控制,最终使执行器工作,直至将相应元件送达目标为止。

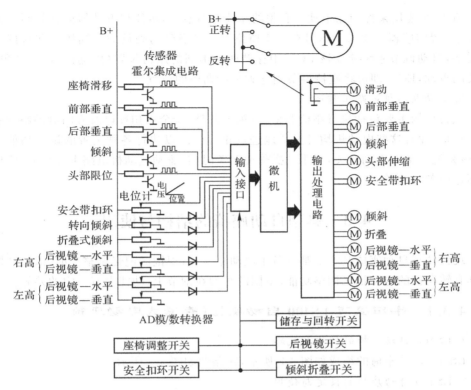

图 4-3　自动座椅电子控制原理示意图

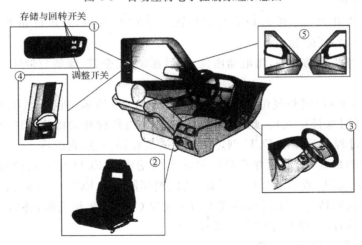

图 4-4　自动座椅控制功能

①存储回转开关　②座椅调整　③方向盘倾斜及伸缩调整　④安全带锁扣位置调整　⑤后视镜调整

　　ECU 主要用来控制靠手动开和关的座椅调节装置,也能根据从转向柱倾斜与伸缩 ECU、位置传感器等送来的信号存储座椅位置。考虑到驾驶员的不同体型和喜好的驾驶姿势,自动调节系统能在该 ECU 中存储两种不同的座椅位置(供选择),靠一"单触"开关的点动,ECU 即可将座椅调节到驾驶员所期望的位置。

　　3.驱动电动机电路工作过程

　　执行机构主要包括执行座椅调整、后视镜调整、安全带扣环以及方向盘倾斜调整等微电动机,而且这些电动机均可灵活地进行正、反转,以执行各种装置的调整功能。另外,该系统还备有手动开关,当手动操作此开关时,各驱动电动机电路也可接通,输出转矩而进行各种调整。

4.3　典型自动座椅的结构与使用

　　现代轿车自动座椅基本上都具备了电动座椅、后视镜的记忆调整功能,部分高档车还具有转向柱的电动记忆调整功能,不同的车型在细节上、功能上有一定的差异。

4.3.1　丰田凌志 LS400 自动座椅(存储式电动座椅)

　　1.LS400 自动座椅的结构与线路

　　LS400 自动座椅的组成如图 4-2 所示,线路图如图 4-5 所示。

　　2.LS400 自动座椅的设定与使用

　　(1)信息存储

　　只要将点火开关置于接通 ON,变速杆置于停车"P"位置,并进行如下操作,即可将所期望的座椅位置存储起来。

　　1)利用适当的手动开关,将电动座椅、外后视镜、安全带、倾斜与伸缩转向柱置于所期望的位置。

　　2)推入(压下)存储和复位开关 L1 或 L2,如图 4-6 所示;再推入(压下)SET 开关(在进行该步骤时保持推入)。此时,如图 4-7 所示,由各种开关将信号送至转向柱倾斜与伸缩 ECU(过程 A);如果 ECU 判定该系统需要存储信息,它就进一步确定转向柱的位置和安全带的系紧(固定),并将此信号送至电动座椅 ECU 和外后视镜 ECU(过程 B);当电动座椅 ECU 收到信号后,就将座椅位置存储于该 ECU 的存储器中,然后又将储存完成信号送回转向柱倾斜与伸缩 ECU(过程 C)。与此相类似,外后视镜 ECU 存储外后视镜的位置,但没有存储完成信号返回。

　　(2)选择已存储的座椅位置

　　如图 4-6 所示,压下存储和复位开关 L1 或 L2(可听到约 0.1s 的蜂鸣声),即可选择到所期望的已存储的座椅位置。从安全角度考虑,在踩制动踏板和车辆运行时,禁止

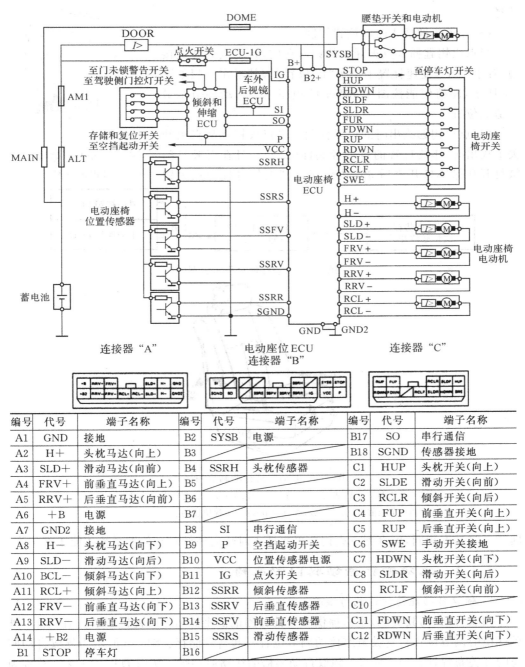

编号	代号	端子名称	编号	代号	端子名称	编号	代号	端子名称
A1	GND	接地	B2	SYSB	电源	B17	SO	串行通信
A2	H+	头枕马达（向上）	B3			B18	SGND	传感器接地
A3	SLD+	滑动马达（向前）	B4	SSRH	头枕传感器	C1	HUP	头枕开关（向上）
A4	FRV+	前垂直马达（向上）	B5			C2	SLDE	滑动开关（向前）
A5	RRV+	后垂直马达（向前）	B6			C3	RCLR	倾斜开关（向后）
A6	+B	电源	B7			C4	FUP	前垂直开关（向上）
A7	GND2	接地	B8	SI	串行通信	C5	RUP	后垂直开关（向上）
A8	H−	头枕马达（向下）	B9	P	空挡起动开关	C6	SWE	手动开关接地
A9	SLD−	滑动马达（向后）	B10	VCC	位置传感器电源	C7	HDWN	头枕开关（向下）
A10	BCL−	倾斜马达（向下）	B11	IG	点火开关	C8	SLDR	滑动开关（向后）
A11	RCL+	倾斜马达（向上）	B12	SSRR	倾斜传感器	C9	RCLF	倾斜开关（向前）
A12	FRV−	前垂直马达（向下）	B13	SSRV	后垂直传感器	C10		
A13	RRV−	后垂直马达（向下）	B14	SSFV	前垂直传感器	C11	FDWN	前垂直开关（向下）
A14	+B2	电源	B15	SSRS	滑动传感器	C12	RDWN	后垂直开关（向下）
B1	STOP	停车灯	B16					

图 4-5　自动座椅的线路图

选择。

（3）点火钥匙插入时的位置控制

当点火钥匙插入点火开关的钥匙孔内，且将点火开关接通（置于ON），变速杆置于停车"P"位置时，其工作过程如图4-7所示，座椅便能按图4-8所示的顺序进行自动调节至最舒适的位置。

（4）点火钥匙拔出时的位置控制。当点火钥匙从点火开关上拔出时，座椅位置的自动控制即会停止，且在驾驶员门被打开和保持打开之后30s内停止。其工作过程与点火钥

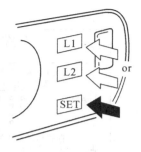

图4-6　信息存储操作
过程示意图

图4-7　信息存储过程示意图

图4-8　电动座椅自动调节顺序

①—滑移调节至后部；②—靠背调节至后部；③—靠背调节至前部；④—滑移调节至前部；⑤—前、后垂直调节；⑥—头枕位置调节

匙插入时基本相同，但直到点火钥匙再次插入时转向柱倾斜与伸缩系统才能正常工作。

4.3.2　大众帕萨特领驭自动座椅

1. 领驭自动座椅的结构与线路

领驭自动（驾驶员侧）座椅提供了驾驶员侧记忆座椅和外后视镜调节位置功能，外后视镜的调节位置与驾驶员座椅的调节位置一起自动储存。图4-9所示为领驭自动座椅的开关布置，图4-10所示为领驭自动座椅的线路原理图。按钮D中的1、2、3分别为记忆存储开关，按钮E为记忆功能关闭开关。

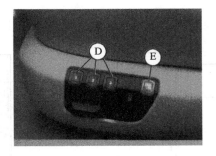

图 4-9　领驭自动座椅的开关布置

领驭自动座椅最多可储存 3 个人的调节位置在各自按钮 D 上。当更换驾驶员时，驾驶员座椅及外后视镜的调节位置可以通过按动各自按钮 D 自动切换至所需位置。

在每个记忆按钮上，可以记忆和调用：

A. 驾驶员座椅凋节位置；

B. 正常驾驶时的左右外后视镜位置；

C. 倒车时的右外后视镜位置。

此外，领驭还可使用装有无线电遥控装置的钥匙调用某一记忆按钮记忆的位置。可随时使用 E 按钮关闭记忆功能，此时座椅和外后视镜只可以作手动调节。

2. 领驭自动座椅的设定与使用

首先调节好驾驶员座椅位置，然后再根据驾驶员座椅的位置对外后视镜进行调节，先调节好倒车时右外后视镜的位置，如果记忆功能被切换至右外后视镜处，那么右外后视镜将自动调整到预调好的位置。这样在停车时就可以看到路边。一旦倒挡脱开，右外后视镜还将回复到原来的位置。倒车时，右外后视镜的预调位置可作更改，并可储存，以满足不同的需要。

(1) 领驭自动座椅的设定

1) 记忆正常驾驶时的驾驶员座椅和外后视镜位置。

A. 点火开关接通；

B. 座椅调整到所需位置；

C. 调整外后视镜；

D. 按住某一记忆按钮，保持大约 3 秒钟，直到听见一声提示音确认位置已被记忆。

注意：当设定记忆位置时，推荐从左手第一个按钮开始，然后为其他驾驶员设置；每次进行记忆时，同一按钮以前的设置将被删除；如蓄电池断电，则所有与座椅、后视镜相关的位置记忆信息将被删除，记忆系统必须初始化。

2) 倒车时外后视镜的位置设置。可以修改和记忆预调好的倒车时外后视镜位置，以适应不同的需要。

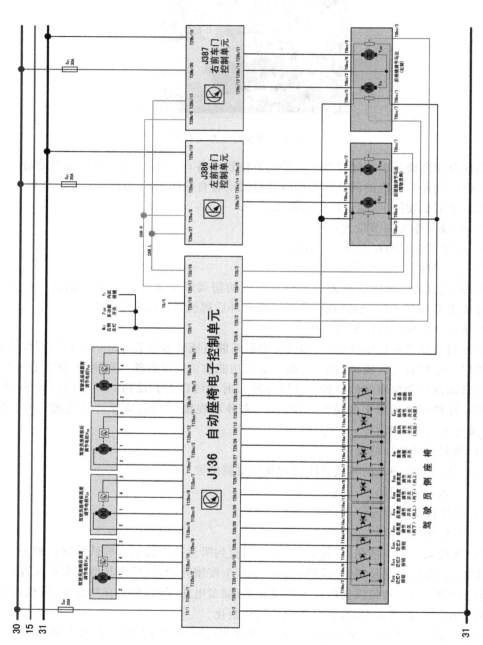

图 4-10 领驭自动座椅线路原理图

A.将系统切换到右外后视镜位置；

B.换到倒挡；调整右外后视镜位置；

C.按住某一记忆按钮 D,保持大约 3 秒钟,直到听到一声提示音确认位置已被记忆。设置被相应记忆按钮记忆。

(2)记忆系统的初始化

蓄电池重新连接后,记忆系统必须重新初始化,否则无法记忆或进行任何设置。

A. 打开驾驶员侧车门；

B. 接通点火开关；

C. 调整座椅靠背至最陡。

记忆系统完成初始化过程,重新具备所有功能。

(3)领驭自动座椅的使用

1)使用记忆按钮。出于安全的考虑,座椅和外后视镜的位置设置只能在熄火时调用。可以在两种不同的调用程序中任选一种。

A."自动"：打开驾驶员车门,快速按一下您选择的记忆按钮 D,座椅和外后视镜将自动调整到记忆的位置。

B."手动"：无论驾驶员侧车门打开与否,按下记忆按钮 D,并保持,直到座椅和外后视镜调整到记忆的位置。

注意：当自动调整座椅和外后视镜位置时,如果任一记忆按钮被按下,调用过程将停止。如果再次按下同一按钮,被中断的调用过程将继续进行。但是如果不同的按钮被按下,调整位置将对应新的按钮。

2)使用无线电遥控钥匙。只有当汽车熄火,并且驾驶员侧车门关闭时,记忆的座椅和外后视镜的位置设置才能被调用。快速按一下遥控钥匙的打开按钮,打开驾驶员侧车门。座椅和外后视镜将调整到记忆的位置。

3)倒车时右外后视镜的设置。切换到右外后视镜的位置,挂上倒挡。右外后视镜将自动调整到记忆的位置。一旦变速杆移出倒挡,右外后视镜将调整到正常驾驶时位置。

4.4　典型自动座椅的检修

4.4.1　开关的检查

电动座椅开关与腰垫开关的检查可参考图 4-5。

4.4.2　位置传感器的检查

电动座椅位置传感器将每个电动机的位置信号传送给座椅 ECU,利用座椅 ECU端子的信号来检测各个传感器的工作状态。

检查步骤如下:

(1)随接插件一起从驾驶员座椅下面的固定处拆下电动座椅 ECU。

(2)将电动座椅 ECU 的端子 CHK 搭铁,用模拟型电压表测量电动座椅 ECU 的端子 SO 与车身接地之间的电压,如图 4-11 所示。此时电压表指针的摆动情况如图 4-12所示。

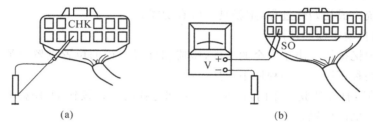

图 4-11　电压表与电动座椅 ECU 端子的连接

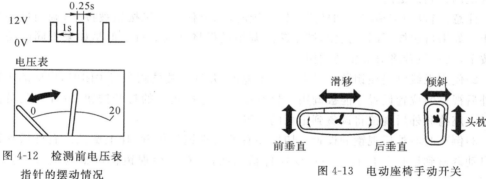

图 4-12　检测前电压表
指针的摆动情况

图 4-13　电动座椅手动开关

(3)打开电动座椅手动开关(腰垫没有位置传感器,故无需进行传感器检查),参照图 4-13 进行,将开关分别打到前垂直、后垂直、滑移、倾斜和头枕等挡位逐项检测传感器的输入信号,此时将电压表指针的摆动情况与图 4-14 和图 4-15 所示的摆动情况对比,就可知道哪一个挡位的位置传感器有故障(注意:当座椅移到极限位置时,电压表将显示不正常代码)。

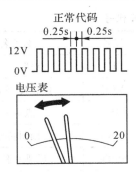

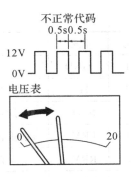

图 4-14　检查位置传感器时电压表的"正常码"　　　　　　图 4-15　"不正常码"

4.4.3　接插件端子的检测

(1)接插件的端子如图 4-16 所示,端子名称及代号见表 4-1。

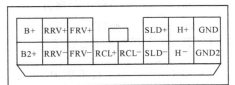

(a) 接插件 A

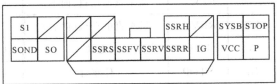

(b) 电动座椅 ECU 接插件 B

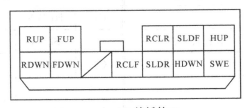

(c) 接插件 C

图 4-16　丰田 LS400 型轿车存储式座椅接插件的端子

表 4-1　接插件的端子名称及代号

编号	代号	端子名称	编号	代号	端子名称
A1	GND	搭铁	B9	P	空挡起动开关
A2	H+	头枕电动机（向上）	B10	VCC	位置传感器电源
A3	SLD+	滑移电动机（向前）	B11	1G	点火开关
A4	FRV+	前垂直电动机（向上）	B12	SSRR	倾斜传感器
A5	RRV+	后垂直电动机（向前）	B13	SSRV	后垂直传感器
A6	B+	电源	B14	SSFV	前垂直传感器
A7	GND2	接地	B15	SSRS	滑移传感器
A8	H−	头枕电动机（向下）	B16		
A9	SLD−	滑移电动机（向后）	B17	SO	串行通信
A10	RCL−	倾斜电动机（向下）	B18	SGND	传感器搭铁
A11	RCL+	倾斜电动机（向上）	C1	HUP	头枕开头（向上）
A12	FRV−	前垂直电动机（向下）	C2	SLDF	滑移开关（向前）
A13	RRV−	后垂直电动机（向后）	C3	RCLR	倾斜开关（向后）
A14	B2+	电源	C4	FUP	前垂直开关（向上）
B1	STOP	停车灯	C5	RUP	后垂直开关（向上）
B2	SYSB	电源	C6	SWE	手动开关搭铁
B3			C7	HDWN	头枕开关（向下）
B4	SSRH	头枕传感器	C8	SLDR	滑移开关（向后）
B5			C9	RCLF	倾斜开关（向前）
B6			C10		
B7			C11	FDWN	前垂直开关（向下）
B8	SI	串行通信	C12	RDWN	后垂直开关（向下）

实训 2　自动座椅的结构认识与检修

1. 实训目的与要求

(1) 掌握汽车自动座椅的基本结构、控制型式与工作原理；

(2) 掌握典型自动座椅的检修；

(3) 熟悉典型自动座椅的设定与使用方法。

2. 实训内容

(1) 汽车自动座椅的操作设定、检修安全事项讲解；

(2) 汽车自动座椅部件认识；

(3) 典型自动座椅系统的检修。

3. 工具、仪器与设备

(1) 常用拆装工量具若干套；

(2) 高阻抗万用表若干；

(3) 带自动座椅的整车或实验台。

4. 实训步骤

实验安排：时间为 2 学时。先由教师讲解、示范，学生听、观察并操作。

实训对象：

(1) 带自动座椅的整车或实验台(丰田凌志、帕萨特等车型)

1) 自动座椅总体认识

教师在整车或实验台上讲解自动座椅各主要部件布置位置。

作业 1　自动座椅的总体认识

自动座椅组成	元器件安装位置	元器件作用

2) 简要回顾自动座椅的设定操作

教师根据自动座椅实验台或带自动座椅整车，讲解自动座椅控制原理、过程，对自动座椅进行操作设定示范，学生练习。

作业2　自动座椅设定操作

过程描述	工作条件分析

3）典型自动座椅的检修

教师根据自动座椅实验台或带自动座椅整车，讲解自动座椅检修过程中应重点注意的安全事项；探讨如何对自动座椅进行检修。

作业3　自动座椅的检修记录

自动座椅故障现象描述	原因分析	排除方法

5．注意事项

（1）在整车上使用操作自动座椅时应注意人身安全。

（2）防止把钥匙单独锁在车内。

6．实训考核要求

（1）正确检修自动座椅；

（2）明确自动座椅的工作过程及原理，完成任务工作单。

7．鉴定说明（含鉴定方式）

（1）考核时间为30分钟。

（2）考核过程中任何人不得提示，各人应独立完成检修工作；

（3）主考人有权随时检查是否符合操作规程及技术要求，但应相应折减所影响的时间；

（4）若有作弊行为，一经发现一律按零分处理，不得参加补考；

（5）考核前应准备所需仪器设备与器材：自动座椅实验台/整车、万用表、解码器等。

（6）主考人应在考核结束后填写考核所用时间并签名。

8．评分标准

根据操作步骤，采用倒扣法评分，具体如下表。

班级：　　　　　　姓名：　　　　　　学号：

序号	考 核 内 容	配分	评 分 标 准	考核记录	扣分	得分
1	正确使用工具、仪器	10	工具使用不当扣 10 分			
2	正确的拆装顺序	40	拆装顺序错误酌情扣分			
	所有零件摆放整齐		摆放不正确扣 5 分			
	能够清楚各零件的工作原理		叙述不出零件的工作原理扣 5 分			
3	正确对自动座椅进行设定操作	30	操作结果有误酌情扣分			
			操作过程每错扣 5 分			
4	使用仪器复查自动座椅	10	不复查扣 5 分			
			复查法错误每扣 5 分			
5	整理工具、清理现场	10	每项扣 2 分，扣完为止			
	安全用电，防火，无人身、设备事故		因违规操作发生重大人身或设备事故，此题按 0 分计			
6	分数总计	100				

备注：

监考教师：　　　　　　主考教师：　　　　　　　　　　年　　月　　日

思考题

1. 请比较普通电动座椅与自动座椅的异同点。
2. 根据典型车型自动座椅线路图绘制工作原理电路图，并简述其工作原理。
3. 领驭自动座椅倒车时对后视镜是如何控制的？正常驾驶时呢？

第 5 章

中控门锁与防盗系统

【应知】

1. 汽车防盗系统的类型与特点
2. 中控门锁的结构与工作原理
3. 发动机禁制系统的结构与工作原理
4. 典型车型的中控锁与防盗系统的结构与工作原理

【应会】

1. 熟练加装防盗器与原车遥控设定操作
2. 熟练运用仪器检修中控门锁与防盗系统故障
3. 熟练运用仪器对发动机防盗系统进行匹配

　　随着汽车工业的发展和人民生活水平的提高,国内轿车保有量不断上升,但轿车的盗窃问题也颇受关注。盗窃问题也促进了汽车中控门锁与防盗系统的普及与发展,目前各国都有相应立法,对汽车防盗报警系统进行了安全法规规定。

　　汽车防盗系统由最初的机械控制,逐渐发展成为电子密码、遥控呼救、信息报警。早期的防盗装置主要用于控制门锁、门窗、起动器、制动器、切断供油等联锁机构,以及为防止盗贼拆卸零件而设计的专用套筒扳手。随着科技的发展,汽车防盗系统日益完善和严密,特别是随着现代汽车电子技术在中控门锁与防盗系统中的应用,汽车防盗系统偏向于对整车的防护设计理念。现代轿车的防盗系统主要包含了无线遥控控制的中控门锁系统(进入式防盗)和禁止车辆移动/起动的防盗系统两大部分。电子技术、网络技术的应用,还为防盗系统的网络化控制创造了可能。随着公路交通网络的完善,汽车防盗系统由单一的车辆防盗正逐步演变为对车辆的社会网络化防盗、防劫——GPS 网络化防盗系统。GPS 网络化防盗系统由报警发射、网络接收、监控中心三部分组成,监控中心对入网的车辆进行实时的监测服务,当发生盗窃时,网络化防盗系统能在 15s 内将移动目标的报警信息传给监控中心,中心在电子地图上准确地显示出案件发生的地点、时间、移动方向及有关车辆的牌照、颜色等信息,并将信息传至"110"指挥中心,从而达到防盗、防劫的目的,但也为汽车防盗系统的使用与维修带来相当的难度,只有掌握了汽车中控门锁与防盗系统的结构与原理,才能在实际维修工作中得心应手。

5.1　汽车防盗系统的分类

汽车防盗系统实质上是一种安装在车上用来增加盗车难度、延长盗车时间的装置。当非法人员进入车内触发防盗系统后,系统发出刺耳的声音和闪光,恐吓盗贼、增加盗贼的心理压力,使其主动放弃,同时也提醒路人和车主以便采取相应措施;当非法人员企图起动车辆时,防盗系统使起动机或发动机电脑控制系统处于锁止状态,从而无法起动车辆,延长其盗车时间。

按对车辆的防盗控制方式可分为单一车辆的防盗系统与社会网络化的车辆防盗管理系统,对车辆使用普及程度而言,单一车辆的防盗系统是目前的主流,故本教材将侧重于介绍单一车辆的防盗系统(后续章节的汽车防盗系统即指单一车辆防盗系统)。

目前汽车防盗系统的设计已侧重于对整体车辆的防护,按不同的防护范围,可分为以下几种。

5.1.1　禁进入式防盗系统

汽车门锁是汽车车身的重要部件,是汽车防盗的第一步。禁进入式防盗系统以中央控制门锁系统为主,由最初的机械门锁控制向电子密码锁和汽车电脑锁等电子门锁控制演变,同时无线遥控技术的应用,使中控门锁系统更加便捷可靠。

汽车电子锁的分类方法很多,既可以按照控制部分中主要元器件的异同进行分类,也可以按照编码方式的异同进行分类。大致可分为按键式电子锁、拨盘式电子锁、电子钥匙式电子锁、触摸式电子锁、生物特征式电子锁等。

从 20 世纪 70 年代开始,国外一些中高级轿车陆续采用了电控、电子门锁和电子密码点火开关。70-80 年代,世界上汽车电子锁多采用按键式或拨盘式;80-90 年代,汽车电子锁大多采用电子钥匙式;近年来触摸式汽车电子锁已开始应用,它是汽车电子门锁值得注意的一个发展方向。由于声控电话已在国外汽车上进入实用阶段,加之生物特征式电子锁技术的成熟,生物特征式电子锁和声控门锁必将加入汽车电子锁的行列。

电子防盗系统的监控范围包括 4 个车门、发动机罩盖、后备厢、收音机(原装)、点火装置(15 号线防盗)、轿车内部空间、车窗玻璃等。当电子式防盗系统起作用后,如有非法移动车辆、划破玻璃、破坏点火开关锁芯、拆卸轮胎和音响、打开车门、打开燃油箱加注盖、打开行李厢门等,防盗器立刻报警,达到禁进入式防盗目的,如图 5-1 所示。

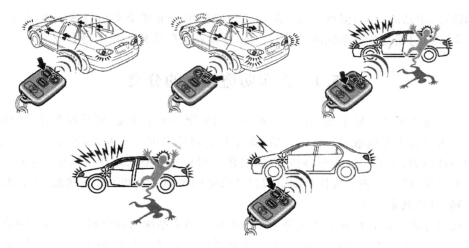

图 5-1　禁进入式电子防盗报警

5.1.2　禁移动/起动式防盗系统

该类系统的出发点是禁止车辆移动,包括禁止车辆起动控制等。按结构可分为三大类:机械式、电子式、网络式。

1. 机械式

最初的禁移动式防盗系统通过限制使用车辆的机械锁(主要由禁止转向的方向盘锁、禁止操纵的变速杆手柄锁、钩锁等)实现,此类机械式防盗器主要是靠锁定离合、制动、油门或转向盘、变速杆来达到防盗的目的,但只防盗不报警,如图 5-2 至图 5-5 所示。

2. 电子式

随着电子技术的发展应用,现代轿车禁移动式防盗系统更多地采用了电子式防盗,即采用电子应答的方法来判断使用的钥匙是否合法,并以此确定是否允许发动机 ECU 工作,限制车辆发动机的起动控制来达到有效防止汽车在未被授权的情况下靠自己本身的动力被移动的目的。电子式防盗系统按系统中是否使用用微机处理系统,可分为普通电子防盗系统和微机控制防盗系统。目前,中低档汽车上所采用的防盗系统多为振动触发的普通电子防盗系统,中高档汽车采用的防盗系统多为微机控制的电子钥匙式发动机防盗。电子防盗系统的监控范围包括:4 个车门、发动机罩盖、后备厢、收音机(原装)、点火装置(15 号线防盗)、轿车内部空间、车窗玻璃等。当电子式防盗系统起作用后,如有非法移动车辆、划破玻璃、破坏点火开关锁芯,拆卸轮胎和音响、打开车门、打开燃油箱加注盖、打开行李厢门等,防盗器立刻报警(进入式防盗),如图 5-5 所示。在报警的同时切断起动电路、切断燃料供给或点火系统、切断喷油控制电路、切断发动机

ECU 接地电路,甚至切断变速器控制电路,使汽车发动机不能起动和运转,变速器不能换挡,使车辆处于完全瘫痪状态(禁移动/起动式防盗)。电子式防盗系统是目前轿车单一车辆防盗系统的主流。

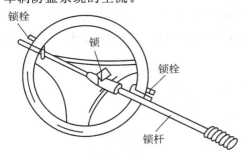

图 5-2 方向盘锁

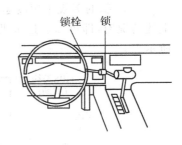

图 5-3 变速器排挡锁

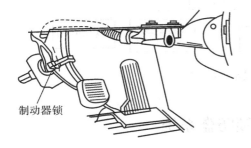

图 5-4 制动器踏板锁图

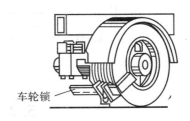

图 5-5 车轮锁

虽然电子式防盗系统安全性能好,但是也有一些缺点:

(1)无线电信号干扰或屏蔽可能导致系统失效;

(2)因电源中断或其他原因造成系统失效,需要采用专用仪器或特殊程序恢复性能;

(3)对于具备专业知识或拥有专用仪器的盗贼,盗窃车辆反而更加简便;

(4)如果盗贼采用拖吊等方式盗取车辆,则车辆仍然逃脱不了被盗的命运。

对于(1)—(3)点,通过制造厂家采取改进防盗系统的性能、完善售后服务、管制专用仪器等措施,可以得到较好的解决。为了防止一些大胆的盗贼采用拖吊等方式盗取车辆,人们又发明了网络式防盗系统。

3. 网络式

该类汽车防盗系统分为卫星定位跟踪系统 GPS 和利用车载电台(对讲机)通过中央控制中心定位监控系统。GPS 卫星定位汽车防盗系统属于网络式防盗器,它除了靠锁定点火或起动来达到防盗的目的,同时还可通过 GPS 卫星定位系统(或其他网络系统),将报警信息和报警车辆所在位置无声地传送到报警中心。利用这个系统,还可以增加交通事故、防盗系统意外失效、抢劫等自动报警功能。电子跟踪定位监控防盗系统从技术上来说非常可靠，但效果不尽人意，目前亟待完善的是要构成网络，消除盲区，社会投入大，要各方面配合，有完善的配套设施等。

2003 款的美规丰田凌志车上装备的凌志联线系统（Lexus Link System），在发生上述情况时，即可以通过求助电脑（Mayday ECU）向控制中心发出求助信号，如图 5-6 所示。

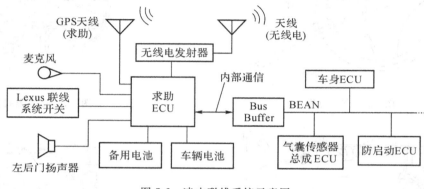

图 5-6　凌志联线系统示意图

5.2　中控门锁防盗系统

中控门锁防盗系统以中控门锁系统为核心，其关键是对门锁的控制。通过电磁铁或电动机式机构来打开及锁止车门锁，由门锁执行机构及联动机构、门锁控制开关、门锁控制继电器等主要部分组成。目前，高档车一般采用的是自动锁门式，其特点是在可以搬运控制门锁开闭的基础上，还可以根据汽车车速自动锁死车门。典型的中央门锁控制系统及其组件的安装位置如图 5-7 所示。

5.2.1　中控门锁的控制原理

1.电控门锁原理

当门锁开关置于锁止（LOCK）位置时，门锁继电器线圈通电，触点闭合，门锁电磁铁中门锁线圈通电，电磁铁心杆缩回，操纵门锁锁止车门，当门锁开关置于开启（UNLOCK）位置时，开启继电器线圈通电，触点闭合，门锁电磁铁中开启线圈通电，电磁铁心杆伸出，操纵门锁开启，在带自动门锁的汽车上，设有速度传感器和电子控制线路。当汽车车速达到设定数值时，电子控制电路使门锁继电器线圈通电，而自动锁止车门。

门锁电磁铁的检查方法：将电压为 12V 的蓄电池接入车门锁电磁铁的电路，当在

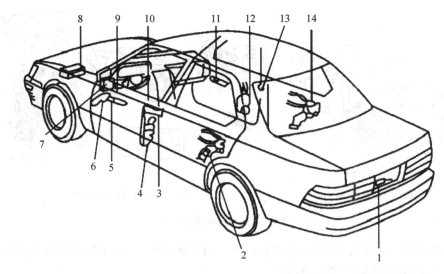

图 5-7　中控门锁系统各部件的安装位置

1—行李厢门开启器电磁阀；2—左后门锁电动机及位置开关；3—门锁控制开关；
4—左前门锁电动机、位置开关及门锁开关；5—左前门锁控制开关；6—NO.1 接线盒门控线路断路器；
7—防盗和门锁控制 ECU 及门锁控制继电器；8—NO.2 接线盒、DOME 熔丝；9—行李厢门开启器开关；
10—点火开关；11—右前门锁控制开关；12—右前门锁电动机、位置开关和门锁开关；
13—右前门钥匙控制开关；14—右后门锁电动机及位置开关

"LOCK"与搭铁接线柱之间加上额定电压时，电磁铁心杆应缩回，当在"UNLOCK"与搭铁接线柱之间加额定电压时，电磁铁心杆应伸出。如果心杆不能相应伸出或缩回，表明电磁铁有损坏，应进行修理或更换。

2. 电锁操纵原理

在车门开启或闭锁的操纵机构中，通常采用动力车门锁定装置。

(1)门锁机构

门锁的闭锁机械较复杂，如图 5-8 所示。

在门锁总成中，由锁止杆控制转动，决定门锁开/闭状态。"位置开关"用于测定锁止杆是否进行门锁开/闭；"门锁开关"则是用于检测锁止机构是否进行门锁的开/闭。此外，锁止杆随着门锁电动机的通电，作正向/逆向旋转；或把钥匙插入锁孔中，用于操作。也可按车厢内的按钮进行多种操作。当"门锁开关"用于操作钥匙，使它向开启/关闭方向转动时才能输出信号。

(2)开关工况

门钥匙(钥匙)开关：当锁门或开门时分别给出 ON 信号，其他时间一概 OFF。

门锁开关：当门打开时 ON，关闭时 OFF。

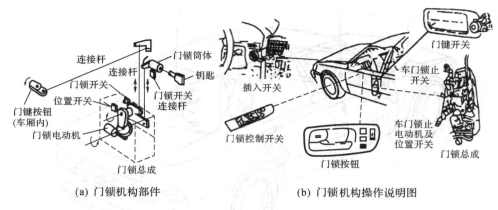

(a) 门锁机构部件　　　　　　　　(b) 门锁机构操作说明图

图 5-8　门锁的闭锁机构

作为检测车门开闭的开关,有直接检测车门开闭的"车门开关",但是"门锁开关"更具有可靠性,能检测锁止的离合状态。

位置开关:锁杆位于锁定位置时为 OFF,在开启位置时为 ON。

钥匙插入开关:当钥匙插入时为 ON,如拔出则为 OFF。

门锁控制开关:在车厢内利用手工操作的开关,与门钥匙开关具有相同的开关工况。

3. 电控门锁工作过程

(1)用门锁控制开关锁门和开锁

1)锁门　如图 5-9 所示,当将驾驶员侧或乘员侧门锁控制开关 15 推向锁门(LOCK)位置时,防盗和门锁 ECU 20 的 16 号端子与接地之间接通,即开关 15 向 ECU 输入一个锁门请求信号。此信号经过反相器 A、或门 A、锁门定时器,使晶体管 VT1(起开关作用)导通,从而使继电器 No.1 通电。电流通过继电器线圈的电路为:蓄电池 1→易熔线 3→熔断器 6→ECU 的 24 号端子→继电器 No.1 电磁线圈→晶体管 VT1→接地。

继电器 No.1 通电使其触点闭合,接通了门锁电动机电路。电路为:蓄电池 1→易熔线 2、4→断路器 5→ECU 的 8 号端子→继电器 No.1 接通的触点→ECU 的 4 号端子→门锁电动机 21、22、23 和 24→ECU 的 3 号端子→继电器 No.2 接地触点→接地→蓄电池负极。门锁电动机转动,将四个门锁全部锁上。

2)开锁　当将驾驶员侧或乘员侧门锁控制开关推向开锁(UNLOCK)位置时,防盗和门锁 ECU 20 的 17 号端子与接地之间接通,即开关 15 向 ECU 输入一个开锁请求信号。此信号经过反相器 B、或门 B、开锁定时器,使晶体管 VT2(起开关作用)导通,从而使继电器 No.2 通电,电流通过继电器线圈的电路为:蓄电池 1→易熔线 3→熔断器 6→

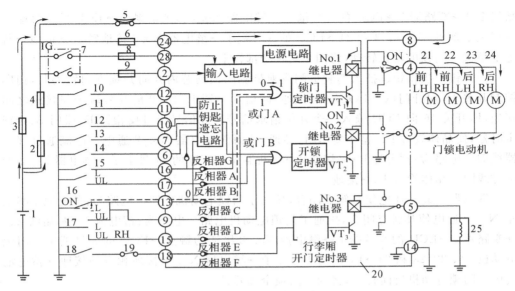

图 5-9　门锁控制电路

1—蓄电池;2—易熔线 ALT;3—易熔线 MAIN;4—易熔线 AM1;5—断路器;6—顶灯(DOME)熔断器;

7—点火开关;8—点烟器(CIG)熔断器;9—ECU 熔断器;10—左前门锁开关;11—右前门锁开关;

12—左前位置开关;13—右前位置开关;14—钥匙开锁警告开关;15—门锁控制开关;16—左前钥匙控制开关;

17—右前钥匙控制开关;18—行李厢门锁开关;19—行李厢门锁主开关;20—防盗和门锁 ECU;

21—左前门锁电动机;22—右前门锁电动机;23—左后门锁电动机;

24—右后门锁电动机;25—行李厢门锁电磁线圈

ECU 的 24 号端子→继电器 No. 2→晶体管 VT2→接地。继电器 No. 2 通电使其触点闭合,接通了门锁电动机电路。电路为:蓄电池 1→易熔线 2、4→断路器 5→ECU 的 8 号端子→继电器 No. 2 接通的触点→ECU 的 3 号端子→门锁电动机 21、22、23 和 24→ECU 的 4 号端子→继电器 No. 1 接地触点→接地→蓄电池负极。门锁电动机反向转动,将四个门锁全部开锁。

(2)用钥匙锁门和开锁

1)锁门　如图 5-9 所示,当将钥匙插入驾驶员侧或乘员侧门锁锁芯内并向锁门方向转动时,钥匙控制开关 16 向锁门(LOCK)侧接通,防盗和门锁 ECU 20 的 13 号端子与接地之间接通,即开关 16 向 ECU 输入一个锁门请求信号。此信号经过反相器 C、或门 A、锁门定时器,使晶体管 VT1(起开关作用)导通,从而使继电器 No. 1 通电。电流通过继电器线圈的电路为:蓄电池 1→易熔线 3→熔断器 6→ECU 的 24 号端子→继电器 No. 1 的电磁线圈→晶体管 VT1→接地。

继电器 No. 1 通电使其触点闭合,接通了门锁电动机电路。电路为:蓄电池 1→易熔线 2、4→断路器 5→ECU 的 8 号端子→继电器 No.1 接通的触点→ECU 的 4 号端子→门锁电动机 21、22、23 和 24→ECU 的 3 号端子→继电器 No.2 接地触点→接地→蓄电池负极。门锁电动机转动,将四个门锁全部锁上。

2)开锁 当将钥匙插入驾驶员侧或乘员侧门锁锁芯内并向开锁方向转动时,钥匙控制开关 16 向开门(UNLOCK)侧接通,防盗和门锁 ECU 20 的 9 号端子与接地之间接通,即开关 16 向 ECU 输入一个开锁请求信号。此信号经过反相器 D、或门 B、开锁定时器,使晶体管 VT2(起开关作用)导通,从而使继电器 No.2 通电。电流通过继电器线圈的电路为:蓄电池 1→易熔线 3→熔断器 6→ECU 的 24 号端子→继电器 No.2 的电磁线圈→晶体管 VT2→接地。

继电器 No.2 通电使其触点闭合,接通了门锁电动机电路。电路为:蓄电池 1 继电器 No.2 通电使其触点闭合,接通了门锁电动机电路。电路为:蓄电池 1→易熔线 2、4→断路器 5→ECU 的 8 号端子→继电器 No.2 接通的触点→ECU 的 3 号端子→门锁电动机 21、22、23 和 24→ECU 的 4 号端子→继电器 No.1 接地触点→接地→蓄电池负极。门锁电动机反向转动,将四个门锁全部开锁。

（3）行李厢门锁的控制

当主开关 19 和行李厢门锁开关 18 接通时,防盗和门锁 ECU 20 的 18 号端子与接地之间接通,即向 ECU 输入一个行李厢开锁请求信号。此信号经过反相器 F 和行李厢开锁定时器,使晶体管 VT3(起开关作用)导通,从而使继电器 No.3 电磁线圈通电。电流通过继电器线圈的电路为:蓄电池 1→易熔线 3→熔断器 6→ECU 的 24 号端子→继电器 No.3 的电磁线圈→晶体管 VT3→接地。

继电器 No.3 通电使其触点闭合,接通了行李厢门锁电磁铁线圈的电路。电路为:蓄电池 1→易熔线 2、4→断路器 5→ECU 的 8 号端子→继电器 No.3 接通的触点→ECU 的 5 号端子→行李厢门锁电磁线圈 25→接地→蓄电池负极,从而使行李厢门锁打开。

（4）防止点火钥匙锁入车内

当点火钥匙插在点火开关的锁芯内没有拔出,便打开前车门,准备离开,由于前车门打开和点火钥匙未拔出,门锁开关 10 和钥匙开锁警告开关 14 均保持接通状态,并将信号送给 ECU 的防止钥匙遗忘电路。此时,当按下门锁按钮(或门锁控制开关)锁门时,门立刻被锁上。但位置开关 12(或门锁控制开关)经 ECU 的 10 号(或 16 号)端子,将一信号送给防止钥匙遗忘电路,再经反向器 D、或门 B、开锁定时器到晶体管 VT2,使 VT2 导通,继电器 No.2 电磁线圈通电,因而使所有门锁开锁。

5.2.2　遥控中控门锁系统

遥控中控门锁系统也叫无钥匙进入系统。它的作用是给门锁系统加一个遥控开关,是对汽车车门开闭装置的动作器进行无线遥控的装置,可为驾驶员提供一个打开车门的方便手段。同时,这个系统除中控门锁功能外,还具有对相关的行李厢、灯光和喇叭的控制功能。

1. 遥控中控门锁系统的分类

遥控中控门锁系统根据发射信号的不同可分为无线电遥控方式、红外线遥控方式和超声波遥控方式等。目前应用较广泛的是红外线遥控方式和无线电遥控方式。

2. 遥控中控门锁系统的功能

遥控装置就是对汽车车门开闭装置的执行器进行遥控的装置,在远离车辆的地方,进行车门的开闭。具体地讲,驾驶员操纵遥控发射器、利用无线电波或者红外线发出身份密码(开、闭代码),当设置在车辆两侧的接收器接收到该遥控信号,并与身份鉴定代码一致时,则按照相应的功能代码,执行器开始工作,以便执行开闭功能。

3. 遥控中控门锁系统的组成

遥控中控门锁系统一般由传感器和开关、防盗 ECU、执行机构以及手持遥控发射器、接收器、天线等组成,如图 5-10 所示。

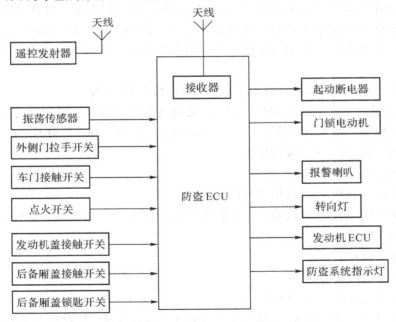

图 5-10　遥控中控门锁系统的组成

遥控中控门锁系统是在传统中控门锁系统的基础上增加了无线遥控控制的功能部件,主要为手持遥控发射器,也称遥控器,其功用是利用发射开关规定代码的遥控信号,控制驾驶员侧车门、其他车门、行李厢门等的开启和锁闭,且具有寻车功能。发射器分为分开型和组合型(发射器与点火钥匙合二为一)两种,如图 5-11 所示。

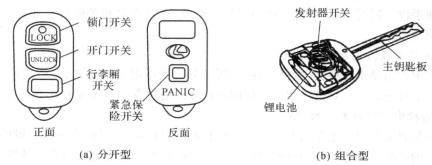

图 5-11　遥控发射器

按照遥控信号的载体,遥控器可分为红外线式遥控器、无线电波式遥控器以及超声波式遥控器等。其中,红外线式遥控器和无线电波式遥控器应用较为广泛。

4. 遥控系统的设定

当更换防盗 ECU 和遥控钥匙后,需要对遥控器进行设定,遥控系统的设定由于车型不同差异较大,操作步骤严格。故本节只简单以桑塔纳 2000 型(带遥控钥匙车型)遥控钥匙匹配为例进行说明,其他车型的遥控系统匹配设定请参考相应的遥控设定维修手册。

桑塔纳 2000 型(带遥控钥匙车型)遥控钥匙(发射器)匹配:

(1)初始化　(适用于在新配发射器时,必须将新发射器和原配的发射器一起与接收器进行初始化。如果用户丢失了一个发射器后,暂时配不到新发射器,应将原配的发射器重新初始化,使丢失的发射器失效)

1)关断点火开关;

2)所有门接触开关断开(即所有门关闭);

3)将编程线(在中央接线盒旁由接收器线束插头 22 号脚引出的一根蓝色的带插片的线束)接地(搭铁);

4)打开点火开关;

5)再关闭点火开关;

6)遥控接收器进入 60 秒编程模式;

7)如果门原来为锁闭状态,那么所有门会以开锁表示遥控接收器进入编程模式;

8)在 10 秒内按遥控发射器任一按钮两次,两次的间隔时间 2 秒左右;

9)编程完成后,门锁会闭锁和开锁一次来确认;

10)对于第二个遥控发射器重复第 8、9 步;

11)编程线复原,初始化结束。

（2）遥控发射器与遥控接收器重新同步　（适用于原配遥控发射器在有效遥控距离之外连续按动 255 次后，或者失电时间较长（如更换电池时间较长），遥控发射器与遥控接收器将不能同步，不能再遥控开闭门锁，此时必须进行重新同步）

1）关闭所有车门，使门锁处于开启状态；

2）打开点火开关；

3）在 30 秒内按下遥控发射器的开启键一次；

4）同步成功，则门锁会闭锁和开启各一次。

5.2.3　中控门锁与防盗器的加装

有一些旧型号的轿车和部分经济型轿车由于未安装防盗系统，为了防止车辆被盗，可加装防盗器。目前，市售的防盗器品种较多，下面仅以 PCL-3000 防盗器为例，说明其加装的方法和技巧。

1. 防盗器主机的安装

PCL-3000 防盗器主机安装电路如图 5-12 所示，安装位置可位于仪表板下方隐蔽处，事先找好主机欲固定的地方，然后按照电路图连接好相应的导线。等全部线束安装完毕后，进行简单的功能测试，如果准确无误，再把拆卸的装饰板等部件装好。

2. 振动感应器的安装

当主机安装完毕之后，再将振动感应器固定于车体上，振动感应器安装时应尽量紧贴车体或仪表板附近，以确保振动感应器工作可靠性。振动感应器与防盗主机通过四根导线相连，如图 5-13 所示，其中两根连接 LED 指示灯，另两根传送振动感应器的信号（有的型号采用三根导线：信号线、搭铁线、LED 指示灯电源线）。

振动感应器安装后，应视车辆大小、所需敏感度的不同适当加以调整，可用小型螺丝刀调整调节旋钮，向右表示敏感度高，向左则反之。

3. 中央控制门锁的安装

首先卸下车门装饰板，在门内手动开关拉杆附近找一处易固定门锁执行器（电动机或电磁铁执行器）的地方，然后将所配备的固定配件把手动开关拉杆与门锁执行器拉杆固定在一起，当门锁执行器动作时，就会带动车门锁拉杆，起到中央控制门锁的作用。

（1）原车无电动门锁，需加装四只门锁电动机，并采用并联方法，与防盗主机的连接关系如图 5-14 所示。

当防盗主机接收到开锁信号时，继电器 1 通电工作，K_1 打开，K_2 闭合。此时，电动机正转，电路为：$12V \rightarrow K_2 \rightarrow$ 白色导线 $\rightarrow$ 电动机 $\rightarrow$ 白/黑导线 $\rightarrow K_3 \rightarrow$ 橙/黑导线～搭铁。当防盗主机接收到锁定信号时，继电器 2 通电工作，K_3 打开，K_4 闭合。此时电动机反转，电路为：$12V \rightarrow$ 黄/黑导线 $\rightarrow K_4 \rightarrow$ 白/黑导线 $\rightarrow$ 电动机 $\rightarrow$ 白色导线 $\rightarrow K_1 \rightarrow$ 橙色导线 $\rightarrow$ 搭铁。

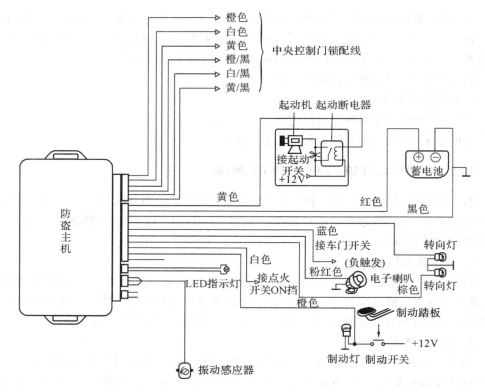

图 5-12　PCL－3000 防盗器主机安装电路

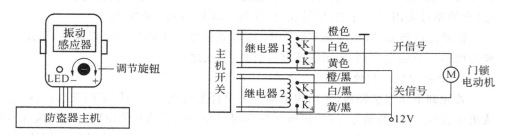

图 5-13　振动感应器与主机的连接图　　　图 5-14　门锁电动机与防盗主机的连接方法

（2）当原车采用电磁铁门锁执行器时，主机控制电磁铁门锁执行器方式有两种，一种是正触发（控制电磁铁执行器的电源线），另一种是负触发（控制电磁铁执行器的搭铁线）。

1）当控制方式为正触发时，主机与电磁铁门锁执行器的连接关系如图 5-15 所示。当防盗主机接收到开锁信号时，继电器 1 通电工作，K_1 打开，K_2 闭合。此时线圈 L_1 通电，其电路为：12V→黄色导线→K_2→白色导线→线圈 L_1→搭铁。当防盗主机接收到锁定信号时，继电器 2 通电工作，K_3 打开，K_4 闭合。此时线圈 L_2 通电，电磁铁执行器反向移动,其电路为:12V→黄/黑导线→K₄→白/黑导线→线圈 L₂→搭铁。

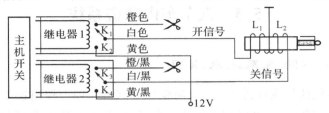

图 5-15　正触发时主机与电磁铁门锁执行器的连接关系

2)当控制方式为负触发时,主机与电磁铁门锁执行器的连接关系如图 5-16 所示。当防盗主机接收到开锁信号时,继电器 1 通电工作,K₁ 打开,K₂ 闭合。此时线圈 L₁ 通电,其电路为:12V→线圈 L₁→白色导线→K₂→黄色导线→搭铁。当防盗主机接收到锁定信号时,继电器 2 通电工作,K₃ 打开,K₄ 闭合,此时线圈 L₂ 通电,电磁铁执行器反向移动,其电路为:12V→线圈 L₂→白/黑导线→K₄→黄/黑导线→搭铁。

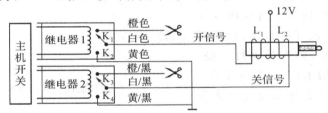

图 5-16　负触发时主机与电磁铁门锁执行器的连接关系

(3)当原车为气动门锁时,防盗主机与气动门锁的连接关系如图 5-17 所示。

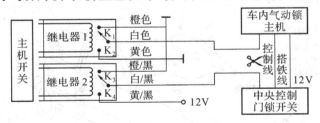

图 5-17　防盗主机与气动门锁的连接关系

此类加装的防盗器大多具有以下功能:一是服务功能,包括遥控车门、遥控起动、寻车和阻止恐吓等。二是警惕提示功能,触发报警记录(提示车辆曾被人打开过车门)。三是报警提示功能,即当有人动车时发出警报。四是防盗功能,即当防盗器处于警戒状态时,切断汽车上的起动电路。此类防盗器安装隐蔽、功能齐全、无线遥控、操作简便,但需良好的安装技术和完善的售后服务来保证。

5.3　汽车车内防盗系统

5.3.1　车内防盗系统及原理

　　汽车防盗系统的组成包括了进入式防盗(车外防盗,即中控门锁系统)和车内防盗(禁制/移动车辆式防盗)。在结构上包括三个部分:开关和传感器(探测是否发生非法进入汽车或非法搬运汽车的情况),防盗ECU,以及执行机构(报警装置和使汽车失去运动能力的系统)。防盗门锁控制ECU有2个控制功能:门锁控制和防盗功能。门锁控制模式,其功能像普通门锁控制系统一样。防盗模式,其功能像防盗系统一样防止车辆被盗。防盗模式禁止由门锁控制开关对车门进行上锁及开锁或由行李厢盖开启开关对行李厢盖开锁,如图5-18所示。门锁控制模式和防盗模式在一定条件下相互转换。

　　一般车辆防盗装置在车上的布置如图5-19,简单的防盗系统如图5-20所示。当用钥匙锁好所有车门时,系统进行30 s自检,防盗指示灯点亮。30 s过后,防盗指示灯(通常为LED)便开始闪烁,表明系统起动而进入警戒状态。

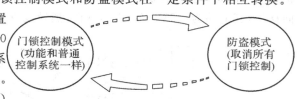

图 5-18　门锁控制模式和防盗模式之间的关系

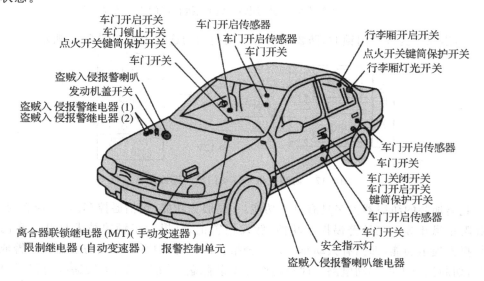

图 5-19　防盗装置在车辆上的布置示意图

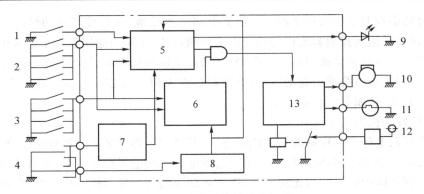

图 5-20　防盗系统的基本组成

1—钥匙存在开关；2—开门开关；3—锁门开关；4—钥匙操作开关；5—报警状态设置；6—检测是否被盗
7—30s 定时器；8—解除警报状态；9—LED 指示器；10—报警器；11—报警灯
12—起动断电器；13—报警控制电路

5.3.2　发动机禁制系统

发动机禁制系统是防盗系统的一种，目前使用最为广泛，具有典型代表意义。它是一种带有 ID(识别)码的点火钥匙，发射 ID 码必须符合汽车预设定的 ID 码，否则，发动机不能起动。发动机禁制系统采用嵌入点火钥匙内发射器芯片的发射器系统控制。当套在点火钥匙胆内的线圈接收到由发射芯片发射的 ID 码信号时，发射器钥匙计算机就判断这个 ID 码是否与其内储存的码一致。

其系统构成原理如图 5-21 所示。

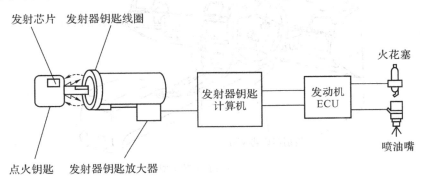

图 5-21　发动机禁制防盗系统示意图

1. 发动机禁制系统控制方式

发动机禁制系统按控制方式可分为以下几类：

(1)使起动机无法工作

通过防盗控制电脑来控制起动继电器电路是否接地,从而控制起动继电器触点是否闭合,这样就达到控制起动机能否正常工作的目的,早期的通用别克车系采用的就是这种方式。若通过正常途径解除防盗警戒,则起动机与扬声器、灯光等都处于正常工作状态;若未解除防盗警戒而起动汽车,即使短接点火钥匙锁芯后面的起动导线,也无法将发动机起动,从而起到防盗功能。

(2)使发动机无法工作

防盗控制电脑不仅控制着起动机线路,同时可切断燃油泵断电器控制线路,使发动机处于无油供给的状态,同时控制自动变速器电磁阀继电器控制线路,使自动变速器液压油路控制阀体中的电磁阀无法打开,以达到即使能发动发动机,也无法使自动变速器运转的目的。也有某些车型同时可以切断发动机电脑板中的某些接地线路,使点火系统不工作,喷油器电磁线圈处于切断状态,从而使发动机无法工作。

(3)使发动机电脑处于非工作状态

防盗警戒解除后,防盗 ECU 将某一特定频率的信号送至发动机 ECU,这样才能使发动机 ECU 正常工作;若未解除防盗警戒或直接切断防盗 ECU 电源,则该信号不存在,发动机 ECU 停止工作,发动机不能运转。

2. 部件位置示意

以丰田车为例,发动机禁制系统主要功能部件的位置如图 5-22 所示。

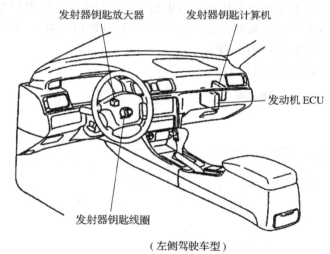

发射器钥匙放大器　　发射器钥匙计算机

发动机 ECU

发射器钥匙线圈

(左侧驾驶车型)

图 5-22　发动机禁制系统主要功能部件的位置图

3. 系统电路图

发动机禁制系统的电路构成如图 5-23 所示。

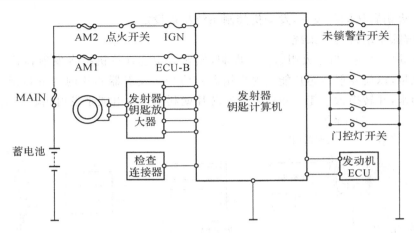

图 5-23　发动机禁制系统电路图

4. 系统结构

丰田发动机禁制系统由发射器钥匙(点火钥匙)、发射器钥匙线圈、发射器钥匙放大器和发射器钥匙计算机组成。

(1)发射器钥匙(点火钥匙)

如图 5-24 所示,一块发射器芯片嵌在点火钥匙内。每一个发射器芯片包含一个专用的发射器钥匙码(ID 码)。该钥匙不需要内部电池也可发射钥匙码。

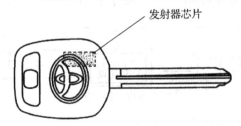

图 5-24　发射器钥匙(点火钥匙)

(2)发射器钥匙线圈和发射器钥匙放大器

发射器钥匙线圈是一个环形线圈,套装在点火钥匙匙胆上。发射器钥匙放大器装在点火钥匙匙胆后面。

(3)发射器钥匙计算机

发射器钥匙计算机装在前乘客侧仪表台内,最多可记录 6 个不同的发射器钥匙码(其中主匙码 4 个,副匙码 2 个)。

5. 丰田发动机禁制系统工作原理

(1)设置发动机禁制系统

当点火钥匙从匙胆拔下,发动机禁制系统将被设定。

(2)解除发动机禁制系统

如图 5-25 所示,当点火钥匙插入匙胆,发射器钥匙计算机指令发射器钥匙线圈供应电磁能量,以使发射器芯片能发射出钥匙码信号。发射器芯片内的电容器把这一能量储存起来,并转换为电能。然后发射器芯片就利用这一电能来发射钥匙码信号。

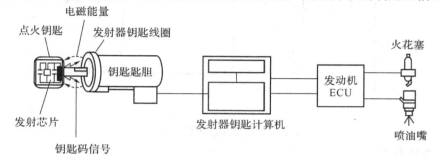

图 5-25 钥匙码的发射过程

如图 5-26 所示,线圈接收到的钥匙码信号由发射器钥匙放大器放大,并送到计算机。然后,计算机把接收到的钥匙码与储存在电脑的钥匙码进行比较。若此码符合,则计算机不设置禁制系统。

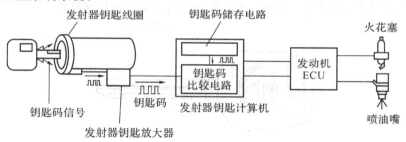

图 5-26 钥匙码的接收过程

如图 5-27 所示,如果禁制系统未被设置,发动机就能起动。然后发动机 ECU 根据一定的参数产生一个滚动码送到发射器钥匙计算机。

如图 5-28 所示,接收到从发动机 ECU 发出的滚动码后,发射器钥匙计算机按一定的参数转换滚动码,并送到发动机 ECU。发射器钥匙计算机和发动机 ECU 之间的这种通讯联系持续几秒钟,直到由计算机发出正确的信号到发动机 ECU 为止。在这期间,如果发射器钥匙计算机送不出正确的信号,发动机 ECU 将阻止供油和点火,发动机因此而不能运转。

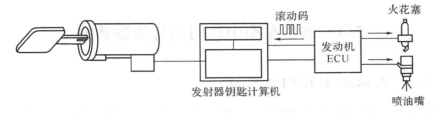

图 5-27　发动机 ECU 向发射器计算机发送滚动码的过程

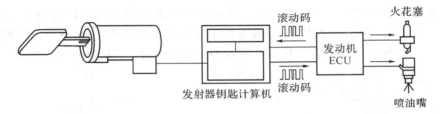

图 5-28　发射器钥匙计算机对滚动码的接收判断发送过程

6. 系统功能

发动机禁制系统提供如下功能：

（1）取消禁制功能

当点火钥匙已插入钥匙胆，发射器钥匙计算机读出发射器芯片的钥匙码，且该码符合预先记录的钥匙码序列时，禁制系统被取消。

（2）新钥匙码登记功能

这一功能可把新的主匙和副匙的钥匙码记录在发射器钥匙计算机内。最多可记录 6 个不同的发射器钥匙码（其中 4 个主匙和 2 个副匙）。本功能可用于发射器钥匙计算机的更换。

（3）额外发射器钥匙码登记功能

本功能能登记新的主钥匙和副钥匙的钥匙码，同时又保留已登记的钥匙码。本功能可用于增添新主匙或新副钥匙。

（4）发射器钥匙码删除功能

除了专用于删除功能的主钥匙的钥匙码外，本功能删除所有在发射器钥匙计算机登记的发射器钥匙码。

5.4 典型车型中控门锁与防盗系统

5.4.1 大众车中控门锁系统

桑塔纳 2000 型轿车采用中央集控门锁,主要由中央门锁控制模块、门锁开关和车门锁电动机等电气部分,以及门锁、点火钥匙、拉杆、拉钮等机械部分组成。

在桑塔纳 2000 型轿车中,1998 款桑塔纳 2000GSi 型轿车的中控门锁系统还与防盗系统一起采用一体化遥控装置,形成遥控车身防盗报警系统,由传感器、车身防盗控制模块(ECU)和执行器组成。图 5-29 所示为车身防盗报警系统结构原理框图。

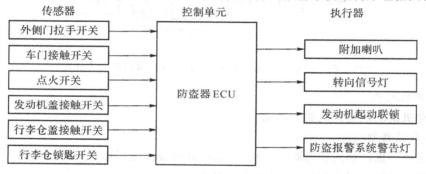

图 5-29 车身防盗报警系统组成原理框图

当车身防盗报警系统功能开启时,所有的车门、发动机盖和行李仓盖均应关闭。一旦开启这个功能,非法的点火钥匙开门或撬动发动机仓盖、行李厢盖,报警系统就会以声光方式报警。此时转向灯会闪动,附加的喇叭(蜂鸣器)会响起报警。

桑塔纳 2000 型轿车中控门锁系统的控制电路如图 5-30 所示。

中控门锁系统的门锁控制:由驾驶员把点火钥匙插入左前门锁内,在开启或关闭该车门锁时,其余 3 扇车门的门锁能同时被打开和上锁。其余 3 扇门上的按钮还可分别控制各门锁单独开启或上锁。

5.4.2 大众车发动机防盗系统

1. 发展阶段

第一代:1993 年以后,采用固定码,钥匙中装有固定电阻;

第二代:1997 年以后,采用固定码＋可变码单线传输;

第三代:1998 年以后,采用固定码＋可变码 CAN-BUS 数据总线;

第四代:目前,WFS4——在线数据库连接查询,一种防盗功能系统。它将所有与

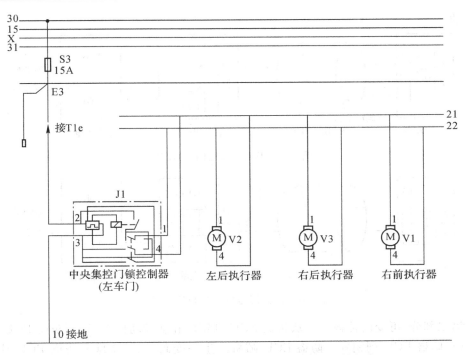

图 5-30　桑塔纳 2000 型轿车中控门锁系统的控制电路

防盗相关的控制单元的数据都存储在中央数据库中。中央数据库 FAZIT(车辆查询和中央识别)是第四代 WFS 系统的重要组成部分。

2. 第二代、第三代发动机防盗系统组成

主要由防盗 ECU、仪表板上的故障警告灯、点火开关上的读识线圈(天线)、带脉冲转发器的点火钥匙(送码器)、发动机 ECU 等组成。在结构上分为两种:第一种,防盗 ECU 单独安装,在修理时应进入防盗系统;第二种,防盗 ECU 安装在仪表内,在修理时应进入仪表系统。

3. 第二代发动机防盗系统工作原理

主要原理由两部分组成。

第一部分:固码传输——从钥匙到防盗 ECU。点火开关打开,防盗 ECU 改变了读识线圈磁场能量(即读识线圈产生变化的磁场,向钥匙传输数据提出质询),点火钥匙内置芯片的感应线圈,产生感应电场,被电容储存,然后电容给 ID 密码电路供电,ID 密码(即固定码,首次匹配中这个固定码储存在防盗止动器中)通过电感及电容组成的耦合电路以电磁信号的形式发射到读识线圈,如图 5-31 所示。读识线圈产生电脉冲信号并将这个 ID 密码送至防盗 ECU,防盗 ECU 将传送来的 ID 密码与储存在其内部的密码比较,若相同开始传送可变码,若不同则锁死钥匙,如图 5-32 所示。固定码是用来锁定钥匙的。

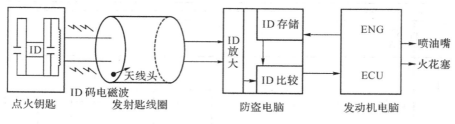

图 5-31　ID 码（固定码）的发送

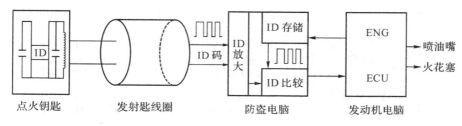

图 5-32　点火钥匙与防盗 ECU 的匹配

第二部分：可变码传输——从防盗 ECU 到钥匙和从发动机 ECU 到防盗 ECU。

（1）防盗 ECU 到钥匙。防盗 ECU 随机产生一变码，用于钥匙和防盗 ECU 计算。在钥匙内和防盗 ECU 内各有一套变码术公式和一个永远相同的 SKC（隐秘的钥匙代码）。在钥匙和防盗 ECU 中分别计算出结果，钥匙发送计算结果给防盗 ECU，防盗 ECU 与自己计算结果进行比较，相同则钥匙确认完成。

（2）发动机 ECU 到防盗 ECU。发动机 ECU 随机产生一变码并传送给防盗 ECU，防盗 ECU 把此码与储存在其内部的密码比较，相同则发动机起动。发动机 ECU 每次起动后，按照随机选定原则产生一码，把此码存储在发动机 ECU 和防盗 ECU，用于下次计算（由 W 线传输）。

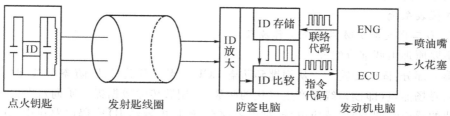

图 5-33　防盗 ECU 与发动机 ECU 的匹配

3. 第三代发动机防盗系统工作原理

（1）固码传输同第二代防盗工作原理。

(2)可变码传输:1)同第二代防盗工作原理;2)发动机 ECU 到防盗 ECU。发动机 ECU 随机产生一变码并传送给防盗 ECU,在防盗 ECU 和发动机 ECU 内各有一套变码术公式和一个永远相同的 SKC(公式指示器)。在发动机 ECU 和防盗 ECU 中分别计算出结果,防盗 ECU 发送计算结果给发动机 ECU,发动机 ECU 与自己计算结果进行比较,相同发动机起动(由 CAN 总线传输)。

一汽生产的奥迪 A6、新款宝来、波罗、帕萨特 B5 1.8T 均匹配了第三代防盗系统。防盗系统控制单元与组合仪表是集成在一起的,钥匙上压有"W"标记。

5.4.3　桑塔纳 2000GSi 型轿车发动机防盗系统

桑塔纳 2000GSi 型轿车配置了和德国大众帕萨特 B4 轿车一样的汽车防盗器。采用使发动机不能发动,或能发动数秒钟后即中断的方式防盗(又称电子锁),可以有效避免汽车被无权使用的人开走。

1. 发动机防盗系统的组成

桑塔纳 2000GSi 型轿车发动机防盗系统由下列元件组成:带有脉冲转发器的汽车钥匙、识读线圈、防盗器控制单元(ECU,J362),带可变代码的发动机控制单元(ECU,J220)以及防盗指示灯(LED,K117)。点火钥匙上的脉冲转发器和识读线圈是发动机防盗系统的信号发生器,防盗器控制单元(ECU)是控制单元,而发动机控制单元(ECU)是执行器。其中,防盗器控制单元(ECU)安装在转向柱左边的支柱上,发动机控制单元(ECU)安装在驾驶员坐席的上方。发动机防盗系统的组成如图 5-34 所示。

图 5-34　发动机防盗系统的组成

桑塔纳发动机防盗系统的控制电路如图 5-35所示。

2. 发动机防盗系统的部件说明

(1)带脉冲转发器的钥匙

每一把钥匙都有一个棒状转发器,长约 13.3 mm、直径约 3.1 mm 的玻璃壳体内含有一个运算芯片和一个细小的电磁线圈。在系统工作期间,它与收发线圈一起完成防盗控制器与转发器中运算芯片的信号及能量传递工作。

每一辆车的点火钥匙,即脉冲转发器都有不同的"程控代码",不需要电源来驱动的感应和发射电磁波元件。当点火钥匙插入锁孔并打开点火开关时,防盗器 ECU 把能量输送给识读线圈,由识读线圈把能量用感应的方式传送给脉冲转发器。这时,脉冲转发器接收感应能量后立即发射出"程控代码",通过识读线圈把程控代码输送给防盗器

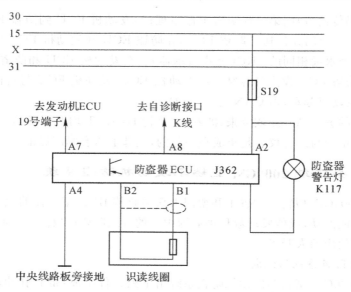

图 5-35　桑塔纳发动机防盗系统的控制电路

ECU,供其核对,以识别点火钥匙的合法性。配制点火钥匙,必须用仪器 V. A. G1552 进行匹配。

在进行点火钥匙匹配时,以前所有合法的点火钥匙代码将被消除,需重新匹配方能继续使用。如果遗失一把合法的点火钥匙,只要将其他点火钥匙重新进行匹配,即可使丢失的点火钥匙作废。一辆车最多只能配制 8 把点火钥匙。

(2)识读线圈

识读线圈环绕在机械点火开关锁的外面,在点火开关置于 ON 时,把能量传送给点火钥匙中的脉冲转发器,并把脉冲转发器中存贮的程控代码输送给防盗器 ECU。

(3)防盗器控制单元(ECU)

防盗器控制单元(ECU)有一个 14 位字符的识别码和一个 4 位数的密码。如果钥匙牌丢失,通过大众专用故障阅读仪 V. A. G1551 或车辆系统测试仪 V. A. G1552,输入地址码 25 后,可从仪器显示屏上读取 14 位字符的识别号码。使用此号码,可通过上海大众公司服务热线查询到密码。新车的密码被隐含在车钥匙牌上,剥去牌上的黑胶纸后可显示 4 位数密码。1999 年投放市场的桑塔纳 2000GSi 型轿车的防盗密码已粘贴在副驾驶员前面杂物箱内。车主应在购车后立即妥善保管好这个"密码"。

注意:在把 4 位数字密码输入到 V. A. G1551 或 V. A. G1552 之前,必须先输入一个"0",否则防盗系统 ECU 会锁死。如密码输错(操作失误),允许再输入一次;二次输错后,防盗系统 ECU 会锁死。在点火开关打开的状态下等半小时后,还可以再试两次。

　　由于防盗器控制单元(ECU)是经过与发动机控制单元(ECU)匹配后,才介入到发动机电子控制系统中的。因此,只有使用与装于汽车上的防盗控制单元(ECU)匹配过并认可的点火钥匙,才能安全起动发动机。

　　(4)防盗警告灯

　　当使用合法的点火钥匙打开点火开关时,安装在仪表台中部面板上的防盗警告灯会点亮后熄灭(3s 内)。如果使用非法的点火钥匙,或者在防盗系统中存在故障,打开点火开关后,防盗警告灯会连续不停地闪烁,发动机起动 2 s 后立即熄灭。

　　3. 基本工作原理

　　汽车出厂匹配后,防盗系统 ECU 便存储了该车发动机 ECU 的识别密码以及 3 把钥匙中转发器的识别密码,同时每个转发器也存储了相应的防盗系统 ECU 的有关信息。将钥匙插入点火锁芯并接通点火开关时,防盗系统 ECU 首先通过锁芯上的识读线圈将一随机数据传输给钥匙中的转发器,经特定运算后,转发器将结果反馈给控制器,控制器将其与 ECU 中存储的识别密码相比较,若密码吻合,系统即认定该钥匙为合法钥匙。防盗系统 ECU 还要对发动机 ECU 进行识别。只有钥匙(转发器)、发动机 ECU 的密码都吻合时,防盗系统 ECU 才容许发动机 ECU 工作。

　　防盗系统 ECU 通过一根串行通讯线(W 线)将经过编码的工作指令传到发动机 ECU,发动机 ECU 根据防盗系统 ECU 的数据来决定是否起动汽车。同时,诊断仪可通过串行通讯接口(K 线)对系统进行故障诊断、编码等操作。在识别密码的过程(2 s)中,防盗指示灯会保持点亮状态。如果有任何错误发生,发动机 ECU 将停止工作,同时指示灯会以一定频率闪动,防盗控制原理如图 5-36 所示。

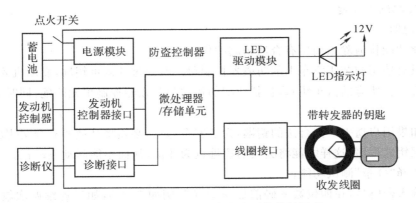

图 5-36　桑塔纳 GSi 轿车防盗系统控制原理

5.4.4 桑塔纳 2000 时代超人防盗系统的检修(第二代防盗系统的检修)

1. 更换发动机控制单元的匹配程序

更换发动机控制单元,或因防盗系统起作用而发动机不能起动(发动要运转 3 s 后熄火),防盗系统没有任何电路故障,必须使用解码器重新与防盗单元进行匹配后,才能起动发动机。其基本操作步骤如下:

(1)必须使用一把合法钥匙;

(2)连接解码器,进入 25"防盗控制系统";

(3)选择"匹配"功能;

(4)输入通道号"000";

(5)仪器显示"是否清除已知数值"按[ENTER]键;

(6)仪器显示"已知数值被清除"表示完成匹配程序,此时点火开关是打开的,发动机控制单元的随机代码就被防盗器控制单元读入存储起来。

2. 更换防盗控制单元的匹配程序

(1)当更换新的防盗控制单元

1)发动机控制单元的随机代码自动被防盗控制单元读入存储起来;

2)重新做一次所有钥匙匹配程序。

(2)当更换从其他车上拆下来的防盗器控制单元

重新做一次所有匹配程序。

3. 匹配汽车钥匙

(1)说明

1)此功能将清除以前所有合法钥匙的代码;

2)只有使用被装于汽车上的防盗器控制单元匹配过的认可钥匙,发动机才能起动;

3)必须将所有的汽车钥匙,包括新配的钥匙与防盗器控制单元匹配,同时完成匹配程序;

4)如果用户遗失一把合法的钥匙,为了安全起见,必须将其他所有合法钥匙重新完成一次配钥匙程序,这样才能将丢失的钥匙设为非法,从而不能起动发动机;

5)选择"登录"测试功能;

6)输入密码号,在四位数密码前加一个"0",例如 02345,如果连续两次输入错误,在第三次输入密码前,必须退出防盗器自诊程序,打开点火开关等 30 分钟以后再进行;

7)若密码输入成功,选择"通道匹配"测试功能;

8)输入匹配通道号:桑塔纳 2000/帕萨特输入通道号"21",奥迪 V6、V8、V4 输入通道号"01";

9)输入匹配钥匙(0～8 把,0 表示全部钥匙都变非法,不能起动发动机),例如:匹配 3 把钥匙,输入 00003;

10)再一次确认钥匙数,关闭点火开关,拔下钥匙,然后插入下一把钥匙,打开点火开关至少 1 秒钟重复上述操作。直到把所有的钥匙匹配成功。

(2)注意

1)匹配全部钥匙操作不能超过 30 秒,如果只是插入钥匙,而没有打开点火开关,那么这把钥匙匹配无效。

2)如果系统在读识钥匙的过程中发现错误,如将已匹配的钥匙再进行匹配等。则警告灯以每秒 2 次的频率闪亮,读钥匙过程自动中断。

3)每次匹配的过程顺利完成后,警告灯以每秒 2 次的频率闪亮,然后熄半秒钟,再点亮半秒钟,最后熄灭。

4. 数据流的读取与自诊断

防盗器自诊断功能很强,如系统部件发生故障,故障代码将存入防盗器的故障存储器内,用汽车解码器可读出这些故障代码,从而对防盗器进行故障诊断。

使用解码器,进入 25 防盗系统单元,系统自动显示防盗控制单元编码等信息;选择 02"故障查询",可查看防盗系统故障码情况,选择 05"清除故障存储"可清除故障码。

选择 08"读测量数据块",输入通道 22,查看防盗系统数据流情况,如图 5-37 所示。

显示组 22

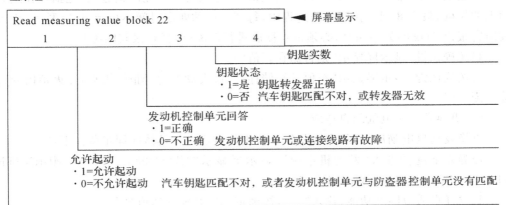

图 5-37　通道 22 数据流各位的含义

5. 大众车系其他防盗系统

区别大众车系第三代防盗系统与第二代防盗系统的方法为:使用解码器(如 X431),进入发动机系统,读"ECU 版本信息",记录电脑型号,然后再读一遍,如果两次所显示出的电脑型号相同,则为第二代防盗;如果不同,则是第三代防盗。

一汽生产的奥迪 A6、新款宝来、波罗、帕萨特 B5 1.8T 均匹配了第三代防盗系统。在第三代防盗系统中，防盗系统控制单元与组合仪表是集成在一起的，钥匙上压有"W"标记。测试此防盗系统，只能从仪表板系统进入。从防盗系统也可以进入，但测试出来的为无用数据。对于第三代防盗系统，通常需要更换组合仪表、发动机电脑、钥匙。针对不同的情况，有不同的测试方法。

（1）防盗系统登录

1）连接解码器，选择防盗系统。

2）按确认键，屏幕显示组合仪表控制单元识别号"4B0920930．．C5-KOMBIINSTR VDOD．．Coding 01083 WSC 12345"。

3）按确认键，显示屏显示"WAUZZZ4BZYN004321 UZ7ZOX1137197"。

4）选择登录功能，显示屏显示"输入密码"。

5）输入密码后，按确认健，屏幕显示"登录成功"。登录成功后，警报灯就一直亮着，防盗器在一段时间内处于断开状态。在这种状态下，可以对汽车的钥匙进行重新匹配。

（2）配置汽车钥匙

对汽车钥匙的自适应的步骤如下：

1）登录完成后，选择自适应功能，显示屏显示"输入通道号"。

2）输入 21，按确认键，显示屏显示"00003"，表示 3 把钥匙已与系统匹配。

3）按确认键，显示屏显示"输入自适应值"。输入将要匹配的钥匙数，包括插在点火锁上的钥匙，最多 8 把。在匹配的过程中，每把钥匙的匹配时间不可超过 30 秒钟，否则故障警报以 2Hz 的频率闪亮，必须重新彻底进行匹配（包括登录与匹配）。

4）按确认键，显示屏显示"是否储存新值？"。

5）按确认键，显示屏显示"新值已被储存"。仪表盘上的警报灯熄灭，点火锁内的钥匙匹配完毕。

（3）更换发动机电脑的自适应

更换发动机电脑后，必须完成与组合仪表的自适应。具体匹配步骤如下：

1）静态下选择进入"发动机系统"，显示屏显示"4B0920930．．C5-KOMBIINSTR VDOD．．Coding 01083 WSC 12345"。

2）选择自适应匹配功能，输入"50"，按确定，显示"输入通道号"。

3）输入匹配值（原车密码），按确定，显示"输入自适应值。"

4）在输入正确的密码 4 秒钟后，底盘号码出现在显示屏上："通道 50 自适应 WAUZZZ4BZYN004321"。

5）按确认键，显示屏显示"通道 50 自适应是否储存新值？"。

6）按确认键，显示屏显示"通道 50 自适应新值已被存储"。

7）匹配完成，可以起动发动机。

（4）更换组合仪表（防盗器）后的自适应

更换发动机电脑后，必须完成与发动机电脑的匹配，完成钥匙的匹配，否则无法起动发动机。具体匹配步骤如下：

1）选择组合仪表系统，屏幕显示"4B0920930.. C5-KOMBIINSTR VDOD.. Coding 01083 WSC 12345"。

2）登录功能，输入密码（新密码）。

3）登陆成功后，选择"自适应匹配"，输入通道号 50。

4）输入匹配值（原车密码）按确定。

5）在输入正确的密码 4 秒钟后，底盘号码出现在显示屏上。

6）按确认键，显示屏显示"通道 50 自适应是否被存储新值？"。

7）按确认键，显示屏显示"通道 50 自适应新值已被存储"。

8）完成钥匙匹配。

9）起动发动机完成匹配过程。

（5）更换组合仪表和发动机控制单元后的自适应：

同时更换组合仪表和发动机控制单元，仪表板内的新防盗器就会有另一套可变码的计算规则。这套新的计算规则在自适应过程中被写入发动机控制单元及新钥匙的脉冲转发器。那么这些车钥匙就不能再与别的防盗系统进行适配，必须对组合仪表、发动机控制单元及车钥匙匹配完毕后，方可起动车辆。

对组合仪表和发动机控制单元自适应的步骤如下：

1）连接解码器，选择仪表板系统。

2）选择传输底盘号功能，屏幕显示"输入底盘号码 WAUZZZ4BZYN004321"。按确认健，将底盘号登记到组合仪表内。

3）选择自适应功能，按确认键，显示屏显示"输入通道号"。

4）输入 50 并确认，显示屏显示"通道 50 自适应，输入自适应值"。

5）输入密码（新仪表的密码），按确认键。在输入正确的密码 4s 后，底盘号码出现在显示屏上。

6）按确认键，显示屏显示"通道 50 自适应是否储存新值？"。

7）按确认健，显示屏显示"通道 50 自适应新值已被存储"。完成自适应后，组合仪表上的警报灯熄灭，出现短的确认信号（灯灭 0.5 s，灯亮 0.5 s，灯灭）。

5.4.5　上海别克轿车遥控门锁系统的检修

由于生产厂家众多，各款车型的遥控中控门锁系统也有所差异，因此在检修时要结合具体的维修手册进行操作。但遥控中控门锁的检修方法和部位基本相似，现以上海别克轿车的遥控门锁系统为例，介绍遥控门锁系统的检查及故障诊断。

1. 上海别克轿车遥控门锁系统电路

上海别克轿车的中控门锁属于遥控门锁装置（无钥匙进门系统），具有车门上锁、车门开锁、打开后备厢的功能。具有警报功能的遥控门锁系统还有喇叭鸣响、车内灯点亮、车前大灯点亮的功能。遥控门锁装置由遥控发射器和接收器组成。遥控门锁接收器位于仪表板上，由蓄电池通过仪表线束供电。它接收并判断遥控门锁发射器发来的指令信号，并将该信号送入车身控制模块（BCM），基本电路图如图 5-38 所示。它主要由车身控制模块（BCM）、驾驶员开锁继电、熔丝、门锁电机及导线等组成。遥控门锁系统的开锁、上锁指令不是通过机械开关完成，而是通过接收信号指令，经过 BCM 处理，然后 BCM 再发出指令使门锁电机按要求转动，实现上锁或开锁动作。

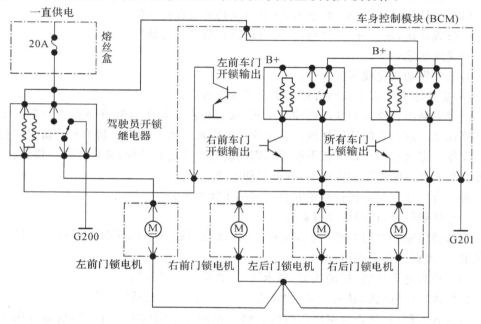

图 5-38　上海别克轿车的遥控门锁系统电路

2. 遥控门锁系统的检查

上海别克轿车遥控门锁系统的检查操作方法，详见表 5-1。

表 5-1　遥控门锁系统检查表

步骤	操作方法	正常后果	不正常后果
1	1)确保大灯 IP 变光开关处于"OFF"位置 2)从点火锁缸中拔下钥匙 3)关上所有车门 4)按无钥匙进门遥控器上"LOCK"键一次	1)所有车门锁上 2)门控灯熄灭(OFF)	1)仅后盖释放模式工作 2)门控灯一直亮(诊断方法参考内部灯系统检查)
2	按无钥匙进门遥控器上的"UNLOCK"键一次	1)在无钥匙进门遥控器上的"UNLOCK"键被按下一次时,驾驶员侧车门打开 2)门控灯保持点亮 36～44 s	1)用遥控器时,仅后盖释放模式工作 2)门控灯一直亮 3)遥控无钥匙进门系统不工作
3	在第一次按下"UNLOCK"键 5s 内,再次按下"UNLOCK"键	所有车门打开	1)仅后盖释放模式工作 2)遥控无钥匙进门系统不工作
4	按下无钥匙进门遥控器上的"ALARM"键	大灯闪烁并喇叭响,间隔 2min,或直到按下遥控器上"ALARM"键	仅后盖释放模式工作
5	按下无钥匙进门遥控器上的"REAR COMPARTMENT"键	后舱盖释放(打开)	后舱盖释放模式不工作
6	1)从点火锁缸中拔下钥匙 2)关上所有车门 3)按遥控器上的"UNLOCK"键一次,观察大灯,并听喇叭声音	模式 1:性能丧失。用遥控器开门时,大灯不闪且喇叭不响 模式 2:按下"UNLOCK"键,喇叭响 模式 3:按下"UNLOCK"键,大灯闪亮 模式 4:按下"UNLOCK"键,大灯闪且喇叭响	遥控门锁系统(RKE)不能改变规定模式
7	1)从点火锁缸中拔下钥匙 2)关上所有车门 3)按遥控器上的"LOCK"键一次,观察大灯,并听喇叭声音	模式 1:性能丧失。用遥控器锁门时,大灯不闪且喇叭不响 模式 2:按下"LOCK"键,喇叭响 模式 3:按下"LOCK"键,大灯闪亮 模式 4:按下"LOCK"键,大灯闪且喇叭响	遥控门锁系统(RKE)不能改变规定模式

3. 遥控门锁系统更换与设定

(1)遥控门锁接收器的更换

1)遥控门锁接收器(RCDLR)的拆卸:拆下仪表板;通过松开易扣接头拆下 RC-

DLR;脱开 RCDLR 的导线插接器;从仪表板上拆下 RCDLR。

2)遥控门锁接收器(RCDLR)的安装:将遥控门锁接收器(RCDLR)装在仪表底板上;插好 RCDLR 的导线插接件;通过连接易扣接头安装 RCDLR;安装仪表板。

(2)遥控门锁开锁控制设定方法(不用专用工具)

遥控门锁控制设定有 4 种模式:模式 1,遥控门锁不起作用;模式 2,仅喇叭响;模式 3,仅大灯闪亮;模式 4,喇叭响与大灯闪亮。

1)坐在驾驶座位上,关上所有车门;

2)将点火开关转至"RUN"位置;

3)按下并保持门锁开关在"UNLOCK"位置;

4)按下遥控器"UNLOCK"键,报警器将发出 1～4 次的响声,响的次数等于当前模式号,说明车辆处于该模式;

5)当欲设定的模式号被警报器指示出时,将门锁开关从"UNLOCK"位置释放;

6)将点火开关转至"OFF"位置,设置完成。

注意:在上述方法中,如果点火开关被移至"OFF"位置或任一车门被打开,遥控开锁校验设定将被终止,且系统将保持在最新模式。

(3)遥控门锁上锁控制设定方法

遥控上锁的控制设定方法与遥控开锁的控制设定方法基本相同,只是门锁开关位置和按下遥控器上的键改为"LOCK"键。

(4)遥控器的校准

当出现下列情况时应对遥控器进行校准:遥控器使用超过 256 次;更换遥控器电池后马上使用超过 16 次。

遥控器的校准方法是:同时按下并保持住遥控器的"UNLOCK"和"LOCK"键至少 7s,或直到喇叭响 3 次为止。

4. 门锁电机的检查

首先关闭点火开关,拆下车门内侧板,接近门锁电机。拆下电机的 2 芯插头,然后将蓄电池的正负极分别与电机插座的两个插芯相通,电机应转动;再将蓄电池的正负极对调接在两个插芯上,电机应反转。如果电机不转或转动不平稳,则应修理或更换电机。四个车门及后箱电机检查方法相同。

实训 3　中控防盗系统的加装

1. 实训目的与要求

(1)了解中控门锁与防盗系统的结构与工作原理；

(2)掌握中控门锁与防盗系统的加装方法,能根据说明书加装防盗系统(中控锁)；

(3)掌握中控门锁与防盗系统各部件的检测方法；

(4)掌握典型车型(别克、丰田、大众)门锁的工作过程及检修。

2. 技术标准

中控门锁与防盗系统的连接必须符合原车技术标准。

3. 实训内容

(1)典型车型电子门锁部件、中控门锁与防盗系统的结构认识；

(2)大众车电子门锁的检修；

(3)加装防盗系统(中控锁,可备选)。

以大众车电子门锁系统为主,结合其他车型及市场主流加装式防盗器进行实训。

4. 工具、仪器与设备

(1)组合工具一套,数字万用表若干；

(2)中控门锁与防盗系统组件,各一套；

(3)大众时超或其他带中控门锁与防盗系统的试验台架或实车。

5. 实训步骤

实验安排:时间为 2 学时。先由教师讲解、示范,学生听、观察并操作。

(1)大众车电子门锁系统的检修

1)电源的检查；

2)锁开关的检查；

3)钥匙开关的检修；

4)电机的检查；

5)锁位开关的状态的检查。

作业 1　电子门锁的检修记录

故障现象描述	原因分析	排除方法

（2）中控锁的加装

1）根据使用说明书，读懂中控锁系统电路图；

2）确定主控锁控制单元安装位置、各锁块模块的安装位置；

3）从点火钥匙处确定电源线等，准备连线；

4）确定好防盗指示灯的安装位置等其他工作；

5）系统调试完毕。

作业 2　防盗系统的加装

安装步骤	技术要点分析	注意事项

6. 注意事项

（1）加装中控门锁与防盗系统前，要先清楚装配车辆的结构特点。安装过程中，不得随意更改原车线路，以免引起不必要的故障，尽可能注意电源安全问题。

（2）报警喇叭的连线可先不接，以免操作时喇叭响个不停。

（3）操作时，应注意人身安全，注意操作规范，保证安全实训。

实训 4　遥控防盗系统的设定与检修

1. 实训目的与要求

(1)了解遥控防盗系统的结构与工作原理;

(2)掌握遥控防盗系统的设定方法;

(3)掌握遥控防盗系统各部件的检修方法。

2. 技术标准

遥控防盗系统的连接必须符合原车技术标准。

3. 实训内容

(1)典型车型遥控防盗系统的结构认识;

(2)典型车型遥控防盗系统的设定;

(3)典型车型遥控防盗系统的检修。

以大众车遥控防盗系统为主,结合实训条件(配备车型)进行实训。

4. 工具、仪器与设备

(1)组合工具一套,数字万用表若干;

(2)中控门锁与防盗系统组件各一套;

(3)大众帕萨特轿车或其他带遥控防盗系统的试验台架或实车。

5. 实训步骤

实验安排:时间为 2 学时。先由教师讲解、示范,学生听、观察并操作。

(1)帕萨特轿车遥控防盗系统设定

1)设定前的检查

作业 1　设定前检查记录

检查内容	检查结果	备注

2)系统的操作

作业 2   系统操作步骤记录

操作步骤描述	注意事项	备注

3）钥匙的自检测

作业 3   钥匙自检测操作步骤记录

操作步骤描述	注意事项	备注

4）遥控重新设定操作

作业 4   重新设定操作步骤记录

操作步骤描述	注意事项	备注

（2）晶片复制（复制钥匙）

1）操作条件描述

作业 5   晶片复制操作条件描述

序号	操作条件描述/分析	注意事项

2）复制操作

作业 6　复制操作步骤记录

操作步骤描述	注意事项	备注

6．注意事项

（1）在遥控防盗系统设定与检修前,应先清楚该系统的结构特点。操作过程中,不得随意更改原车线路,以免引起不必要的故障。

（2）防止把车钥匙遗忘在汽车内。

（3）操作时,应注意人身安全。

思考题

1．在中控锁系统中,后门能否控制所有车门的开闭？为什么？儿童安全锁的目的是什么？

2．市场上最新的防盗中控系统具备哪些功能？

3．汽车防盗系统有哪几类？各有什么特点？

4．简述中控门锁系统的组成及其工作原理。

5．简述凌志 LS400 轿车中控门锁与防盗系统的工作原理。

6．简述防盗主机及中控门锁的安装方法。

7．简述遥控防盗系统的组成及其工作原理。

8．简述凌志 LS400 轿车遥控防盗系统的工作原理。

汽车巡航控制系统（CCS）

6.1　汽车巡航控制系统概述

汽车巡航控制系统（Cruise Control System，简称 CCS）也被称为恒速控制系统或自动驾驶系统，其作用是通过自动调节节气门开度，控制汽车在驾驶员设定的车速下稳定行驶，以减轻驾驶员在高速公路上驾车的劳动强度，提高行驶舒适性，并可使发动机在理想的转速范围内运转。

6.1.1　汽车巡航控制系统控制功能

现代轿车巡航控制系统通常都设有如下的功能。

（1）巡航定速

当行驶在高速公路上，路面质量好，没有人流，分道行车，无逆向车流，适宜较长时间稳定行驶时，可通过巡航操控开关设定一个稳定行驶的车速，巡航控制系统就会自动控制汽车在设定车速下稳定运行。

（2）巡航取消

当驾驶员根据汽车运行情况需要踩下制动踏板时，巡航控制系统可立即取消巡航功能，由驾驶员操控车辆行驶速度，以确保行车安全。巡航控制功能消除后，如果行驶速度未低于巡航低限车速(40km/h)，原设定的车速仍将保留于巡航控制系统中，可随时恢复原巡航车速。

（3）巡航加速

在巡航行驶中，驾驶员可通过巡航加速功能开关使汽车在原设定的巡航车速的基础上加速行驶，不松开加速(ACC)开关，车速就会连续不断地增加，直到放松加速开关为止。巡航控制系统自动控制汽车在放松加速开关瞬间的车速下稳定行驶。

（4）巡航减速

在巡航行驶中，驾驶员可通过巡航减速功能开关使汽车在原设定的巡航车速的基础上减速行驶，不松开减速(COAST)开关，车速就会连续不断地降低，直到放松减速开关为止。巡航控制系统自动控制汽车在松开减速开关瞬间的车速下稳定行驶。

（5）恢复巡航

巡航控制功能被取消后，驾驶员根据路面及车流情况又要求汽车在原巡航控制车速下稳速行驶时，可通过恢复(RES)功能开关立刻恢复原设定车速的巡航控制。如果巡航控制功能被取消期间车速曾降到巡航低限车速以下，则需通过巡航控制系统操控开关重新设定巡航车速。

（6）低速自动取消

当车速低于巡航控制车速低限时(40km/h)，巡航控制功能自动取消，并不再保留设定的车速信息。

（7）手动（开关）取消

除了踩制动踏板有自动取消巡航功能外，巡航控制系统还接受驻车制动开关、离合器开关（手动变速器）、空挡起动开关（自动变速器）等信号，当驾驶员拉停车制动器、踩离合器踏板或置变速器于空挡位时，也立即自动取消巡航控制功能。

6.1.2　使用巡航控制系统的优点

（1）提高汽车行驶的稳定性和舒适性

巡航控制系统可保证汽车在有利车速下等速行驶，大大提高了行车稳定性和舒适性。

（2）提高行车的安全性

巡航控制系统实现了部分自动驾驶，尤其是在上坡、下坡或平路行驶，驾驶员只要掌握好方向盘，不用脚踩加速踏板和换挡，减轻了驾驶员劳动强度，可使驾驶员精力集中,从而提高行车安全性。

　　(3)降低油耗和排气污染

　　巡航控制系统选择在最有利的车速和发动机转速下运行,有助于发动机燃烧完全,热效率提高,可使油耗降低,排气中 CO、NOx、HC 大量减少,有利于节能和环保。

　　(4)延长车辆的使用寿命

　　稳定的等速行驶可使额外惯性力减少,可减少机件损伤,使汽车故障减少,使用寿命延长。

　　巡航控制系统最早在飞机上的应用,显示出了它无可比拟的优点。20 世纪 50 年代末开始在汽车上引用后很快就受到青睐,目前在美、日、德、法、意等汽车大国发展普及很快,尤其是近几年来世界各国高速公路的通车里程增多,扩大了汽车巡航控制系统大显身手的空间,因此,巡航控制系统在汽车上的应用也越来越多。

6.1.3　汽车巡航控制系统的类型

　　汽车巡航控制系统经历了 30 多年的发展过程,出现过多种类型的巡航控制装置,现以不同的分类方法予以概括。

　　1. 按巡航控制装置的组成与控制方式分

　　(1)机电式巡航控制系统

　　实现车速设定、车速稳定和消除等巡航控制功能的是一个机械与电气混合装置,通常由控制开关、电释放开关、真空调节器、真空度控制的弹簧式伺服机构、真空释放阀、线束及真空管路等组成。汽车上早期使用的就是这种机电式巡航控制系统。

　　(2)电子式巡航控制系统

　　由电子控制器根据控制开关、各传感器和开关信号进行车速的设定、稳定和消除等自动控制。随着电子技术的迅速发展和对巡航控制功能要求的进一步提高,电子式巡航控制系统已逐渐取代了机电式巡航控制系统。

　　2. 按巡航控制系统电子控制器结构原理分

　　(1)模拟式电子巡航控制系统

　　由模拟电子电路构成电子控制器,控制器内部对输入信号的处理过程均为模拟电参量。模拟式巡航电子控制器经历了从晶体管分立元件到集成电路的发展过程。

　　(2)数字式电子巡航控制系统

　　数字式巡航控制系统电子控制器的核心是微处理器,数字式电子巡航控制系统在 1981 年开始用于汽车,现代轿车上的巡航控制系统基本上都采用这种微机控制系统。

　　3. 按巡航控制装置执行机构的结构原理分

　　(1)真空驱动型巡航控制系统

　　用于车速稳定、升速和减速控制的执行器为真空式节气门驱动装置,其驱动力来自进气歧管的真空度或由真空泵产生的真空度,控制器通过调节节气门驱动装置的真空度来实现节气门开度的控制。

(2)电机驱动型巡航控制系统

节气门驱动装置的动力来源于电动机,控制器通过控制电动机的转动来调节节气门的开度,以实现车速稳定、增速和减速控制。根据电机的驱动方式又可分为电磁电机驱动式和电子油门控制驱动式。

如图 6-1 所示,早期的 CCS 主要采用真空驱动型执行器,但目前已较多采用电机驱动型,以便更精确地控制车速。

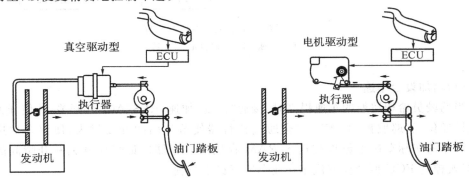

图 6-1　真空驱动型与电机驱动型巡航控制系统执行器比较

6.2　巡航控制系统结构与工作原理

6.2.1　巡航控制系统工作原理

巡航控制系统的基本控制原理如图 6-2 所示。

驾驶员通过控制开关设定车速后,巡航控制 ECU 存储设定的车速,同时将车速传感器输入的实际车速与设定车速进行比较。当两车速有误差时,ECU 就输出控制信号,通过驱动电路使执行器动作,使节气门开度增大或减小,以控制汽车在设定的车速下稳定行驶。

6.2.2　巡航控制系统工作过程

1. 巡航车速的设定期

接通主开关后,当车速在巡航控制的范围内(一般为 40～200km/h 时),将"设定/滑行(SET/COAST)"开关接通后拉开,巡航控制 ECU 就会记忆开关断开时的车速,并控制汽车在此车速稳定行驶。在巡航控制状态下,增加、降低或恢复巡航车速过程

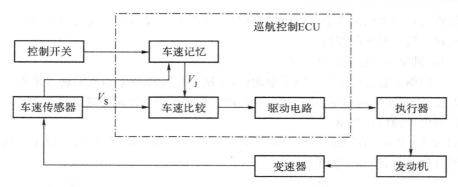

图 6-2　巡航控制系统基本控制原理

Vs—实际车速　V$_J$—设定(记忆)车速

如下：

(1)增加设定车速

当驾驶员希望巡航的车速提高时，接通"恢复/加速(RES/ACC)"开关，并使开关保持在接通位置，巡航控制 ECU 就会通过执行器使节气门的开度增大，使汽车加速行驶。汽车的实际车速参数也被送入 RAM 存储器。存储器记忆此开关断开瞬间的车速，巡航控制 ECU 便会控制汽车在此车速下稳定行驶。

(2)降低设定车速

当驾驶员希望稳定的车速降低时，接通"设定/滑行(SET/COAST)"开关，并使开关保持在接通位置，巡航控制 ECU 就会通过执行器使节气门开度关小，汽车减速滑行。送入 RAM 存储器的实际车速参数也下降，存储器记忆此开关断开瞬间的车速，巡航控制 ECU 便会控制汽车在此车速下稳定行驶。

(3)恢复设定车速

巡航控制被各种取消开关取消后，如果车辆行驶速度未降至可设定车速(40 km/h)以下，车速参数仍保留在 RAM 存储器中，这时，接通"恢复/加速"开关即可恢复设定车速。如果车辆行驶速度已降至可设定车速以下，存储器中的车速记忆参数已被消除，则不能恢复设定车速。

2. 巡航功能的取消

巡航功能取消有驾驶操作取消和自动取消两种情况。

(1)手动取消

当车辆以巡航控制模式行驶时，表 6-1 中所列信号中任一个传送至巡航控制 ECU，巡航控制就会取消。

1)真空驱动执行器。执行器内的释放阀和控制阀同时关断，就会取消巡航控制模式(大气压进入)。

2）电机驱动执行器。关断执行器内的电磁离合器，巡航控制模式即取消。

表 6-1　巡航功能手动取消信号

序号	手动取消信号
1	制动灯开关"ON"（接通）信号（制动踏板踩下）
2	驻车制动器开关"ON"信号（使用了驻车制动器）
3	离合器开关"ON"信号[（仅限 MT 变速器）离合器踏板踩下]
4	空挡起动开关"N"挡位信号（仅限 A/T 变速器，换挡杆移至"N"挡位）
5	CANCEL（取消）开关"ON"信号（控制开关拉起）

（2）自动取消。车辆在巡航控制状态下行驶时，如果巡航控制系统出现异常，巡航控制 ECU 将自动取消巡航控制功能。这时，RAM 存储器中的车速参数会被清除，因而不能通过"恢复/加速"开关恢复巡航控制功能。

当车辆以巡航控制模式行驶时，如发生表 6-2 所列的任何一种情况，设置在存储器内的车速就会清除，巡航控制取消。其中表 6-2 中序号 1—12 为典型丰田真空驱动式执行器取消信号。

表 6-2　巡航功能自动取消信号

序号	自动取消信号
1	车速降至车速下限（约 40km/h）以下
2	车速降至设定车速以下，相差超过约 16km/h（上坡行驶时）
3	供应巡航控制系统的电力暂时中断超过 5ms
4	制动灯开关线束断路或制动灯灯泡烧毁
5	2 号车速传感器信号不正常（仅限 ECT）
6*	流至执行器驱动晶体管的电流过大
7*	执行器控制阀或释放阀电路断路
8*	预定时间内（约 140ms），无车速传感器信号输入巡航控制 ECU
9*	当接通主开关时，RESUME（恢复）开关已经接通
10*	控制开关短路或不正常
11*	微电脑（在巡航控制 ECU 内）的执行器输出信号不正常
12*	来自控制开关的输入信号不正常
13	流至电机或电磁离合器驱动电路的电流过大
14	电机不断试图打开节气门
15	电磁离合器断路
16	SET（设定）开关和 RESUME（恢复）开关同时接通
17	尽管电机驱动信号输出，电机不工作
18	电位计信号不传送至 ECU

* 如果发生这些故障，巡航控制 CCU 就切断执行器的电源。巡航控制系统的构造使其要在点火开关通断一次后，主开关才会重新接通。

3. 巡航控制系统的其他功能

巡航控制系统通常还设有如下功能：

（1）车速下限控制功能

设定巡航控制车速的最低限，当车速低于此限定值时，巡航控制将被取消，RAM存储器中的设定车速也会被清除。

（2）车速上限控制功能

设定巡航控制车速的最高限，当车速已达到此限定值时，操作"加速"开关也不能使巡航车速再提高。

（3）自动变速器控制功能

当车辆以超速挡上坡行驶时，如果车速降至超速挡切断速度（设定车速减去4 km/h左右）以下，巡航控制 ECU 将自动取消超速挡以增加驱动力，阻止车速进一步下降。当车速上升至超速挡恢复速度（设定车速减去 2 km/h 左右）以上时，约 6s 后，巡航控制 ECU 恢复超速挡。

（4）迅速降速和迅速升速功能

当实际车速与设定车速相差不足约 5 km/h 时，每次迅速操纵"设定/滑行"开关（在 0.6 s 内），可将设定车速降低约 1.65 km/h；当实际车速与设定车速相差不足约 5 km/h 时，每次迅速操纵"恢复/加速"开关（在 0.6 s 内），可将设定车速升高约 1.65 km/h。

（5）自诊断功能

当巡航控制 ECU 在工作中监测到传感器和开关信号异常、执行器工作不正常时，在自动取消巡航控制的同时，使仪表板上的巡航（CRUISE）警示灯闪烁，以示报警，并将相应的故障码储存于 RAM 存储器，以备读取。

6.2.3　巡航控制系统的组成

巡航控制系统主要由传感器、开关、执行器和巡航控制 ECU 组成。传感器和开关将信号传送至巡航控制 ECU。根据这些信号，巡航控制 ECU 计算出节气门的适当开度，根据这些计算将驱动信号传送至执行器。执行器则据此调节节气门开度。典型的巡航控制系统组成及在车上的布置如图 6-2、图 6-3 所示。

1. 巡航控制传感器

电子巡航控制系统主要根据车速和节气门位置传感器的反馈信号实现车速稳定控制。

（1）车速传感器

其作用是向巡航控制 ECU 提供车速信号，以便进行巡航控制。通常与自动变速器电控系统、发动机电控系统共用车速传感器。车速传感器有光电式、霍尔感应式、磁

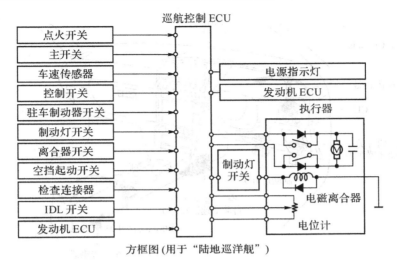

图 6-2　典型巡航控制系统的组成

感应式等。

（2）节气门位置传感器

其作用是向巡航控制 ECU 提供节气门开度信号，以便进行巡航控制。通常与自动变速器电控系统、发动机电控系统共用节气门位置传感器，有的车型巡航控制系统则由发动机 ECU 提供节气门位置信号。

（3）节气门控制摇臂传感器

一些巡航控制系统的执行器中装有一个滑片随节气门摇臂一起转动的电位计，用于检测节气门控制摇臂的位置。可向巡航控制 ECU 输出一个与节气门摇臂位置成比例且连续变化的电信号。

2. 巡航取消开关

在汽车制动、换挡和停车时，巡航控制功能将自动取消。巡航控制 ECU 通过相应的开关取得取消巡航设定信号。

（1）制动灯开关

驾驶员踩制动踏板时此开关接通，将汽车制动信号送入巡航控制 ECU，ECU 根据此信号中止巡航控制程序。

（2）空挡起动开关

自动变速器车型使用此开关。自动变速器操纵手柄置于 P 或 N 挡位时此开关接通，将信号送入巡航控制 ECU，ECU 得到此信号便会取消巡航控制。

（3）离合器开关

手动变速器车型使用此开关。驾驶员踩下离合器踏板时此开关接通，将信号送入

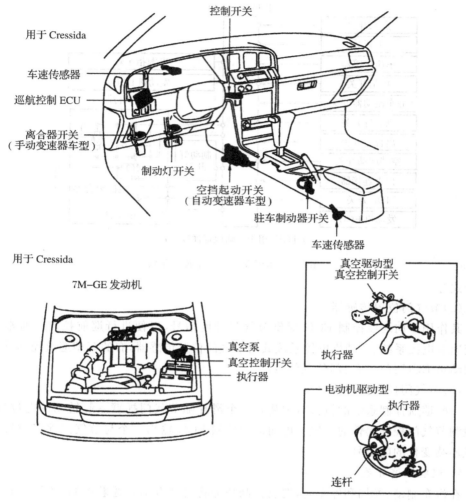

图 6-3　典型巡航控制系统部件及在车上的布置

巡航控制 ECU,巡航控制 ECU 得到此信号便会取消巡航控制。

（4）手制动器开关

拉起手制动器时此开关接通,此信号送入巡航控制 ECU 时,巡航控制 ECU 也将取消巡航控制。

3. 巡航操控开关

驾驶员通过巡航操控开关进行巡航系统的开闭、巡航车速的设定,巡航操控开关一般可分为主开关和控制开关两部分。

（1）主开关

主开关是巡航控制系统的主电源开关，通常采用点动按键方式，每按下一次，开关接通或关断。在主开关接通状态下关断点火开关，主开关也关断，再接通点火开关时，主开关仍保持关闭状态，需再按一下主开关才能接通巡航控制系统电源。

（2）控制开关

控制开关用于设置（SET）、滑行（COAST）、恢复（RES）、加速（ACC）、取消（CANCEL）等，采用组合式开关，通常 SET、COAST 共用一个开关（SET/COAST），RES、ACC 共用另一个开关（RES/ACC）。

4. 巡航控制执行器

巡航控制执行器有电机驱动和真空驱动两种形式。电机驱动式执行器用电动机来驱动节气门动作，它又有电磁电机式和电子油门式两大类；真空驱动式则利用进气歧管真空度或真空泵产生真空度作为操纵节气门的动力。

（1）真空驱动式执行器

真空驱动式执行器一般由压力控制阀、气缸、传动机构及空气管路等组成，其工作原理如图 6-4 所示。

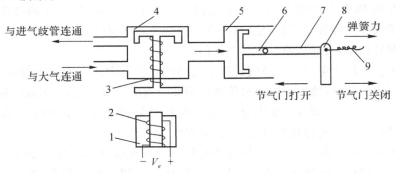

图 6-4　真空驱动式执行器原理

1—电磁铁；2—电磁线圈；3—阀弹簧；4—压力控制阀；5—气缸
6—活塞；7—连杆；8—节气门拉杆；9—弹簧

执行器气缸活塞连杆与节气门拉杆相连，在巡航控制系统不起作用时，节气门拉杆在弹簧力作用下使节气门关闭。当巡航控制系统起作用时，控制信号 V_c 输入到执行器使电磁线圈通电而产生电磁吸力，在此电磁力作用下，使压力控制阀的阀芯克服阀弹簧力下移，将进气歧管和气缸连通，在进气歧管内真空度的作用下使活塞向左移动，并通过连杆带动节气门拉杆使节气门打开。巡航控制 ECU 通过改变控制信号 V_c 的大小来调整压力控制阀阀芯的下移量，使作用在活塞上的真空吸力发生变化，从而改变节气门的开度，实现车速稳定控制。

（2）电磁电机式执行器

图 6-5 所示的电磁电机式执行器由直流电动机、传动机构、电位器等组成。

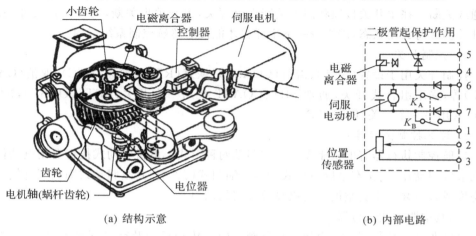

（a）结构示意　　　　　　　　　（b）内部电路

图 6-5　电磁电机式执行器

　　巡航控制 ECU 输出增加或减小节气门开度控制信号时，通过驱动电路使电动机顺时针转动或逆时针转动，经蜗轮（电磁离合器壳外圆）蜗杆（电动机输出轴）、主减速器传动使控制臂转动，再通过拉索带动节气门。

　　电磁离合器用于电动机与节气门拉索之间的结合与分离。在巡航控制起作用时，电磁离合器通电接合，使电动机通过传动机构和拉索驱动节气门；在未设定巡航控制或巡航控制取消时，电磁离合器断电分离，以避免在紧急制动等极端情况下，巡航电机的驱动力通过电磁离合器传递到节气门，影响驾驶员的操纵行为。

　　执行器内设置了限位开关，其作用是避免电动机在节气门已处于全开或全关位置时继续转动而损坏。电位计产生一个与控制摇臂成比例的电压参数，用于向巡航控制ECU 提供节气门控制摇臂位置信号。

（3）电子油门式执行器

　　电子油门式巡航系统工作时，巡航控制信号通过发动机控制单元来驱动节气门体电机，作为巡航系统动作的执行器。图 6-6 所示为电子节气门体结构，图 6-7 为油门踏板位置传感器结构，图 6-8 所示为电子油门控制原理。

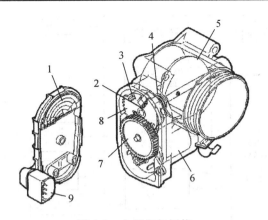

图 6-6 电子节气门体

1—分压器；2—接触片；3、4—弹簧；5—节气门；

6—节气门体电机；7—大齿轮；8—扇形齿轮；9—插接器

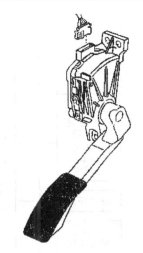

图 6-7 油门踏板位置传感器

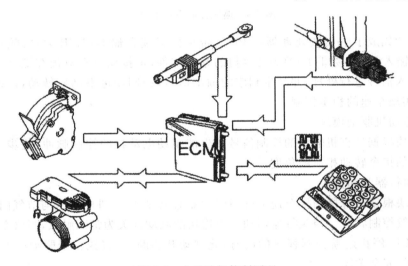

图 6-8 电子油门控制原理

5. 巡航电子控制器

电子控制器主要由微处理器、输入输出电路、执行器驱动电路及保护电路等组成。一种以单片机为核心的巡航控制 ECU 如图 6-9 所示。

（1）输入信号处理模块

其作用是将输入的传感器及开关信号进行预处理，把它们都转换为计算机可以接受的数字信号。

（2）单片微型计算机

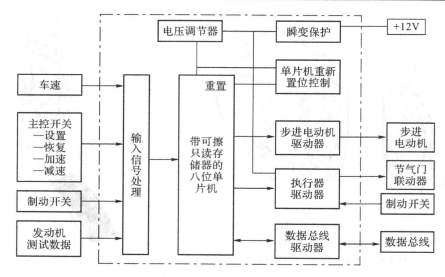

图 6-9　巡航控制系统 ECU

该芯片集成了中央微处理器（CPU）、带可擦只读存储器（EPROM）、随机存储器（RAM）、输入/输出接口（I/O）等计算机的基本部件,可按储存在只读存储器中的控制程序对输入信号进行处理,并产生相应的输出信号,控制步进电动机转动,以改变节气门开度,实现车速的稳定控制。

（3）电动机驱动模块

该模块根据计算机输出的控制信号产生能驱动电动机的控制脉冲,使步进电动机按计算机的指令转动相应的角度。

（4）执行器驱动模块

该模块根据计算机的指令使节气门联动器通电接合,步进电动机与节气门连接,汽车进入巡航控制状态。与执行器驱动模块连接的制动开关为常闭触点,当汽车制动,巡航控制 ECU 停止巡航控制程序的同时,此制动开关断开,将执行器驱动电源切断,以确保节气门完全关闭。

6.3　典型车型巡航控制系统

6.3.1　广本雅阁 2.3 真空控制巡航控制系统

广本雅阁 2.3 轿车配备的是真空驱动型电子控制式巡航控制系统,巡航控制系统主要由巡航控制 ECU、主开关、设置/复位/清除开关、巡航控制动作器、巡航控制指示灯及为安全所用的各种安全解除开关(制动开关、复位/清除开关、空挡开关及手驻车开关)等组成,主要组成部件的布置如图 6-10 所示(装备 V6 发动机的广州本田雅阁车型其巡航控制动作器位于发动机的左侧,自动变速器空挡开关则位于前端的右侧)。

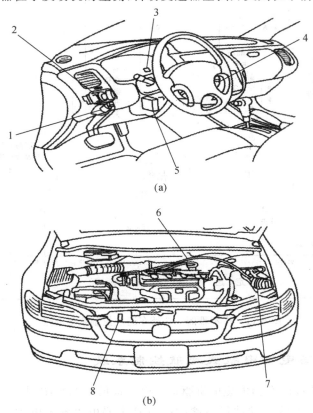

图 6-10　本田雅阁轿车巡航控制系统组成部件及布置
1—制动开关;2—巡航主开关;3—巡航指示灯;4—设置/复位/清除开关;5—巡航控制 ECU;
6—巡航控制动作器拉索;7—执行器总成与真空罐;8—自动变速器挡位开关

　　广本雅阁 2.3 轿车巡航控制动作器的动力源由真空泵提供,并通过真空管路输入真空罐。动作器内部有真空电磁阀和通气电磁阀,巡航控制 ECU 通过对两电磁阀输出控制信号而使动作器动作,并通过一拉线驱动节气门。

　　广州本田雅阁轿车巡航控制系统电路原理如图 6-11 所示。主开关用于接通巡航控制 ECU 电源,设置/复位开关用来设置巡航车速。巡航控制 ECU 接收制动开关、车速传感器、自动变速器挡位开关的信号、向巡航控制动作器输出控制信号。动作器按照巡航控制 ECU 的控制信号调节节气门的开度,使发动机的输出功率与设定的车速相匹配。

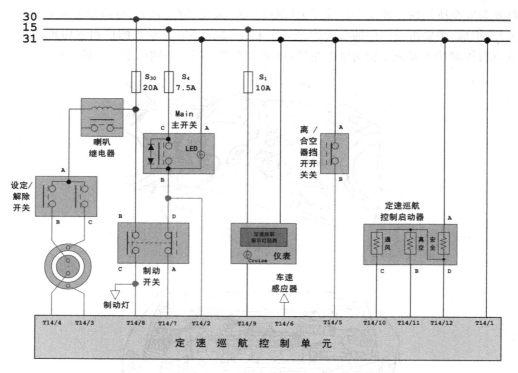

图 6-11　广本雅阁 2.3 轿车巡航控制系统电路

6.3.2　丰田电磁电机式巡航控制系统

丰田凌志 LS400 轿车为电磁电机驱动型电子巡航控制系统,其主要组成部件的布置如图 6-12 所示。安装在发动机右侧的执行器主要由永磁式电动机、安全电磁离合器、电位计、控制摇臂及齿轮传动机构等组成。电位计用于检测控制摇臂的位置,执行器与节气门通过钢索连接。

1. 丰田凌志 LS400 轿车巡航控制系统电路

凌志 LS400 轿车巡航控制系统电路如图 6-13 所示。发动机/ECT ECU 与巡航控制 ECU 通过 E/G、OD、ECT 端子连接,并在工作中进行信息交流,以协调汽车巡航与发动机的控制。凌志 LS400 轿车巡航控制 ECU 端子排列如图 6-14 所示,各端子连接说明见表 6-3。

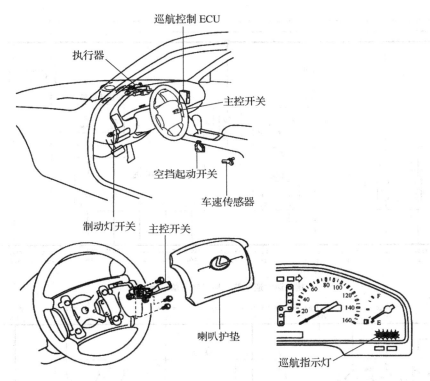

图 6-12   凌志 LS400 轿车巡航控制系统的组成与布置

表 6-3   凌志 LS400 轿车巡航控制系统 ECU 插接器端子说明

端子编号	端子代号	连接的部件	端子编号	端子代号	连接的部件
1	ECT	发动机/ECT ECU	12	STP+	制动灯开头
2	OD	发动机/ECT ECU	13	STP−	制动灯开关
3	L	安全电磁离合器	14	N&C	空挡起动开关
4	MO	执行器电动机	15	PKB	手制动器开关
5	E/G	发动机/ECT ECU	16	BATT	备用电源
6	Pi	CRCSE MAIN 指示灯	17	SPD	车速传感器
7	TC	DTCL	18	CMS	巡航主开关
8	CCS	巡航控制开关	19	GND	巡航控制 ECU 搭铁
9	IDL	节气门位置传感器	20	VR3	控制摇臂位置传感器
10	MC	执行器电动机	21	VR2	控制摇臂位置传感器
11	B	电源	22	VR1	控制摇臂位置传感器

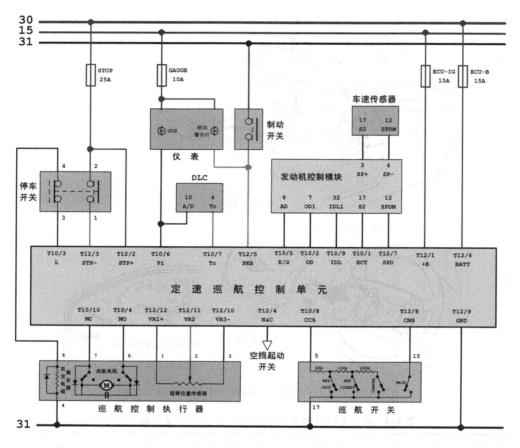

图 6-13 凌志 LS400 轿车巡航控制系统电路

MO	L			OD	ETC
MC	IDL	CCS	TC	Pi	E/G

PKB	N&C			STP-	STP+	B
VR1	VR2	VR3	GND	CMS	SPD	BATT

图 6-14 凌志 LS400 轿车巡航控制 ECU 端子排列

2.丰田凌志 LS400 轿车巡航控制系统的检修

(1)巡航主指示灯的检查

1)将点火开关扭至"ON"(通)。

2)检查巡航主指示灯,应在巡航控制主开关接通时亮,而在巡航控制主开关断开时熄灭。如指示灯检查结果不正常,则应对组合仪表进行故障分析和排除。

(2)故障码读取

　　故障码的读取有使用诊断检查导线和用手持式测试器两种方法。

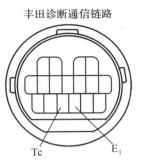

丰田诊断通信链路

　　使用诊断检查导线的方法如下：

　　1）将点火开关扭至"ON"（通）。

　　2）用 SST 连接丰田诊断通信链路的端子 Tc 和 E_1，如图 6-15 所示。如诊断码不能输出，则应检查诊断电路。作为示例，图 6-16 所示是正常码 11 号码和 21 号码的闪烁方式。

　　3）通过巡航主指示灯读出故障码。

　　4）利用表 6-4 检查是否有故障。

图 6-15　丰田诊断 DLC

　　5）检查完毕后，应脱开端子 Tc 和 E_1，关断显示。

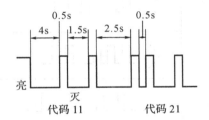

图 6-16　故障码示例

　　备注：在巡航控制状态行驶时，如 1 号车速传感器或执行器等发生故障，ECU 则会使巡航控制的"自动取消"起动，同时使巡航主指示灯亮灭，以通知驾驶员发生了故障。与此同时，存储器也会存储下该故障码。

　　用手持式测试器检查的方法如下：

　　1）将手持式测试器与 TDCL（丰田诊断通信链路）连接起来。

　　2）根据测试器显示屏上的提示符读出故障码（请参阅手持式测试器的操作员手册）。

表 6-4　诊断码

故障代码	巡航主指示灯闪烁方式	故障部件
—	亮 灭	正常
11	亮 灭	电机电路短路
12	亮 灭	・电磁离合器电路短路 ・电磁离合器电路开路达 0.8s

续表

故障代码	巡航主指示灯闪烁方式	故障部件
13	亮 灭	位置传感器检测到不正常电压
14	亮 灭	·执行器电机电路开路 ·电机运转时,位置传感信号值不改变
21	亮 灭	设定巡航控制时,车速信号未输至ECU
*23	亮 灭	·实际车速低于设定的车速6km/h,或低于设定车速20%或以上 ·车速传感器脉冲不正常
32	亮 灭	控制开关电路短路
34	亮 灭	控制开关电压不正常
41	亮 灭	100%的负载比输出至电机加速端
42	亮 灭	电源电压下降

备注:如显示2个或更多的故障码时,号码最小的一个最先显示。* 上坡路车速在减慢时(非故障)。

（3）诊断码的清除

1）修理工作完毕后,断开点火开关,将ECU-B保险丝拔出不少于10s,便可清除保存在存储器中的故障码。

2）接好保险丝,检查显示正常码。

6.3.3　大众帕萨特电子油门式巡航控制系统

国产大众帕萨特领驭、奥迪、宝来等轿车采用了电子油门式巡航系统（大众维修手册简称为GRA）,它是集成在发动机电子控制单元中的一个子系统,在电子油门控制系统的基础上,增加了巡航操作开关和巡航指示灯,巡航系统执行器与电子油门控制系统的节气门控制部件重用,极大地简化了巡航控制系统的结构。以帕萨特领驭轿车为例,电子油门式巡航控制系统主要由电子油门控制系统（加速踏板位置传感器、节气门控制

部件、发动机控制单元等）、巡航操作开关、车速传感器、制动
灯开关、制动踏板开关及巡航指示灯等组成。

1. 电子油门控制系统

国产大众帕萨特领驭、奥迪等轿车采用了电子油门控制
系统。在电子油门中，节气门不是通过加速踏板的拉索来控
制的，加速踏板与节气门之间无机械式连接装置，它们之间
是通过电气线路相连的，故其巡航控制系统与电磁电机式相
比在控制方式上有所差异。大众轿车电子油门结构如图6-17
所示。图 6-18 所示为大众帕萨特领驭轿车电子油门式巡航
控制系统电路图。

电子油门控制系统包括用于确定、调整及监控节气门位
置的所有部件。它主要由加速踏板、加速踏板位置传感器、
发动机控制单元、数据总线、EPC 指示灯和节气门控制部件
（执行机构）等组成。

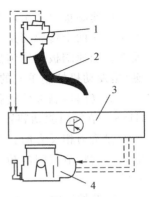

图 6-17　电子油门示意图

1—加速踏板位置传感器；
2—加速踏板；
3—发动机控制单元；
4—节气门控制部件

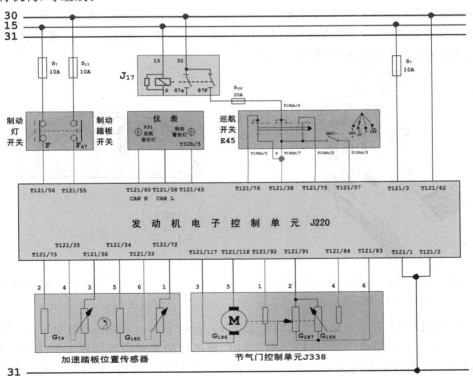

图 6-18　电子油门式巡航系统线路图

　　加速踏板位置由两个加速踏板位置传感器 G79 和 G185 来检测并通知发动机控制单元。这两个传感器是一个可变电阻,装在一个壳体内,并与加速踏板成一体,但各自独立。加速踏板位置传感器安装位置如图 6-19 箭头所示。加速踏板位置(驾驶员意愿)是发动机控制单元的一个主要输入参数。

　　节气门控制部件壳体内包括节气门驱动装置 G186,节气门角度传感器 G187 和 G188。节气门驱动装置 G186 是一个伺服电动机,该电动机由发动机控制单元控制,按与一弹簧力相反方向打开节气门。节气门角度传感器 G187 和 G188 是个电位计(可变电阻),它将节气门的位置信号传送给发动机控制单元,这两个角度传感器是相互独立的。

　　巡航控制时,通过巡航开关将信号输入到发动机控制单元,再由发动机控制单元发出指令来控制节气门控制部件内的节气门驱动装置(电动机)来调整巡航车速。

　　发动机不转且点火开关打开时,发动机控制单元根据加速踏板位置传感器的信息来控制节气门控制器。也就是说,当加速踏板踏下一半时,节气门驱动装置以同样的尺度打开节气门,则节气门也打开一半。当发动机运转时(有负荷),发动机控制单元可独立于加速踏板位置传感器来打开或关闭节气门。这样,即使加速踏板只踏下一半,但节气门可能完全打开了,其优点是可避免节气门上节流损失。此外,在一定负荷状态下涉及有害物质的排放和油耗值将明显改善。

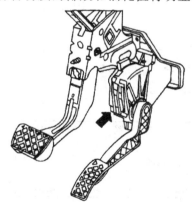

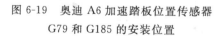

图 6-19　奥迪 A6 加速踏板位置传感器
　　　　　G79 和 G185 的安装位置

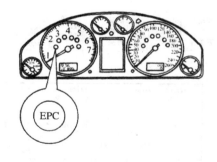

图 6-20　奥迪 A6 电子油门 EPC 故障警报灯

　　在组合仪表上有一个 EPC 灯,EPC 是 Electronic Power Control 的缩写,意为"电子功率控制",也就是电子油门(E-Gas)。EPC 警报灯的安装位置如图 6-20 所示;在发动机运转时,如电子油门发生故障,组合仪表将接通 EPC 警报灯,同时发动机控制单元故障存储器会记录该故障。

由于电子油门控制系统是通过控制单元来调整节气门的,因此电子油门控制系统可以设置各种功能来改善驾驶的安全性和舒适性,其中最常见的就是 ASR(牵引力控制系统)和速度控制系统(巡航控制)。

2. 巡航操作开关

帕萨特领驭轿车的巡航操作开关主要安装在多功能方向盘上,如图 6-21 所示。

将左操纵杆上的 GRA 开关推至 ON/OFF 位置可起动/关闭巡航控制系统。按下巡航操作开关"SET－"键可设定或降低巡航车速(短按幅度为:1.5 km/h,长按则自动减小油门开度以降低巡航车速,领驭轿车在巡航车速低于 45 km/h 时将自动取消巡航控制,宝来轿车在低于 30 km/h 以下将自动取消巡航控制);按下"RES＋"键可恢复或增加巡航车速(短按幅度为:1.5 km/h,长按则自动加大油门开度以增加巡航车速)。

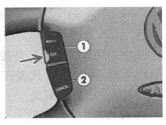

图 6-21　帕萨特领驭轿车多功能方向盘上的巡航操作开关

通过按下 CANCEL 键或踩制动踏板可暂时关闭巡航控制系统。松开制动踏板后,按下 RES＋键可恢复巡航车速稳定行驶。如果恢复暂时关闭的巡航控制系统时存储器内无设定的巡航速度,则可通过:①在车速达到期望车速时按下 SET－键;②按下 RES＋键直至达到期望的巡航车速时松开。

完全关闭巡航控制系统可通过把 GRA 开关推至 OFF 位置或关闭点火开关清除存储的车速,从而完全退出巡航控制系统。如果通过油门加速使车速超过设定车速 10 km/h 的时间多于 5 分钟,原先设定的速度失效,巡航速度必须重新设定。

3. 领驭电子油门式巡航控制系统的检修

(1)巡航功能的激活或取消

利用解码器输入地址码"11",可激活巡航功能:选择"11"功能,输入 11463,并用"Q"键确认;取消巡航功能:选择"11"功能,输入 16167,并用"Q"键确认。大众车系巡航功能的激活或取消功能列表如表 6-5 所示。

表 6-5　大众巡航功能的激活或取消控制单元 CODING 编码

发动机型号	柴油机	Motronic7. 1	Motronic7. 5/ 3. 8. 5/3. 8. 3	西门子	意大利玛瑞丽
激活	11463	00003	11463	11463	11463
取消激活	16167	00004	16167	16167	16167

（2）查看版本信息

由于领驭巡航控制系统是集成在发动机电控系统中的一个子系统,所以其自诊断的各项功能均在发动机电控系统(地址 01)中完成。输入发动机电控系统地址码 01,并用"Q"键确认,就可显示发动机的版本信息,以宝来 1.8L BAF 发动机为例将显示:

$$06A906032NR\ 1.8L\ R4/5VS\ MOTR\ G\ 0001$$
$$Coding\ 4530$$

其中 06A906032NR 是控制单元零件号,4530 是其编码,1.8L R4/5VS MOTR G 是发动机类型,其中的 G 代表巡航控制功能,输入 16167 取消巡航系统功能后将不显示 G。

（3）读取测量数据块

输入功能码 08,再输入通道号 66,将显示测量数据块 66:

第一区显示实际车速。

第二区显示制动器、离合器开关状态:1000 。各数值依次表示:巡航系统是否接通(激活后将始终显示 1);离合器是否踏下;制动灯是否点亮;制动踏板是否踏下。1:表示肯定;0:表示否定。如果不踏下离合器或制动器,将显示 1000,踏下离合器显示 1100,踏下制动器显示 1011(第 3 个"1"表示自动灯是否点亮,第 4 个"1"表示自动踏板开关是否接通)。

第三区显示巡航车速。

第四区显示巡航控制开关状态:0000。各数值依次表示:RES 开关按钮状态;SET 开关按钮状态;巡航控制开关位置;巡航控制开关位置。1:表示肯定;0:表示否定。如果关闭巡航控制开关,将显示为 0000,当开启巡航控制开关后,将出现 0011,按住 RES (+)时显示 1011,按住 SET(一)时显示 0111,按住 CANCEL 时显示 0001。

6.4　自适应巡航控制系统(ACC)

自适应巡航控制系统 ACC(Adaptive Cruise Control)是一种构想于 20 世纪 70 年代末期的汽车安全性辅助驾驶系统。它将汽车自动巡航控制系统 CCS(Cruise Control System)和车辆前向撞击报警系统 FCWS(Forward Collision Warning System)有机地结合起来,既有自动巡航功能,又有防止前向撞击功能。由于当时传感器技术、信号处理技术、汽车电子技术以及交通设施等方面的因素阻碍了 ACC 的发展，直到 20 世纪 90 年代中期，随着各项技术的进步和对汽车行驶安全性要求的提高，特别是对有效地防止追尾碰撞要求的不断提高，才使得 ACC 迅速发展起来。

自适应巡航控制系统（ACC）是已经存在的巡航控制技术的延伸。其主要目的是改善驾驶员的舒适度，减轻工作负荷。它包含防抱死制动系统（ABS），牵引力控制装置（TCS）及强化车辆稳定性系统（VSC）于一体。驾驶员即使没有踩下制动踏板，ACC 也会自动完成制动。

巡航控制系统（CCS 或 GRA）所能做的是达到驾驶员希望的车速；而自适应巡航控制系统（ACC）在正前方无行驶车辆时所做的是达到驾驶员希望的车速，在正前方有行驶车辆时所做的是实现由驾驶员设置的希望车距（有时间差）。

自适应巡航控制系统（ACC）是一种智能化的自动控制系统，其关键是车距测量系统，目前按不同的使用场合，可分为视觉观察技术和雷达技术，并以雷达技术应用为主。

雷达式自适应巡航控制系统（ACC）主要由雷达传感器、方向角传感器、轮速传感器、制动控制器、扭矩控制器和发动机控制器等组成。雷达传感器安装在散热器的护栅内，可探测到汽车前方 200 米的距离；在前后轮毂上均装有轮速传感器，可测出车辆的行驶速度；方向角传感器用以判断车辆行驶的方向；发动机控制器和扭矩控制器用以探测和调整发动机接通和输出扭矩，以提高发动机的动力性，并适时调整车辆的运行速度。各种控制器和传感器均由车内计算机控制。该系统的优点是：

1）装有自适应巡航控制系统的智能汽车，通过雷达和计算机来鉴别靠近车辆的是自行车、汽车还是行人，根据道路情况控制车辆行驶状态，完全或部分地取代了驾驶员的操作。

2）自适应巡航控制属主动安全技术，系统通过各种传感器，在汽车周围产生一个雷达安全区域，计算机根据雷达传感器传输的信息，分析和判断道路情况，通过控制器调整汽车的行驶状态。

3）汽车上的各种传感器不断收集汽车、道路和周围环境等方面的信息，通过计算机来调整汽车的运行状态。它能够准确地判断汽车四周的安全情况，自动采取措施回避危险或者选择安全的行车路线和工作状态。

驾驶员可通过设置在仪表盘上的人机交互界面起动或清除自适应巡航控制系统 ACC。起动 ACC 系统时，要设定主车在巡航状态下的车速和与目标车辆间的安全距离，否则 ACC 系统将自动设置为默认值，但所设定的安全距离不可小于设定车速下交通法规所规定的安全距离。

当主车前方无行驶车辆时，主车将处于普通的巡航行驶状态，ACC 系统按照设定的行驶车速对车辆进行匀速控制。当主车前方有目标车辆，且目标车辆的行驶速度小于主车的行驶速度时，ACC 系统将控制主车进行减速，确保两车间的距离为所设定的安全距离。当 ACC 系统将主车减速至理想的目标值之后采用跟随控制,与目标车辆以相同的速度行驶。当前方的目标车辆发生移线,或主车移线行驶使得主车前方又无行驶车辆时,ACC 系统将对主车进行加速控制,使主车恢复至设定的行驶速度。在恢复行驶速度后,ACC 系统又转入对主车的匀速控制,当驾驶员参与车辆驾驶后,ACC系统将自动退出对车辆的控制。

　　奥迪 A6L 自适应式巡航控制系统通过车距测量系统确定与前方目标物间的距离、前方车辆的车速及前方车辆的位置,在车速为 30~200 km/h 时才工作。其主要由安装在同一壳罩内的车距调控系统感应器 G529 和车距调节系统控制单元 J428(如图 6-22 所示)、位于转向柱左侧的操作杆(如图 6-23 所示)及仪表总成内的显示屏中央的信息显示(如图 6-24 所示)组成。

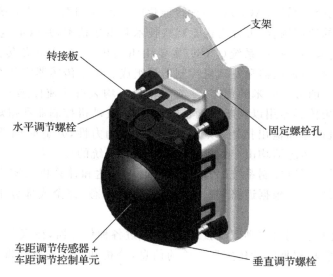

图 6-22　车距调控系统感应器 G529 和车距调节系统控制单元 J428

　　如果车距小于司机设定的值,那么车就会减速,减速可通过降低输出功率、换挡或必要时施加制动来实现。出于舒适性的考虑,制动效果只能达到制动系统最大制动减速能力的 25%。这个调节过程可以减轻司机的劳累程度,因此可以间接提高行车安全性。在某些情况下,还是需要司机来操纵制动器工作。

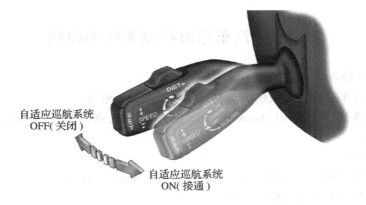

自适应巡航系统
OFF(关闭)

自适应巡航系统
ON(接通)

图 6-23　位于转向柱左侧的操作杆

图 6-24　仪表总成内的显示屏中央的信息显示

实训 5　汽车巡航控制系统的检修

1. 实训目的与要求

（1）掌握汽车巡航控制系统的类型、基本结构、工作原理；

（2）掌握典型车型（本田 Accord2.3、丰田 LS400、大众帕萨特）巡航控制系统的工作过程及检修。

2. 实训内容

（1）典型车型巡航控制系统部件、结构认识，工作过程理解；

（2）巡航控制系统的检修；

以丰田 LS400 巡航控制系统为主，结合其他车型进行实训。

3. 工具、仪器与设备

（1）常用拆装工量具若干套；

（2）万用表若干；

（3）丰田巡航控制系统实验台、帕萨特巡航控制系统实验台及本田巡航控制系统实验台。

4. 实训步骤

实验安排：时间为 2 学时。先由教师讲解、示范，学生听、观察并操作。

（1）本田 Acoord 2.3 真空控制式巡航控制系统（选做）

1）巡航控制系统部件的认识；

2）真空控制式巡航控制系统控制原理；

3）真空控制式巡航控制系统的检修。

作业 1　真空式巡航控制系统认识

工作原理描述		
部件名称	技术要点分析	注意事项

（2）丰田 LS400 巡航控制系统

1）巡航控制系统部件的认识；

2)巡航控制系统控制原理;

3)巡航控制系统的检修。

作业 2　电磁电机式巡航控制系统检修

故障现象描述	原因分析	排除方法

(3)大众帕萨特巡航控制系统

1)巡航控制系统部件的认识;

2)巡航控制系统控制原理;

3)巡航控制系统的检修。

作业 3　电子油门式巡航控制系统检修

故障现象描述	原因分析	排除方法

5．注意事项

(1)线路连接过程中,尽可能注意电源安全问题;

(2)注意操作规范,保证安全实训。

6．思考题

(1)巡航控制系统控制的最低车速要求是多少? 试查阅资料,叙述丰田低速巡航控制系统控制结构与原理。

(2)巡航控制系统故障有否可能对其他系统造成影响? 试举例分析。

7．实训考核要求

(1)正确掌握巡航控制系统线路的检修(以巡航控制系统实验台为实验对象);

(2)明确巡航控制系统的工作过程及原理。

8．鉴定说明(含鉴定方式)

(1)考核时间为 30 分钟;

（2）考核过程中任何人不得提示，各人应独立完成检修工作；

（3）主考人有权随时检查是否符合操作规程及技术要求，但应相应折减所影响的时间；

（4）若有作弊行为，一经发现一律按零分处理，不得参加补考；

（5）考核前应准备考核所需仪器设备与器材：巡航控制系统实验台、万用表、解码器、电线若干；

（6）主考人应在考核结束后填写考核所用时间并签名。

9．评分标准

根据操作步骤，采用倒扣法评分，具体如下表。

班级：　　　　　　姓名：　　　　　　学号：

序号	考核内容	配分	评分标准	考核记录	扣分	得分
1	正确口述巡航控制系统工作原理及组成	20	口述巡航控制系统基本工作原理错误每扣10分			
			口述部件错误每扣5分			
2	确设定巡航速度，并按要求进行巡航加速、巡航减速、巡航取消、巡航恢复等操作	30	不能进行正确巡航定速扣20分			
			操作巡航有误，每扣5分			
			不能进行正确巡航附加操作扣10分			
3	使用仪器对巡航控制系统进行检修	40	万用表不当酌情扣分			
			不能进行故障自诊断扣5分			
			检修步骤明显错误每扣5分			
			操作导致其他故障每扣5分			
			不会分析线路酌情扣分			
			未能排除故障扣20分			
4	整理工具、清理现场	10	每项扣2分，扣完为止			
	安全用电，防火，无人身、设备事故		因违规操作发生重大人身或设备事故，按0分计			
5	分数总计	100				

备注：

监考教师：　　　　　主考教师：　　　　　　　　　年　　月　　日

思考题

1. 巡航控制系统的常见功能有哪些? 取消方式又有哪些? 哪些是巡航取消后不能恢复的? 哪些是可以操作巡航恢复按钮可以恢复的?

2. 电子油门式巡航控制系统有何优点,它与真空式巡航控制系统、电磁电机式巡航控制系统相比有何异同?

3. 自适应巡航控制系统与防撞控制系统间有何联系? 有何异同?

4. 电磁电机式巡航控制系统失效时(即系统自检有故障时),巡航控制单元是否会控制电磁离合器与电机动作?

第7章

汽车多媒体信息娱乐系统

【应知】
1. 汽车音响系统的组成及工作原理
2. 汽车音响解码注意事项
3. 汽车音响改装方法

【应会】
1. 能熟练操作汽车音响系统
2. 能利用资料,对音响主机进行解码
3. 能进行汽车音响的改装

7.1 概　述

随着现代汽车技术的发展,汽车多媒体信息娱乐系统在系统功能、适用媒体、个性化设置等领域内呈现出多种发展趋势。

在产品功能演进方面,传统意义上的车载娱乐系统基本上只提供简单的音频播放功能。从产品功能发展演进趋势看,现有的高端产品已从传统的单一汽车音响系统(音频播放)演变成集视听娱乐、通讯导航、互联网通信、语音识别辅助驾驶多种功能于一身的综合性汽车多媒体信息娱乐系统,目前的发展趋势是声音、视频影像、导航、通讯、驾驶辅助系统的一体化,并提供丰富的外设连接和访问能力,如车载移动电话、内存卡、硬盘等。并将具备 PC 的功能、与外界的通信能力,成为集成 ANVC 功能的车载移动PC,并成为汽车上一个不可或缺的组成部分。

作为现代轿车标准配置的汽车音响系统是汽车消费者和爱好者关注的内容。现代汽车音响器材的音质处理已从单纯的卡带式/CD 机向数码技术发展。现代高级汽车音响系统带有数码信号处理技术等,形成了数字化、多功能、大功率的立体声音响系统。虽然音响设备对于轿车来讲只是一种辅助性设备,对车子的运行性能没有影响,但随着人们对享受的要求越来越高,汽车制造商也日益重视轿车的音响设备,并将它作为评价轿车舒适性的依据之一。

在所播放媒体的发展方面,车载娱乐系统的主流媒体已经由早年的 Radio(传统收音机)、Tape(磁带)发展到目前以 CD、MP3 为主流的媒体。近年来,随着相关科技的发展,家用和个人娱乐媒体的种类越来越多,保有量快速增长,对传统的汽车娱乐音响系统不能随意扩充的特点提出了严峻的考验,目前国内厂商纷纷将对新型媒体的支持功能作为产品的卖点推出一系列个性化时尚产品。

随着车载电子设备的集成程度越高,设备间通信整合等发展趋势,以前单独功能单独设备的形式已经不能满足汽车的集成、互联的要求。以后发展的汽车多媒体信息娱乐系统将是以集成的解决方案和产品,且能通过标准的汽车总线(比如 MOST-BUS 等,后续章节会介绍),接入到整个汽车网络中,成为一个可控节点。

7.2　汽车音响系统

现代轿车音响系统具备了 AM/FM(调幅/调频)、SW(短波)收音、磁带放音、CD 放音、MD 放音、DTA 数码音响、DSP(数码信号处理器)、电子分频器、电视接收系统、VCD 影视系统等,形成了多功能、数字化、逻辑化、多性能、高指标、大功率输出的立体声音响系统。

7.2.1　汽车音响系统的组成

目前传统的汽车音响系统主要由主机(信号源)、功率放大器(俗称功放)、扬声器、碟盒、电子分频器/均衡器、电容、线材等组成。而现代音响多媒体系统则在此基础上,增加了视频信号源(AV 功能),即 VCD 影碟机或 DVD 影碟机,同时增加了显示器,显示器同时也可能是导航系统、车载通讯、上网聊天等的显示界面,如图 7-1 所示。传统的汽车音响是汽车多媒体的核心部分,是一种没有显示功能的多媒体,或者说是一种狭义的多媒体系统。

1. 主机(信号源)

主机可分为卡带机和碟片机。卡带机主要安装在低档轿车上,属淘汰产品。碟片机按所使用的音源可分 CD、MD、MP3、VCD、DVD 等。

目前使用较广泛的 CD 机作为一个整体,可分为三个工作系统:信号解读系统、伺服系统和控制系统。按国际标准,外形尺寸为 183mm(宽)×50mm(高)×153mm(深),即 1DIN 规格,此规格通用性强,是大部分车载 CD 的标准规格;另一种规格外形尺寸为 180mm(宽)×100mm(高)×153mm(深),即 2DIN 规格,高度是 1DIN 规格的两倍,主要用在日本轿车上,一般来说该类产品比较高档。图 7-2 所示为 1DIN 与 2DIN 规格比较。

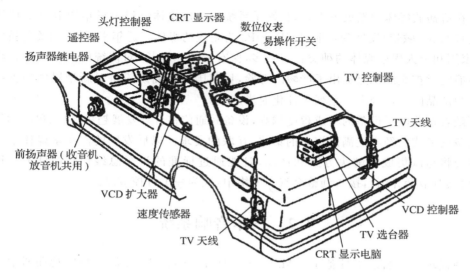

图 7-1　汽车多媒体主要部件的布置位置

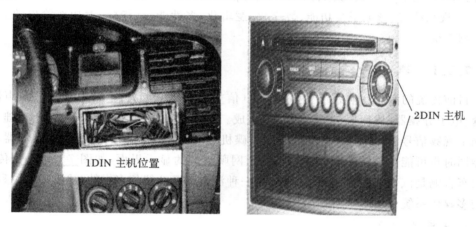

图 7-2　CD 机的 1DIN 与 2DIN 规格比较

2. 功率放大器

简称功放,基本作用是把主机的纯音频信号放大,然后推动扬声器。主机采用 12V 电源,信号动态范围小,易失真;功放利用内部开关电源将 12V 电压逆变升至 ±35~40V,信号动态范围加大,功率增强。按输出声道可分为单声道功率放大器、二声道功率放大器、四声道功率放大器、五声道功率放大器。

3. 扬声器系统

主要指主扬声器、环绕扬声器等,是汽车音响系统的终端,最终决定车内音响性能。主扬声器中通常由低音扬声器、中音扬声器、高音扬声器和分频网络组成。一般环绕声只重放 7kHz 以下的反射声,故只需一个中低音扬声器即可。扬声器口径大小和在车上的安装方法、位置是决定音响性能的重要因素。为欣赏立体声音响,车上最少要安装两个扬声器。

家用音响一般采用 8Ω 扬声器,为提高输出功率,汽车音响多采用 4Ω 扬声器。

4. 显示器

按工作原理不同,车载显示器有彩色显像管式和液晶显示器两种。彩色显像管式主要用在旅行客车上。由于其体积大、重量重、安装困难、耗电大、耐热差等缺点,应用越来越少,正逐步被液晶显示器所代替。液晶显示器具有重量轻、体积薄、图像稳定、耗电量少、发热少、耐高温、耐低温等优点,因此在汽车上得到广泛采用。液晶显示器有两种类型,即 DSTN 和 TFT,俗称伪彩和真彩。

车载显示器按安装位置可分成支架式、内藏式、遮阳板式、吸顶式、头枕式、2DIN式六种。

5. 汽车多媒体的辅助部件

汽车多媒体系统除了信号源(收音机、放音机、CD、VCD、DVD、MP3 等)、功率放大器、扬声器、显示器等主要部件之外,还有一些辅助部件,如天线、电子分音器、均衡器、线束、电容、熔断丝等。

7.2.2　汽车音响系统的特点

1. 具有防振系统的 CD/VCD/DVD

汽车多媒体系统的 CD、VCD 等都是激光音视设备,工作精度极高,而汽车在运行中不可避免的会产生冲击和振动,因此防振系统非常重要。目前采用的减振装置主要是防振悬挂系统和电子减振系统。

2. 具有防盗功能的控制面板

许多高档汽车多媒体系统的控制面板具有熄火隐藏或可拆装功能。对于可隐藏式面板,当点火开关关闭时,原先色彩斑斓的液晶显示控制面板便会变成黑色(与仪表板同色),以避免引起窃贼注意。而装用可拆式面板的主机,当驾驶员离开汽车时,可以取下多媒体系统主机的控制面板,这样盗贼就是拿走了主机也无法使用。

3. 电话减音功能

当使用车载电话时,此功能会自动调低系统的声音,或使系统处于静音状态。当电话挂断后主机会自动恢复原来音量。

4. 驾驶座声场模拟系统

由于驾驶座并非处于声场中央位置,左方、右方的扬声器发出的声音到达驾驶者耳朵的时间不一样,形成一种不平衡的声场效果。驾驶座声场模拟系统可根据驾驶者的选择,把左方、右方扬声器发出的声音延迟若干秒,模拟出一个驾驶座在中央的声场,使音质定位达到完美的境界。

5. DSP(数码信号处理器)

由于各种汽车的多媒体系统环境、声场都不够完美,因此需要用 DSP 进行声场校正。

6. 先进的防盗系统

现代汽车多媒体系统具有高技术的防盗系统,可以使用密码和其他高新技术,使汽车多媒体系统主机被盗后无法使用。

7. 智能语音识别系统

一些高档多媒体系统装备有语音识别系统,能根据人的语音进行操作。驾驶员驾驶车辆时,能通过语音命令直接进行多媒体系统的操作。

8. 与导航系统兼容的 DVD/VCD 系统

现代高档轿车的 DVD/VCD 视听系统同时也是车载卫星导航系统的一部分,当放入数字地图光盘后,在显示器上将显示出数字地图,配合导航系统,实时指引汽车的行驶路线。

9. 可伸缩的液晶显示屏

汽车视听系统的液晶显示屏为了不占据仪表板的位置,一般都设计成内藏式。当需要使用显示屏时,显示屏可以自动伸出,然后翻转到合适的角度以便于观看。

10. 具有安全功能的 DVD

高档轿车的 DVD 系统,当车辆处于行驶状态时,驾驶员仪表板处的显示屏将不会播放视频信号,以免影响驾驶员的安全行车。

11. 蓄电池供电

汽车音响系统采用 12V 蓄电池电源,无需额外变压器。

7.3　汽车音响解码

7.3.1　汽车音响防盗技术

现代汽车音响系统主机上大多具有防盗功能,其类型主要有两种:一是在被盗时汽车音响的主要部分变为不可拆卸,或强行拆下即损坏,通常利用电磁铁及其他机械锁定装置;二是设定密码,当驾驶员设定密码并进入防盗状态后,音响系统必须输入驾驶员设定的密码,否则不能工作。主机上设置防盗密码,可有效地减少被盗现象,但也为汽车维修带来了许多故障。例如,经常出现多媒体主机被锁死现象,使维修人员无从下手。

部分多媒体主机面板上印有一个小钥匙符号或 CODE 字样,或者是关掉电源后多媒体主机面板有一个闪烁的小灯,有部分主机开机的瞬间显示屏显示 CODE 字样,这些多媒体主机都带密码。没有任何标志的多媒体主机就很难判别了。总之,越是高档的车,配置的多媒体主机有密码的可能性就越高。

(1)防盗系统的设定条件

关闭所有车门,关闭发动机罩盖和行李厢盖,从点火开关锁芯拔出点火钥匙。

(2)防盗系统的设定工作

当按下规定的按钮输入密码特征(ID)数字后,防盗系统即开始运行。音响系统在出厂时密码 ID 尚未输入,防盗系统不工作。

部分车辆的音响防盗系统的密码特征采用六位数字,其中三位是由生产厂家确定,另三位由驾驶员确定,生产厂家确定的三位数字不可改变,若输入错误,音响系统不能工作。

密码存放在主机中的 EEPROM 存储器中,这种保存方式保密性强。80%以上的主机采用这种方式,例如:奔驰、日产、三菱、大众、美国车系等。解码时,需要使用编程器重写 EEPROM 中的数据,或用电脑数据分析解除。主机常使用的 EEPROM 存储器有 24C 系列和 93 系列。前者如 24C01、24C02、24C04、24C08、24C16 等,后者如 93C46 等。

密码存放在汽车多媒体主机中的 CPU 中,例如:MC68HC 系列的 CPU,如 TOY-OTA/LEXUS 车系等,可以用厂家提供的通用码解开。解这类机型所用的方法是厂家提供的公用密码,一般有六位,也有少部分是五位的,其公用密码很多。密码越多保密性越差,不需专用工具。如果没有通用密码,则需要使用专用的编程器软件对 CPU 中保存的密码进行解密或重写。

(3)防盗系统的工作

当系统电源电压不足或系统电源被切断后,即使再接通电源,音响系统也不会再工作。当输入密码错误时,音响系统不工作,且处于休眠状态,即便再输入正确的密码,音响系统也不工作,休眠的时间可能是几天或几十天。

汽车音响主机被锁时,主机不能工作,并在显示屏上会有所反应,不同的主机显示内容不同。常见显示内容如下:SE、HELP、SAFE、CODE、COD、LOCK、INOP、ER-ROR、红色防盗灯连续闪烁等等。

(4)防盗状态的解除

当电源被切断再接通后,用户输入设定的 ID 数字,防盗系统的防盗状态即被解除,音响系统便能正常工作。

7.3.2　汽车音响防盗解码

汽车音响主机的解码有多种方法,主要有输入密码法、通用编程器编程法、专用编程器编程法、解码软件法、算码软件法等。

1. 输入密码法

有些汽车音响主机有备用的通用密码,如果汽车多媒体主机被锁死,而车主又忘记了密码,可试着查找此汽车音响主机的通用密码,用通用密码为被锁的汽车音响主机进行解码。此法适用面窄,并且需要注意搜集资料。

带有密码的汽车音响主机都是一台机器对应一个密码,在出厂时某台主机的密码设定与记录是与此台主机的机身串号相对应的。因此,根据汽车音响主机上的机身串号,可以在厂家或者一些技术资料中查找此台音响主机的原始密码。

2. 通用编程器编程法

通用编程器是一种由专业生产厂家生产的小型仪器,使用它配合计算机使用可对存储器、单片机、可编程逻辑器件等进行编程以及数据复制。

基本原理:如果被锁汽车音响主机的密码数据是保存在汽车音响主机的存储器中,可以使用通用编程器重写汽车音响主机存储器数据。这种方法的实质是使用同型号已知密码的汽车音响主机存储器数据对被锁汽车音响主机的存储器进行重写,经过数据重写后,被锁汽车音响主机的密码与备份数据的密码相同。

例如:某型号的汽车音响主机 A 被锁死,而手头有同型号汽车音响主机的存储器数据资料,且已知此备份数据汽车音响主机的密码(假设此密码为 1234)。此时,可找一块相同型号的空白存储器,使用通用编程器将备份数据写入空白存储器中(也可将被锁死汽车音响主机中的存储器拆下来,写入备份数据),然后将写好数据的存储器安装回被锁死的汽车音响主机中。此时被锁汽车音响主机的密码就变成了备份汽车音响主机的密码 1234,使用此密码即可对被锁音响主机进行解锁。

3. 专用编程器编程法

在汽车修理中不仅在汽车音响主机解码中涉及存储器数据复制与重写的操作,在仪表盘、里程表、安全气囊等很多维修中也要涉及存储器编程操作的问题。因此,现在已经有专门针对汽车维修使用的专用编程器问世,这种编程器可以适应在汽车维修中的很多工作,而且这种编程器中预先存储了一些已知密码常见型号汽车音响主机的存储器数据,使用起来比较方便。

4. 算码软件法

在计算机上使用专用的汽车音响主机算码软件,可以对某些型号汽车音响主机存储器中保存的密码进行破译,并显示出来。使用此法的必要条件是:专用算码软件、计算机、编程器。

不同车系的多媒体主机解码方法各不相同,具体操作方法详见维修手册。

7.4 汽车音响加装

由于原车配备的汽车多媒体主机内置的功率放大器多数输出功率较小,若想得到更好的音质或推动更大功率的扬声器,安装一个或多个功率放大器是非常必要的。如果把主机比作是汽车多媒体的大脑,功率放大器是其"心脏",主机、功率放大器和扬声器等系统即构成汽车多媒体。车内原装的一对扬声器,动态范围较窄,若想表现各个领域的音质,则应该选用高音域的高音扬声器、中低音的中低音扬声器、还有重低音用的重低音扬声器或低音炮作为辅助。其设置多为:高音扬声器主要安装在 A 柱或仪表台面板两侧,中音扬声器安装在前门或后门内,重低音扬声器在行李厢内;在某些场合,为能充分驱动几个扬声器,必须安装数个功率放大器。

汽车音响的改装是一门综合的技术,主要体现在"三分器材七分安装"上,安装时要求维修人员对汽车电路、音响电路及电声学基础非常了解,不能因安装音响而影响车的性能,更不能留下安全隐患。

由于车内空间狭小,同时存在各种噪声及由驻波引起的共鸣,车内形成了一个相对较差的音响环境。因此汽车音响的改装,需要考虑以下几个原则。

1. 系统的平衡性

首先是价格的平衡性,这指整个汽车音响系统的档次要和汽车的听音环境相配合协调。即高档轿车应配置高档多媒体,中档轿车配置中档多媒体,低档汽车配置低档多媒体。其次是搭配的平衡性,搭配汽车音响时一定要考虑一套音响各个组成部分的平衡,即主机、功率放大器、扬声器和线材等都要进行恰当的选择,合理使用,切忌在配置中,某一部分使用相差悬殊的设备器材。

2. 整体平衡原则

搭配汽车多媒体时一定要考虑一套多媒体各个组成部分的平衡,即主机、功率放大器、扬声器、显示器和线材等进行恰当的选择,汽车多媒体大致可分为两大流派:音质型,以古典乐、交响乐为主;劲量型,以流行音乐、摇滚乐为主。主机、功率放大器、扬声器显示器都应按同一风格配置。

3. 大功率输出原则

这是指在一套多媒体系统中,主机或功放的输出功率一定要大,表明能控制的音频线性范围越大,其驱动音响的能力越强。

4. 音质自然重放原则

一般以频响曲线的平滑性作为音质评价的主要客观参数,但最直接有效的方法是亲耳试听,即以个人听感为主,技术为辅。

汽车音响的改装由于其安装技术很关键,最好由专业的技术人员操作,本书不作主要介绍,可参看相关汽车音响改装书籍。

7.5　凌志 LS400 汽车音响系统与检修

1. 凌志 LS400 音响系统的组成及工作原理

凌志 LS400 的音响系统由收音、磁带放音、激光唱机、功放、低音功放、自动天线及

7 个扬声器等组成。凌志 LS400 音响系统的各组成部分的位置如图 7-3 所示,自动天线工作原理如图 7-4 所示,收放、功率放大等电路原理如图 7-5 所示。

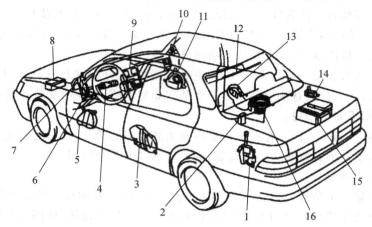

图 7-3　凌志 LS400 音响系统各部件的位置示意图

1—自动天线;2—低音扬声器功率放大器;3—后门扬声器;4—点火开关;5—前门扬声器;
6—1 号接线盒;7—高音扬声器;8—2 号接线盒;9—无线电收音机总成;10—高音扬声器;
11—前门扬声器;12—玻璃印刷天线;13—后门扬声器;14—低音扬声器功率放大器;
15—激光唱机自动换片机;16—低音扬声器

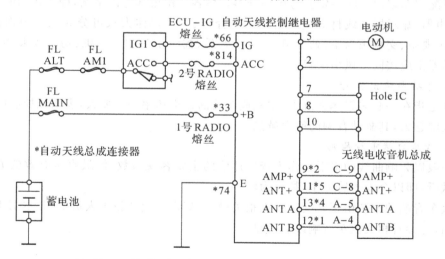

图 7-4　凌志 IS400 音响系统自动天线工作原理图

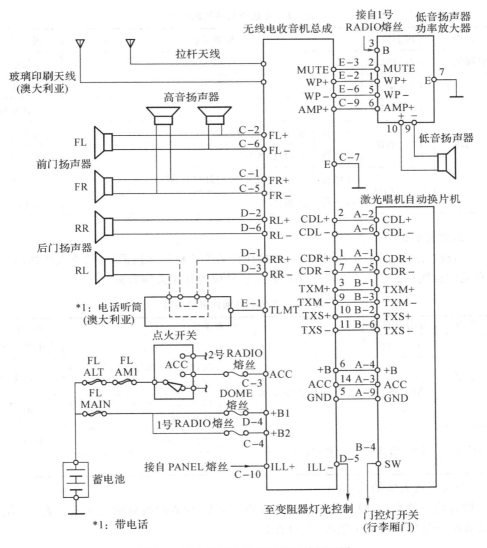

图 7-5　凌志 LS400 音响系统电路原理图

2. 系统电路检查

(1)无线电收音机的检查。

脱开连接器,检查配线侧的连接器,表 7-1 中给出了检查端子号位置及正常的状态及数据,可供检查时参考。表中的"C""D"代表连接器代号,"C−7"代表连接器 C 的接线号是 7 号(以下表含义同)。

表 7-1　无线电收音机的检查

检查	万用表连接	检查条件		规定值
导通情况	C7—搭铁	恒定		导通
电压	C4—搭铁	恒定		蓄电池电压
	D7—搭铁	恒定		蓄电池电压
	C3—搭铁	点火开关位置	加速(ACC)或接通(On)	蓄电池电压
			锁定(LOCK)	无电压
	C10—搭铁	灯控开关位置	尾灯(TALL)或前灯(HEAD)	蓄电池电压
			关断(Off)	无电压

(2)激光唱机的检查。

检查激光唱片的自动换片机,脱开接往自动换片机的连接器,并检查配线侧的连接器有关的接线状态。表 7-2 给出了检查端子号位置和相关的数据。

表 7-2　激光唱片换片机的检查

检查	万用表连接	检查条件		规定值
电压	A4—搭铁	恒定		蓄电池电压
	A3—搭铁	点火开关在 ACC 或 On	收音机或磁带放音机或 CD 开关接通	蓄电池电压
			收音机、磁带放音机和 CD 开关关断	无电压
导通情况	B4—搭铁	行李厢门控灯开关	按下"关断"	不导通
			退回"接通"	导通

(3)功率放大器的检查。

检查功率放大器,脱开接功率放大器的连接器,检查配线侧的连接器。表 7-3 给出了检查端子号位置及相关数据,供检查时参考。

表 7-3　功率放大器的检查

检查	万用表连接	检查条件		规定值
导通情况	7—搭铁	恒定		导通
电压	3—搭铁	恒定		蓄电池电压
	6—搭铁	点火开关在 ACC 或 On	收音机或磁带放音机或 CD 开关接通	蓄电池电压
			收音机或磁带放音机或 CD 开关关断	无电压

（4）自动天线的检查。

检查自动天线，脱开车身配线的自动天线连接器，并检查车身配线侧的连接器。表 7-4 给出了检查端子号位置及相关数据，供检查时参考。

表 7-4　自动天线的检查

检查	万用表连接	检查条件		规定值
导通情况	7—搭铁	恒定		导通
电压	3—搭铁	恒定		蓄电池电压
	8—搭铁	点火开关位置	加速 ACC 或接通 On	蓄电池电压
			锁定 LOCK	无电压
	6—搭铁	点火开关位置	On	蓄电池电压
			ACC 或 LOCK	无电压
	2—搭铁	点火开关在 ACC 或 On	调幅或调频段	蓄电池电压
			其他	无电压
	5—搭铁	点火开关在 ACC 或 On	收音机开关在 On	蓄电池电压
			收音机开关在 Off	无电压
	4—搭铁	点火开关在 ACC 或 On 和收音机开关接通	调幅、调频、磁带放音机、激光唱机	蓄电池电压
			其他	无电压
	1—搭铁	点火开关在 ACC 或 On 和收音机开关接通	调幅	蓄电池电压
			其他	无电压

若电路不符合规定要求，应检查收音机或配线；若电路符合规定要求，应检查电动机的运转情况，电动机的检查方法步骤如下：

1)装上天线螺母。

2)脱开接自动天线控制继电器的连接器。

3)将蓄电池的正极接到配线侧连接器的端子"2"上,负极接到端子"5"上。

4)检查电动机能否转动。试验必须在4~8s内完成,以避免烧坏绕组。

5)调换正负极,检查电动机能否转动。

6)当电动机正常时,将天线降至最低位置。若电动机不能运转,应更换电动机;若电动机转动正常,应更换自动天线控制继电器。

思考题

1. 请比较家用音响与汽车多媒体音响的异同点。

2. 根据典型车型音响线路图绘制工作原理电路图,并简述其工作原理及检修方法。

3. 查阅资料,简述帕萨特B5音响解码方法。

自动空调系统

8.1 自动空调系统概述

虽然空调系统已在现代轿车中得到了普及,但在改善驾驶员的工作条件和提高乘员的舒适性方面,传统空调仍显不足。目前自动空调系统仍只是中高档轿车的标准装备之一,自动空调系统由于在改善汽车乘坐舒适性、环保节能、安全性、信息显示、操控性能等方面具有明显的优势,正逐步向中低档轿车普及。如何正确使用自动空调系统,延长自动空调系统的使用寿命,快速检修自动空调系统故障,成为目前汽车维修业面临的重要课题。

8.1.1 自动空调系统与手动空调系统的区别

自动空调系统与手动空调系统采用的是相同的基础部件,即相同的制冷系统、取暖系统、配气系统(机械)部件等,区别在于自动空调系统能够根据乘坐者设定的温度要求,实现空调系统的恒温控制(也就是说即使车内温度/湿度、环境温度、阳光强度、乘员人数发生变化,空调控制计算机都能识别出来,并通过调节鼓风机的转速、空气混合风门的位置、进气模式风门的位置、送风模式、甚至压缩机工作状况等,使车内温度、空气湿度及流动状况维持在使用者设定的水平上,即车内温度经设定后不会随环境温度变化)。其舒适性、安全性、节能环保性好,但结构上要比手动空调复杂。一般自动空调都具有自诊断功能,以便于对空调系统进行故障检修。表 8-1 所示为自动空调系统与手动空调系统的对比情况。

表 8-1　自动空调系统与手动空调系统的对比情况

异同点	名称	手动空调	自动空调
相同之处	结构上	相同的制冷系统、取暖系统、配气系统(机械)部件等	
	控制内容	都是实现在封闭空间内对空气温度、湿度、流速、清洁度的调节控制	
相异之处	控制方式	手工调节	自动调节:能够根据乘坐者设定的温度要求,实现空调系统的恒温控制(部分自动空调能自动调节空气湿度与清洁度)
	性能	使用不便、舒适性差	舒适性、安全性、节能环保性好
	复杂程度	简单	结构上比较复杂

8.1.2　自动空调系统的分类

自动空调系统在控制上利用各传感器确定当前的温度,经空调控制单元分析计算、处理后,输出相应执行机构信号,控制进气模式风门、混合模式风门、鼓风机、压缩机等,实现根据需要调节暖风或冷风,最终达到温度符合使用者要求的目的。

如图 8-1 所示,自动空调系统根据有无自诊断功能可分为半自动空调系统和全自动空调系统两类。目前轿车上普遍采用的是全自动空调系统。

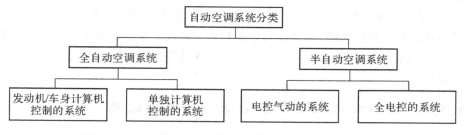

图 8-1　自动空调系统的分类

8.1.3　自动空调新技术在汽车中的应用

（1）系统控制的智能化、网络化

冷、暖、通风三位一体化，控制系统的自动化、智能化、网络化，操作、运行及故障报警信息数字化显示。人工智能、车载网络技术在现代自动空调中的应用，不仅节能环保、缩短故障判断时间，也提高了乘客舒适性和改善驾驶员工作条件。

（2）变排量压缩机制进一步应用

变排量压缩机的高效、节能优点备受人们青睐。

（3）新型空调结构

采用双区/四区空调温度调节，如图 8-2 所示。实现驾驶员侧与前排乘客侧不同的温度调节，甚至实现车内不同乘坐位置的温度调节。

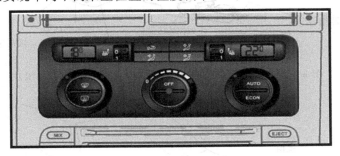

图 8-2　双区自动空调

（4）辅助冷却液加热/驻车加热

冬天时，驻车加热器的加热和通风功能使车内温暖，解决汽车除霜的问题，同时让驾驶员一进入车内就能感受到温暖的车内环境。

夏季时，自动实现车内外空气交换，保持车内控制清新，免受"蒸笼"之苦。

采用带有燃油预加热的加热器（柴油车），通过汶氏喷嘴燃烧燃油达到加热的目的。

8.2　自动空调系统的结构

与手动空调系统一样，自动空调系统一般也由制冷系统、取暖系统、配气系统和电气系统四部分组成，但完善的自动空调系统还包括的空气净化系统，如活性炭罐、空气滤清器、静电除尘净化器等。

自动空调系统的元器件主要安装在驾驶室（仪表台下方）和发动机舱，如图 8-3、图 8-4 所示为丰田 LS400 轿车自动空调系统元器件在车上的安装位置。

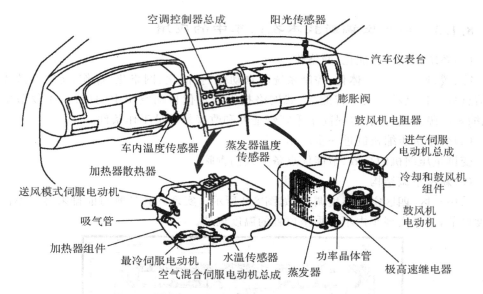

图 8-3　驾驶室零部件安装位置（LS400 轿车自动空调系统）

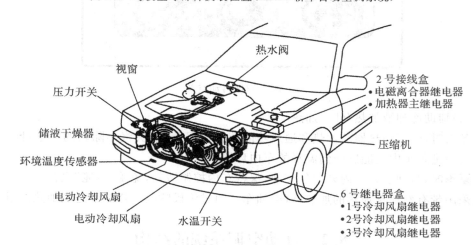

图 8-4　发动机舱零部件安装位置（LS400 轿车自动空调系统）

　　具有双空调的轿车，后空调零部件主要安装在行李厢或后排座椅背面。如图 8-5 所示为丰田 LS400 轿车自动空调系统后空调零部件在车上的安装位置。

　　不同车型自动空调系统元器件在车上的安装位置有所差异，详情请参见各车型的维修资料。

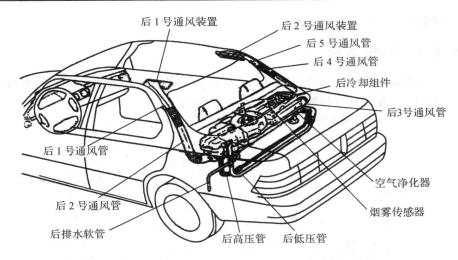

图 8-5　后空调零部件安装位置（LS400 轿车自动空调系统）

8.2.1　制冷系统

制冷系统是整个空调系统的基础部件,它由压缩机、冷凝器、储液干燥器、膨胀阀、蒸发器、冷凝器散热风扇、制冷管道、制冷剂等组成,目前采用的多为膨胀阀系统或孔管系统两种。如图 8-6 所示。

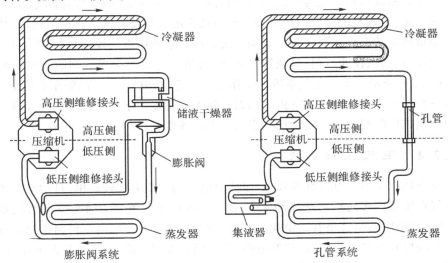

图 8-6　空调制冷系统的组成

需要注意的是早期的部分普通空调系统仍采用 R12 制冷剂,但目前绝大部分空调系统采用的是 R134a 制冷剂。

8.2.2　取暖系统

自动空调系统的取暖系统仍利用发动机冷却水进行循环取暖。该系统由加热器、热水阀、暖水管、发动机冷却液等组成,如图 8-7 所示。

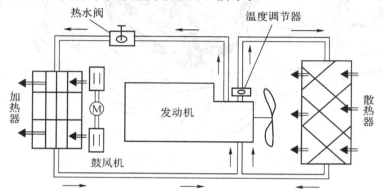

图 8-7　空调取暖系统的组成

8.2.3　配气系统

由于空调系统根据环境等要求,需要内外循环、上中下出风口、除霜除雾等功能,实现空气的采集、处理与配送。因此自动空调系统在配气控制方式上进行了改进,使得配气系统能根据需要自动工作。自动空调系统的配气系统由进气模式风门、鼓风机、空气混合模式风门、送风模式风门、导风管等组成,其结构与一般普通空调的配气系统基本相同,如图 8-8 所示。空调配气系统的工作过程如下:新鲜空气＋车内循环空气→进入鼓风机→空气进入蒸发器冷却→由风门调节进入加热器的空气→调节成冷气或暖气的空气流→根据风门模式伺服电动机开启角度进入各吹风口。

8.2.4　电气控制系统

手动空调系统由于电气部件较少,因此对电气的控制方式较简单,自动空调系统则由于电气系统部件多而复杂,控制相对较复杂。各种不同类型的轿车空调系统差别较大,但其控制电路的组成仍有一定规律可循。按功能模块划分,电气控制系统电路一般由温度自动控制电路、进气模式控制电路、送风模式控制电路、鼓风机控制电路、冷却风扇控制电路、压缩机控制电路等组成。

另外,按电路的输入、输出及控制原则划分,自动空调电气控制系统可分为 3 部分:传感器、空调计算机(控制面板)和执行器,如图 8-9 所示。

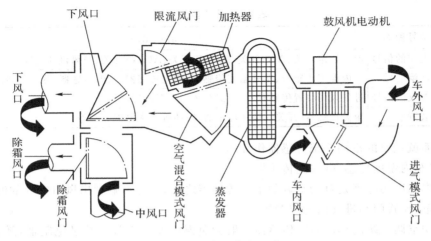

图 8-8　配气系统的组成

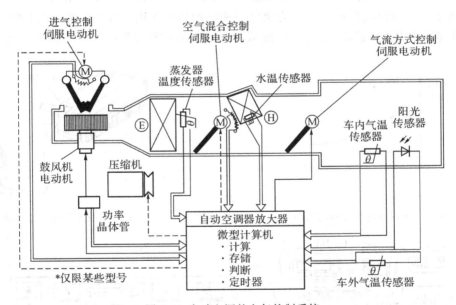

图 8-9　自动空调的电气控制系统

1. 传感器

传感器信号主要有 4 种：一是驾驶员通过空调面板设定的温度信号和功能选择信号；二是车厢内温度传感器、车外环境温度传感器、阳光传感器等各种传感器输入的信号；三是进气风门、空气混合风门的位置反馈信号；四是保护压缩机等空调系统装置信号，见表 8-2。

表 8-2 传感器信号

输入信号种类	输入信号元件
驾驶员设定的信号	温度设定开关、A/C 开关、MODE 开关、AUTO 开关、鼓风机开关等
工作环境信号	车内温度传感器、车外温度传感器、阳光传感器、水温传感器、蒸发器传感器等
风门位置反馈信号	进气风门位置传感器、空气混合风门位置传感器等
保护装置信号	压力传感器(开关)、锁止传感器、发动机功率保护装置等

下面就主要的空调系统传感器作介绍。

(1)车内温度传感器(室温传感器)

车内温度传感器是自动空调的重要传感器之一,它能影响到出风口空气的温度、出风口风量、模式门和进气门的位置等。

自动空调系统的车内温度传感器一般为负温度变化系数的热敏电阻器,随着温度的升高,热敏电阻器的阻值减小;随着温度的降低,热敏电阻器的阻值增大,其特性如图 8-10 所示。车内温度传感器可分为吸气型和电动机型车内温度传感器,现代轿车多采用吸气型车内温度传感器,如图 8-11 所示,且多安装在空调操作面板处,如图 8-12 所示。

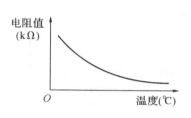

图 8-10 车内温度传感器的特性

图 8-11 吸气型车内温度传感器

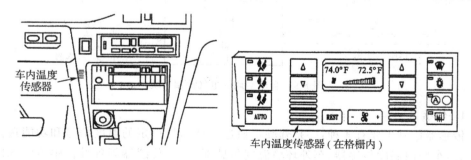

图 8-12 车内温度传感器的安装位置

某些车型(如丰田新皇冠)采用湿度传感器(带内置的室温传感器)来优化除湿效

果，图 8-13 所示为湿度传感器的安装位置及输出特性。

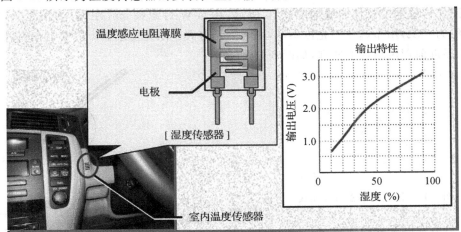

图 8-13　湿度传感器的安装位置及输出特性

（2）车外温度传感器（环境温度传感器）

车外温度传感器也称环境温度传感器、外界空气温度传感器或大气温度传感器。车外温度传感器是自动空调的重要传感器之一，它能影响到出风口空气的温度、出风口风量、送风模式风门的位置、进气模式风门的位置等。

车外温度传感器一般为负温度变化系数的热敏电阻器，随着温度的升高，热敏电阻器的阻值减小；随着温度的降低，热敏电阻器的阻值增大，其特性与车内温度传感器类似，其结构外形如图 8-14 所示。车外温度传感器一般都是安装在前保险杠内、水箱之前或位于车辆前减振器下面的前护栅部位，如图 8-15 所示，也有部分车辆安装在后视镜中，如东风标致 307 车型。

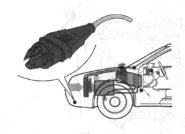

图 8-14　车外温度传感器结构外形

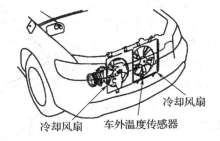

图 8-15　车外温度传感器安装位置

（3）阳光传感器

阳光传感器又叫太阳能传感器。阳光传感器通过光电二极管测量阳光的强弱变化,转化成电流值信号,用来修正混合门的位置与鼓风机的转速。

阳光传感器的特性曲线如图 8-16 所示,在 60W 灯源(25cm 距离)的强光照射下,电阻约为 4kΩ,用布遮住阳光传感器,电阻为无穷大。阳光传感器一般安装在仪表台的上面,靠近前挡风玻璃的底部,如图 8-17 所示。

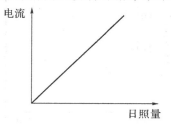

图 8-16　阳光传感器特性曲线

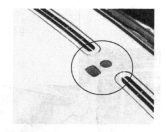

图 8-17　阳光传感器安装位置

（4）蒸发器温度传感器

通过测量蒸发器表面温度修正空气混合风门位置,用于鼓风机的时滞控制,在蒸发器表面温度低于 0℃ 时,使压缩机不工作,防止蒸发器表面结霜。

与车内温度传感器类似,蒸发器温度传感器也是负温度变化系数的热敏电阻器,其特性曲线与车内温度传感器类似。一般蒸发器温度传感器安装在蒸发器表面出风口方向的翅片上,如图 8-18所示。

图 8-18　蒸发器温度传感器安装位置

（5）水温传感器

通过测量加热器芯温度(有些车型采用发动机水温传感器代替),修正混合门的位置。在水温过低时,系统会起动鼓风机的预热控制,也就是在水温太低且取暖模式时,为了防止吹出的风是冷风,在水温低于系统设定温度时,鼓风机会低速工作或不工作(有些车型采用发

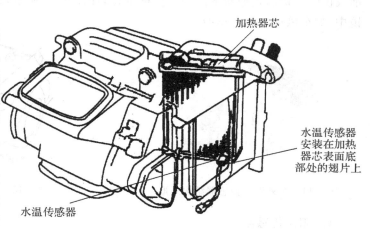

图 8-19　水温传感器安装位置

动机水温传感器或用水温开关代替),同时防止发动机在高温下压缩机工作(有些车型采用发动机水温传感器或用水温开关代替)。

与车内温度传感器类似,水温传感器也是负温度变化系数的热敏电阻器,其特性曲线与车内温度传感器类似。一般水温传感器安装在暖风装置里面,如图 8-19 所示。

2. 执行器

执行器信号有 3 种:一是向驱动各种风门的伺服电动机或真空驱动器输送的信号;二是控制鼓风机转速的电压调节信号;三是控制压缩机开启或停止的信号。如表 8-3 所示。

表 8-3　执行器信号

输出信号种类	执行元件/输出信号
控制配气风门信号	进气模式控制电动机、空气混合控制电动机、送风模式控制电动机等
控制鼓风机转速信号	加热器继电器、超高速继电器、功率晶体管、鼓风机等
控制压缩机开停信号	压缩机继电器等
信息显示信号	显示屏、各种指示灯和报警灯等

(1)空气混合控制电动机

由于混合风门在风道中所处位置很特殊,混合风门的位置差一点,车内空气温度就相差很多,所以空气混合控制伺服电动机是系统最为关键的部件之一。

目前常用的空气混合控制伺服电动机有 5 类,如图 8-20 所示。

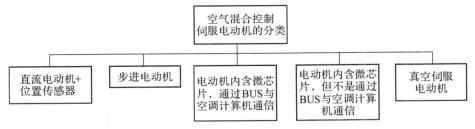

图 8-20　空气混合控制伺服电动机的分类

类型一:直流电动机＋位置传感器。该类型伺服电动机在早期车辆空调上大量使用,主要应用在福特、丰田、三菱、日产等车型上。其结构如图 8-21 所示(其中位置传感器位于伺服电动机内部)。

该类型伺服电动机由直流电动机、减速机构、限位装置、位置传感器 4 部分所构成,如图 8-22 所示。

类型二:步进电动机。宝马、凌志等车型采用步进电动机来驱动混合风门。由于步进电动机具有自定位的功能,因此这种类型伺服电动机没有设置混合门位置传感器。

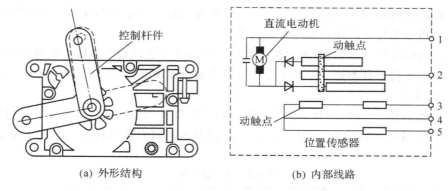

(a) 外形结构　　　　　　　　　(b) 内部线路

图 8-21　类型一伺服电动机结构示意图

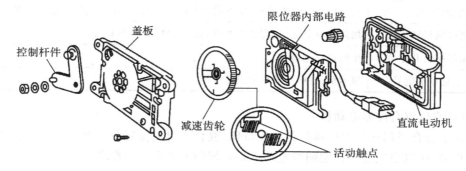

图 8-22　类型一伺服电动机内部结构

其线路结构如图 8-23 所示。

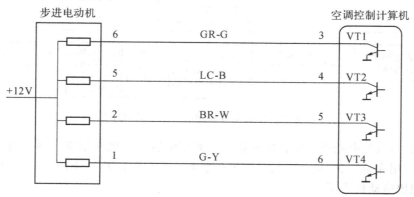

图 8-23　类型二伺服电动机(步进电动机)结构示意图

　　类型三:电动机＋微芯片(通过 BUS 与空调计算机通信)。这种类型混合风门伺服电动机内含微芯片,通过汽车与空调计算机通信。现在新款车型普遍采用此类型,如日产风度、新款奔驰等。其结构如图 8-24 所示(注:BUS 指信息高速公路或数据总线)。

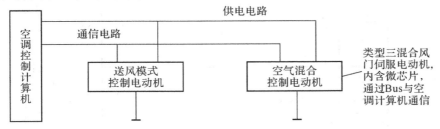

图 8-24　类型三伺服电动机结构示意图

类型四:电动机＋微芯片(不是通过 BUS 与空调计算机通信)。这种类型的伺服电动机主要应用在通用车系上。其结构如图 8-25 所示。

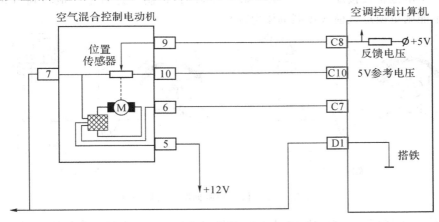

图 8-25　类型四伺服电动机结构示意图

类型五:真空伺服电动机。这种类型应用在奔驰车型上,结构比较简单,其机械部分与普通真空伺服电动机相同,如图 8-26 所示。

(2)进气模式控制电动机

进气模式控制伺服电动机有三线式和五线式之分。五线式进气模式控制伺服电动机的结构与五线式空气混合门伺服电动机结构基本相同。

三线式进气模式控制伺服电动机的结构比较简单,其中 2 号线为电源线,当 4 号线接搭铁,进气门会运行到新鲜(FRESH)位置;当 3 号线接搭铁,进气门会运行到循环(RECIRC)位置。

如图 8-27(a)所示,将蓄电池正极接端子②,负极接端子④,检查控制臂是否平稳地转到"FRESH"侧;如图 8-27(b)所示,将蓄电池正极接端子②,负极接端子③,检查控制臂是否平稳地转到"RECIRC"侧,若不能顺利转到,则更换进气模式控制伺服电动机;

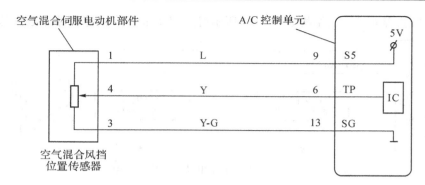

图 8-26　空气混合门伺服电动机位置传感器示意图

反之,将蓄电池正极接端子③,负极接端子②,检查控制臂是否平稳地转到"FRESH"侧,若不能则更换进气模式控制伺服电动机。

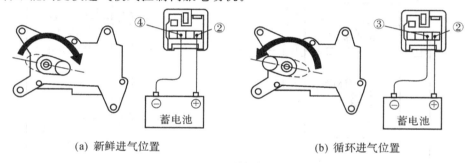

(a) 新鲜进气位置　　　　　　　(b) 循环进气位置

图 8-27　进气模式控制伺服电动机检查

　　五线式进气模式控制伺服电动机的检测方法与五线式空气混合控制伺服电动机检测方法基本相同。

　　(3)送风模式控制电动机

　　自动空调的出风口有 3 大类:吹脸(VENT 或 FACE)、吹脚(FOOT)、除雾(DEF)。有 5 种组合:吹脸(VENT)、双层(B/L)、吹脚(FOOT)、吹脚除雾(F/D)、除雾(DEF)。在手动挡,可以控制风门处于五种出风类型中的任一种;在自动挡,计算机可以控制风门处于吹脸、双层(FACE & FOOT)、吹脚三种类型。

　　送风模式控制伺服电动机按控制方式划分,可分成 5 类:直流电动机＋位置传感器;直流电动机＋位置开关;电动机内含微芯片,通过 BUS 与空调计算机通信;真空伺服电动机;日本汽车常用的模式风门伺服电动机。

　　类型一:直流电动机＋位置传感器。本类型应用于 JEEP、三菱等轿车,结构如图8-28所示。

　　类型二:直流电动机＋位置开关。本类型应用于本田、马自达、日产等轿车,结构如

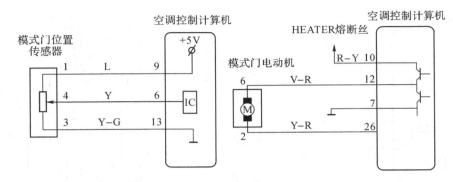

图 8-28 类型一送风模式控制伺服电动机示意图

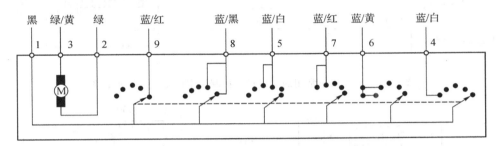

图 8-29 带位置开关的送风模式控制伺服电动机示意图

图 8-29 所示。

类型三：电动机内含微芯片，通过 BUS 与空调计算机通信。这种类型现在新款车型中普遍采用，如风度、新款奔驰等。其结构如图 8-30 所示。

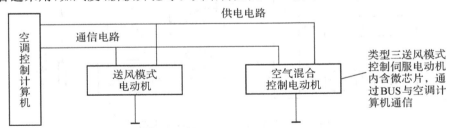

图 8-30 Bus 控制送风模式控制伺服电动机示意图

类型四：真空伺服电动机。这种类型为通用公司使用，结构比较简单。

类型五：日本汽车常用的模式风门伺服电动机。日本汽车常用的送风模式控制伺服电动机结构如图 8-31 所示。

（4）鼓风机控制元件

许多轿车的鼓风机结构几乎相同。如图 8-32 所示为典型的空调鼓风机控制电路，

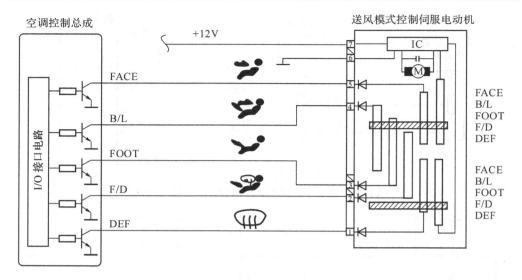

图 8-31　日本汽车常用的送风模式控制伺服电动机结构示意图

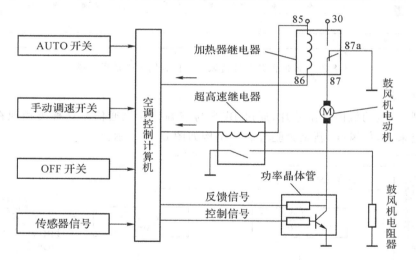

图 8-32　典型的空调鼓风机控制电路图

该电路由 3 部分组成:输入信号电路、空调控制计算机、鼓风机执行电路。

　　按下手动调速开关或自动(AUTO)开关,空调控制计算机接通加热继电器回路,鼓风机通电工作,通过鼓风机电阻器、功率晶体管或超高速继电器构成回路,实现不同的转速变化。其中,电阻器为低速回路通道,功率晶体管为低速至高速变化通道(即实现无级调速的关键),超高速继电器为超高速回路通道。鼓风机属于大电流用电装置,其控制元件损坏的概率较高。

3. 空调控制面板(空调控制器)

空调控制器一般与空调控制面板(图 8-33)合在一起,即空调控制面板就是控制器。空调控制器控制空调系统各个部件上的执行器。驾驶员通过触摸按钮向计算机输入各种信号,传感器将各种状态参数输入计算机。计算机通过计算、分析、比较,发出指令,控制各执行器动作:改变风速,开停压缩机,打开所需的风门,按照输入的预设温度,控制温度门的位置,显示操作信息,及时进行故障报警等。

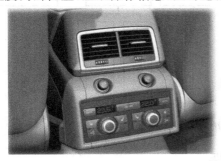

图 8-33　典型的空调控制面板

现代不少中高级轿车空调控制面板上采用驾驶员区与前排乘客区两个独立的空调系统配气系统操作区域,可为驾驶员及前排乘客提供不同的空调(配气)系统,其舒适性、节能环保性更佳。

8.3　自动空调系统的工作原理

8.3.1　自动空调系统的控制

轿车自动空调系统的控制可以分为制冷系统的控制和空气侧的控制(图 8-34)。传统的汽车自动空调系统主要是对空气侧的控制(采暖系统和通风系统),而对制冷系统的运行仅起监测和保护作用,即以空气侧的控制为主,以制冷系统的控制为辅对空调系统进行控制。对空气侧的控制有:控制进气口风门(内/外循环风门)的开度以及空气净化器的开关,改善空气的清洁度;控制加热器旁通风门(混合风门)的开度,调节出风温度;控制鼓风机转速,调节出风速度/大小;控制吹头吹脚风门(送风方式风门)的开度,调节出风角度,以满足吹头/吹脚/除雾除霜;需要加湿的时候打开加湿阀的开关,需要减湿的时候改变混合风门的开度,调节空气的相对湿度等要求。对制冷系统的控制,主要是对压缩机的控制,通过控制压缩机的起动和停止来控制温度。在控制方式上,主要是控制各个执行机构,比如风门挡板、压缩机、鼓风机以及热水阀、空气净化器等,从而达到控制车内空气的温度、湿度和清洁度以及合适的送风量等目的。

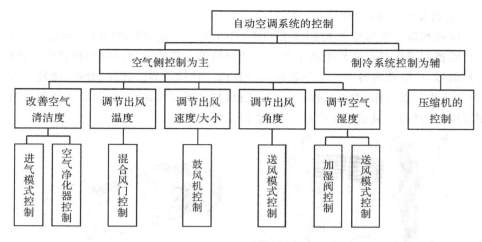

图 8-34　自动空调系统的控制内容示意图

8.3.2　自动空调系统控制原理

1. 自动空调系统的控制原理

自动空调系统以空调控制器为控制中心,结合各种传感器对汽车发动机的有关运行参数(如水温、转速等)、车外的气候条件(如气温、空气湿度、日照强度等)、车内的气候条件(如平均温度、湿度等)、空调的送风模式(如送风温度、送风口的选择等)等多种参数进行实时检测,并与操作面板送来的信号(如设定温度信号、送风模式信号等)进行比较,通过运算处理后进行判断,然后输出相应的调节和控制信号,通过相应的执行机构(如真空电磁阀、风门电机和继电器等)做及时的调整和修正,以实现对车内空气环境进行全季节、全方位、多功能的最佳控制和调节。同时它还具备自我诊断、保护和容错功能。

2. 自动空调系统的组成

自动空调器温度控制系统的基本组成包括车内温度传感器、车外温度传感器、阳光传感器、蒸发器温度传感器、水温传感器、温度设定电阻器、自动空调控制 ECU 和空气混合控制伺服电动机等,如图 8-9 所示。其中阳光传感器采用光电二极管,其余 4 种温度传感器采用负温度特性的热敏电阻器。

3. 自动空调系统的温度控制原理

目前多数自动空调温度综合控制(舒适性控制)的方法如图 8-35 所示。

1)空调计算机根据车内温度、环境温度,设定温度、阳光强度等,自动调节空气混合风门的位置。一般来说,车内温度越高,环境温度越高,阳光越强,空气混合风门就越处于"冷"的位置。若车内温度达到 35℃,空气混合风门处于最冷位置;若车内温度为

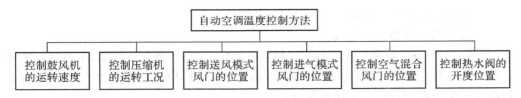

图 8-35　自动空调的温度控制方法示意图

25℃,空气混合风门处于 50% 的位置。

2)鼓风机工作,引进外界空气到车内进行温度调节。当夏季室外温度高于 30℃时,计算机会关闭热水阀,让鼓风机高速运行,增加送风量;当室外温度高于 35℃,便会切断车外空气,但会定期切换一次外气。

3)对于使用变排量压缩机的制冷系统,当压缩机节能输出引起蒸发器温度上升时,计算机会自动调节空气混合风门的位置,保持输出空气温度不变。

4)出风口空气温度的计算。出风口空气温度用 T_{A0} 来表示。T_{A0} 是使车内温度保持在设定温度的出风口空气温度,即鼓风机吹出并被冷却或加热后的空气温度。它可根据温度控制开关的状态以及来自传感器(即车内温度传感器、车外温度传感器、阳光传感器)的信号计算出来。自动空调控制器参照这个 T_{A0} 输出驱动信号至执行器,使自动空调控制系统(除压缩机控制外)运行。

5)出风口空气温度的控制方法。空调控制计算机根据计算所得的 T_{A0} 和来自蒸发器的信号,计算空气混合控制风门的开度。

如图 8-36 所示为空气混合风门控制的电路原理,该电路主要用于实现出风口空气温度的控制。

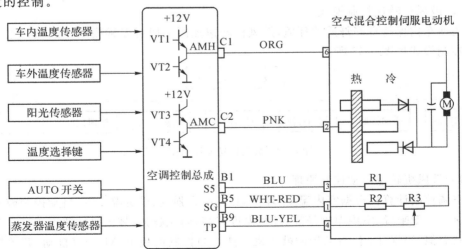

图 8-36　空气混合风门控制电路原理示意图

4. 鼓风机转速控制原理

(1)鼓风机控制系统的组成

如图 8-37 所示,鼓风机控制系统包括温度设定键、车外温度传感器、车内温度传感器、阳光传感器、蒸发器温度传感器、水温传感器、空调计算机、功率晶体管、超高速继电器、鼓风机电阻器、鼓风机、加热器继电器等。

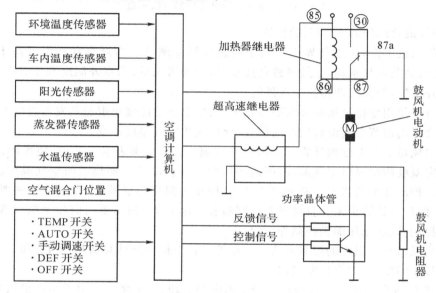

图 8-37　鼓风机控制系统的组成

(2)鼓风机转速控制模式

为使车内保持良好舒适的环境,鼓风机转速控制一般有多种模式。鼓风机主要的转速控制模式如图 8-38 所示。

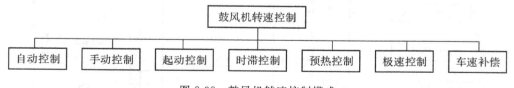

图 8-38　鼓风机转速控制模式

(3)鼓风机转速自动控制原理

空调控制计算机根据室内温度、环境温度、阳光强度、设定温度等,自动控制鼓风机的转速。一般来说,室内温度越高、环境温度越高、阳光越强,鼓风机转速就越高。与温度控制类似,根据 T_{A0} 值自动控制鼓风机转速。当控制面板上 AUTO(自动)开关接通时,ECU 根据 T_{A0} 的电流强度控制鼓风机转速,鼓风机转速自动控制原理如图 8-39

所示。

1)低速运转。如图 8-40 所示,空调控制计算机接通 VT1,使加热器继电器接合。电流方向为:蓄电池→加热器继电器→鼓风机电动机→鼓风机电阻器接地。鼓风机电动机低速运转。控制面板上 AUTO(自动)和 Lo(低速)两个指示灯均点亮。

2)中速运转。如图 8-41 所示,控制面板上 AUTO(自动)指示灯亮,Lo(低)、M1(中

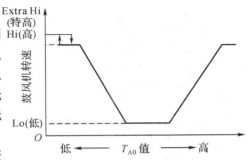

图 8-39　鼓风机低速自动控制原理

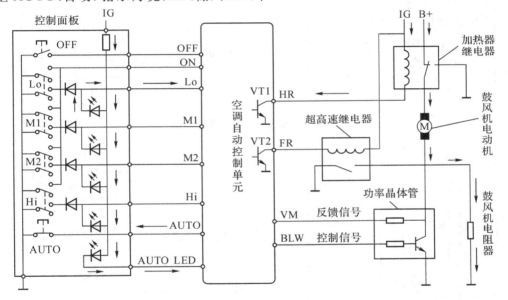

图 8-40　鼓风机低速运转原理图

1)、M2(中 2)、Hi(高)指示灯根据情况可能点亮。空调控制计算机接通 VT1,使加热器继电器闭合。同时空调控制计算机根据计算出的 T_{A0} 值,从 BLW 端子输出相应信号至功率晶体管。电流流向为:蓄电池→加热器继电器→鼓风机电动机→功率晶体管和鼓风机电阻器接地。电动机中速旋转。ECU 从与功率晶体管相连的 VM 端子接收反馈信号,检测鼓风机实际转速信号,依此校正鼓风机驱动信号。

3)高速运转。如图 8-42 所示,控制面板上 AUTO(自动)和 Hi(高速)指示灯亮。空调控制计算机接通 VT1 和 VT2,使加热器继电器和超高速继电器闭合。电流流向为:蓄电池→加热器继电器→鼓风机电动机→超高速继电器→接地。鼓风机电动机以高速运转。

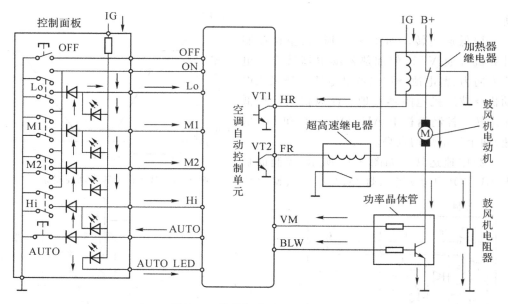

图 8-41 鼓风机中速运转原理图

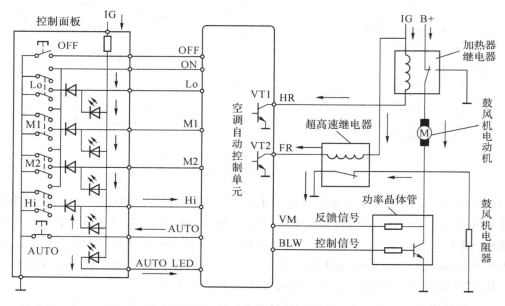

图 8-42 鼓风机高速运转原理图

（4）鼓风机起动控制原理

鼓风机起动控制主要用于防止功率晶体管被起动电流损坏。如图 8-43 所示，鼓风机在起动时,工作电流会比稳定工作时大很多,为防止烧坏控制模组,不论目标转速多少,在鼓风机起动时都为低速运转,然后才逐步升高,直至达到理想的转速。

鼓风机起动时 ECU 控制加热器继电器闭合,电流经鼓风机电动机和电阻器流过,电动机低速运转 2 s 后,ECU 才通过BLW 端子向功率晶体管输出驱动信号,从而避免功率晶体管被起动电流损坏。

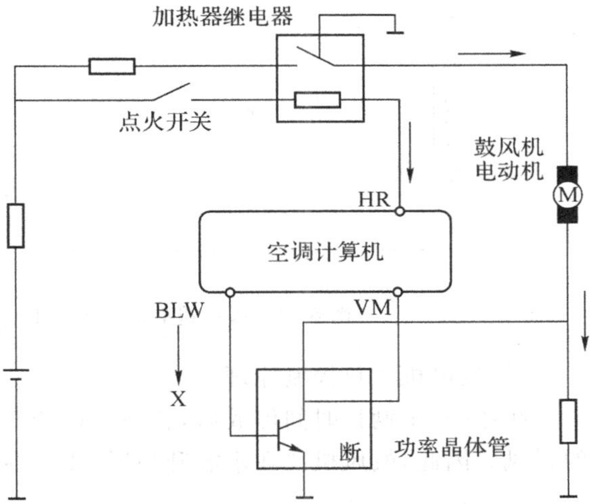

（5）鼓风机极速控制原理

有些车型,在设定温度处于最低（18℃）或最高（32℃）时,鼓风机转速会固定处于高速转动。

（6）鼓风机时滞控制原理

图 8-43

夏天,车辆长时间停在炎热阳光下,若马上打开鼓风机,此时吹出的是热风而不是想要的冷风。因此鼓风机不能马上工作,而是滞后一段时间工作,如图 8-44 所示。

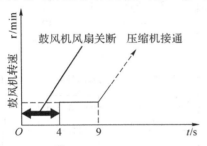

时滞气流控制：该控制功能仅用于降温,以防止在炎热阳光下久停的汽车上起动空调器后,放出热空气。

图 8-44　鼓风机时滞气流控制（蒸发器温度不低于 30℃时）

时滞气流控制条件：当发动机起动时,压缩机已工作,控制面板上 AUTO（自动）开关接通,气流方式设置在 FACE 或 BI-LEVEL。

时滞气流控制功能如下：

1)当蒸发器温度传感器检测到冷风装置温度不低于 30℃时,接通压缩机,ECU 控制鼓风机电动机保持运转 4 s,使冷风装置内的空气冷却降温。在这以后的 5 s,ECU 使鼓风机低速运转,将冷风装置已冷却的空气送至车厢,如图 8-44 所示。

2)当蒸发器传感器检测到冷风装置内温度在 30℃以下时,如图 8-45 所示,ECU 使鼓风机以低速运转约 5 s,之后进入正常运转。

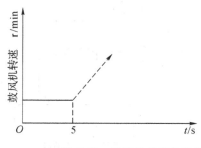

当蒸发器传感器检测到冷风装置内温度在30℃以下时,ECU使鼓风机以低速运转5 s。

图 8-45   鼓风机时滞气流控制(蒸发器温度低于 30℃时)

(7)鼓风机预热控制原理

在冬季,车辆长时间停放后,若马上打开鼓风机,此时吹出的是冷空气而不是想要的暖风。因此,鼓风机要在水温升高后,才能逐步转向正常工作,如图 8-46 所示。

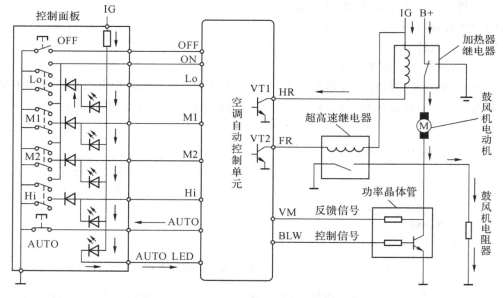

图 8-46   鼓风机预热控制原理图

控制开关置于 FOOT 或 BI-LEVEL 时,ECU 通过水温传感器检测发动机冷却液的温度,当其不低于 30℃时,控制鼓风机电动机开始转动。有些车型不低于 40℃时,鼓风机电动机才开始转动。

(8)鼓风机手动控制原理

手动控制是根据手动开关的操纵,将鼓风机驱动信号送到功率晶体管。ECU 根据控制面板手动开关的操纵信号,将鼓风机驱动信号送至功率晶体管,控制鼓风机的转速。

（9）鼓风机车速补偿原理

部分自动空调鼓风机控制具有车速补偿功能,在高车速时鼓风机的转速可适当降低,以补偿由于散热产生的影响,使之与低速时具有一样的感觉。

5. 送风模式控制原理

（1）送风模式控制系统组成

图 8-47 所示,送风模式控制系统主要由面板功能控制开关、空调 ECU、气流方式控制伺服电动机、空气混合门位置传感器、车内温度传感器、环境温度传感器、阳光传感器等组成。ECU 根据 T_{A0} 值自动控制送风模式。

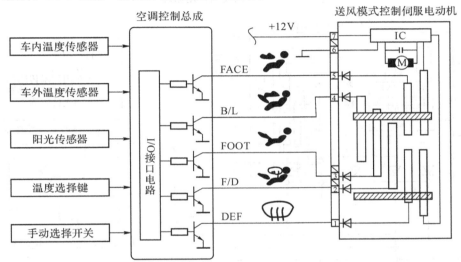

图 8-47　送风模式控制系统组成图

送风模式控制系统的工作模式可通过面板功能控制开关进行选择,其工作模式一般有两种:自动控制模式和手动控制模式。

（2）送风模式控制系统工作过程

1）面板功能控制。控制面板上 AUTO（自动）开关接通时,ECU 根据 T_{A0} 值按如图 8-48 所示方式进行控制。

A. 当 T_{A0} 从低变至高时,原来送风模式控制伺服电动机内移动触点位于 FACE 位置。如图 8-49 所示,ECU 接通 VT1,这样使驱动电路输入信号端 B 端电路通过 VT1 接地为 0,A 端电路断路为 1。根据内部程序图可知,输出电路中,D 端为 1,即电流由 D 端输出,由 C 端流回,驱动电动机旋转,内部触点由 FACE 位移动到 ECU FOOT 位置,电动机停转,输出风口的出气方式由 FACE 方式转为 FOOT 方式。同时 ECU 接通 VT2,使位于面板的 FOOT 指示灯亮。

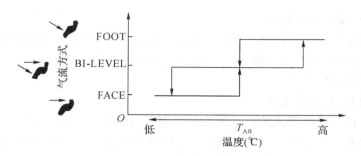

图 8-48　送风模式控制原理

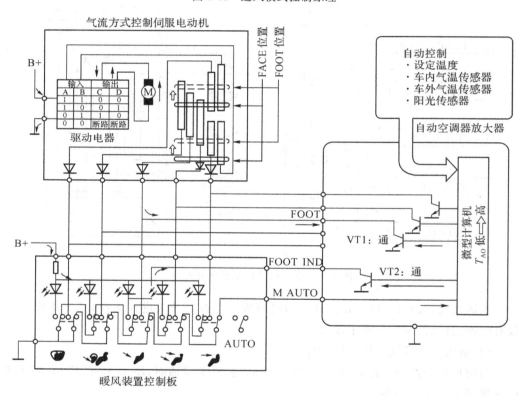

图 8-49　T_{A0} 从低变高时

B. 当 T_{A0} 从高变至中时,原来气流方式控制电动机内的移动触点位于 FOOT 位置。如图 8-50 所示,ECU 接通 VT3,使驱动电路中 A 端电路通过 VT3 接地为 0,B 端电路断路为 1。根据内部程序图,相应输出端 C 端为 1,D 端为 0,电流由 C 端输出经电动机流回 D 端,电动机旋转,带动滑动触点由 FOOT 位置运动至 BI-LEVEL 位置,电动机停转,出气方式由 FOOT 转变为 BI-LEVEL。同时,微型计算机使面板的 BI-

LEVEL 指示灯点亮。

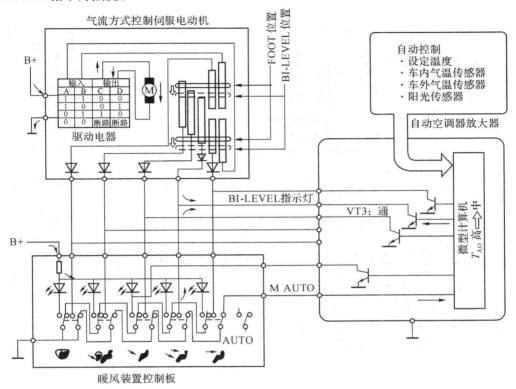

图 8-50　T_{A0} 从高变中时

C. 当 T_{A0} 从中变低时,原来气流方式控制伺服电动机内的移动触点位于 BI-LEV-EL 位置。如图 8-51 所示,ECU 内的微型计算机接通 VT4。使驱动电路中 A 端电路通过 VT4 接地,信号为 0;B 端电路断路,信号为 1,根据内部程序图可知,此时输出端 C 端为 1,D 端为 0,即电流经 C 端输出,经电动机由 D 端流回,电动机旋转,带动滑动触点由 BI-LEVEL 移动至 FACE 位置,出气方式由 BI-LEVEL 转变为 FACE 方式。同时微型计算机使面板 FACE 指示灯点亮。

2)DEF-FOOT 方式控制。

A. 当预热控制工作时,ECU 控制出气方式由 FOOT 方式转变为 DEF 方式。如图 8-52 所示,控制过程如下:起始气流方式控制伺服电动机内的移动触点位于 FOOT 位置,ECU 内的微型计算机根据水温传感器的信号接通 VT2,使驱动电路输入端 B 端由电路经 VT5 搭铁为 0,A 端电路不通为 1;根据内部程序图,相应输出端信号 D 端为 1,C 端为 0,即电流可由 D 端输出经电动机由 C 端流回,电动机旋转,带动触点由

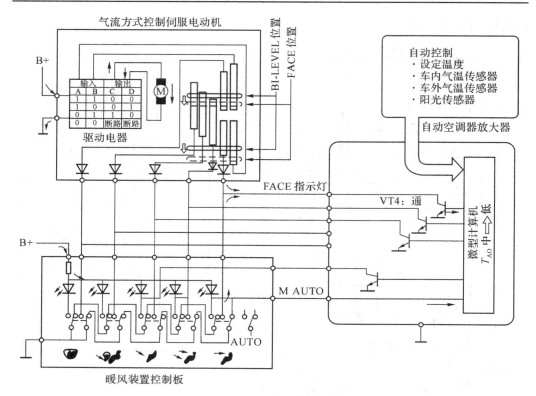

图 8-51　T_{A0} 从中变低时

FOOT 位置移动到 DEF 位置时，C、D 断路，电动机停转，出气方式由 FOOT 转变为 DEF。同时微型计算机接通 VT2，使位于面板的 FOOT 指示灯点亮。

　　B. 当预热控制不工作时，ECU 控制出气方式由 DEF 转变为 FOOT 方式。如图 8-52所示，ECU 微型计算机根据水温传感器信号接通 VT1，使驱动电路信号输入端 A 端电路经 VT1 接地为 0，B 端电路断路为 1，根据内部程序图，相应输出端信号 C 端为 1，D 端为 0，即电流由 C 端流出，经电动机由 D 端流回，电动机旋转，带动触点由 DEF 移至 FOOT 位置，最后停转，进入 FOOT 方式。因为 VT2 已接通，而且继续接通，面板 FOOT 指示灯继续点亮。

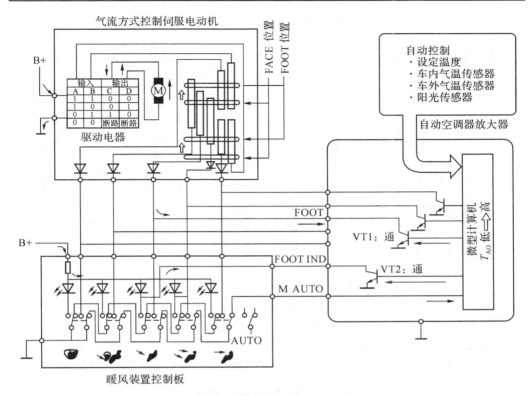

图 8-52　预热控制工作时的电路

6. 进气模式控制原理

（1）进气模式控制系统组成

进气模式风门控制系统包括空调控制计算机、进气模式控制伺服电动机、温度选择键、车内温度传感器、车外温度传感器、阳光传感器等，如图 8-53 所示。

（2）进气模式风门控制模式

为使车内保持良好舒适的环境，进气模式控制一般有以下几种模式，如图 8-54 所示。

（3）进气模式风门控制原理

1）自动控制模式工作原理。ECU 根据 T_{A0} 值确定进气模式，自动选择 RECIRC（车内循环空气）或 FRESH（车外新鲜空气）模式；根据环境温度、车内温度确定进气模式风门的位置；根据阳光强度修正进气模式风门的位置。例如：在无阳光照射的情况下，将温度设定为 25℃，环境和车内温度为 35℃，进气模式风门就会自动设置为 REC（循环）位置，使车内温度能够迅速降低。当车内温度下降到 30℃时，进气模式风门将变为 20％FRE（新鲜）位置；当车内温度达到目标温度 25℃时，进气模式风门设定为 FRE 位置。进气模式风门电路工作过程如下：

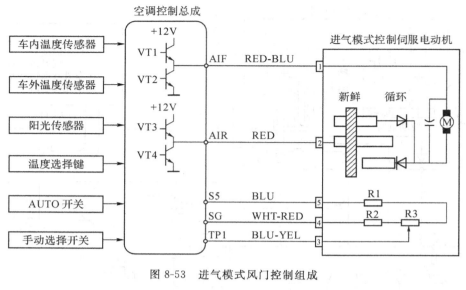

图 8-53　进气模式风门控制组成

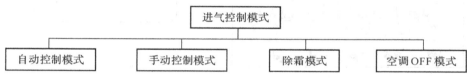

图 8-54　进气模式风门控制模式

A. 进气模式风门从"循环"转向"新鲜"位置。如图 8-55 所示，空调控制计算机接通 VT1 和 VT4，进气模式控制伺服电动机工作。电流方向为：计算机→VT1→进气模式控制伺服电动机→限位装置→VT4→计算机接地。进气模式控制伺服电动机运转，将进气模式从"循环"转至"新鲜"位置。与此同时，限位装置将电动机电路切断。

B. 进气模式风门从"新鲜"转向"循环"位置。如图 8-56 所示，空调控制计算机接通 VT2 和 VT3，进气模式控制伺服电动机工作。电流方向为：计算机→VT3→限位装置→进气模式控制伺服电动机→VT2→计算机接地。进气模式控制伺服电动机运转，将进气模式从"新鲜"转至"循环"位置。与此同时，限位装置将电动机电路切断。

2）手动控制模式原理。可通过 R/F 开关手动选择 RECIRC（车内循环空气）或 FRESH（车外新鲜空气）模式。选择 RECIRC 模式时，电路工作过程与图 8-56 所示相同；选择 FRESH 模式时，电路工作过程与图 8-55 所示相同。

3）除霜模式工作原理。当手动按下 DEF 开关时，将进气方式强制转变为 FRESH 模式，便于清除挡风玻璃上的雾气。

4）DEF/ECON 模式工作原理。当按下"ECON"或"DEF"按钮时，空调 ECU 将进

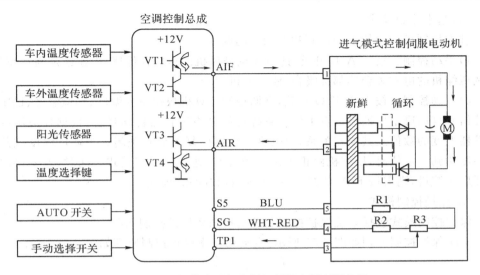

图 8-55　进气模式风门从"循环"转向"新鲜"位置

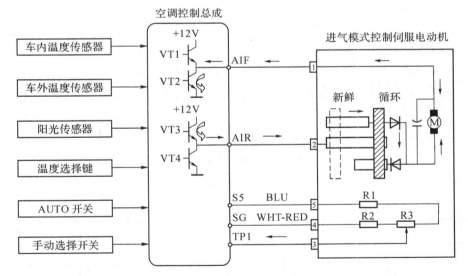

图 8-56　进气模式风门从"新鲜"转向"循环"位置

气模式风门设定在"FRESH"(新鲜空气)的位置。

7. 压缩机控制原理

自动空调压缩机的控制模式包括基本控制模式和保护控制模式两种。基本控制模式用于实现降温功能;保护控制模式用于实现空调系统的高效、安全工作,并用于发动机的功率保护等。

（1）基本控制模式

基本控制模式包括手动控制和自动控制两种。

1）手动控制。按下 A/C 开关,此时无论鼓风机的速度在低速、中速还是高速位置,空调压缩机的电磁离合器都会吸合,使压缩机运转。

2）自动控制。按下 AUTO 开关,空调控制计算机根据室内温度、环境温度、设定温度等信号自动决定压缩机是否工作。系统将使电磁离合器自动吸合,根据环境温度和蒸发器温度的数值及其相互关系,使电磁离合器反复开启和关闭。当环境温度或蒸发器温度达到一定值时,压缩机停止工作,系统自动进入"除霜"模式。此时,若要再次强制开启压缩机,则需按下 A/C 开关,使系统退出"除霜"模式。

（2）保护控制模式

保护控制模式包括系统保护控制和发动机功率保护控制两种。

系统保护控制原理如图 8-57 所示,发动机功率保护控制原理如图 8-58 所示。

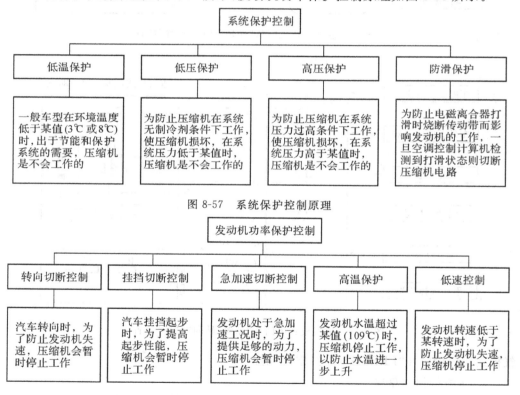

图 8-57　系统保护控制原理

图 8-58　发动机功率保护控制原理

有些自动空调还具有高速切断控制功能,即发动机转速超过某转速时,压缩机停止工作,以保护压缩机。

　　防滑保护功能目前为很多轿车的自动空调所采用。在压缩机工作时,发动机控制计算机通过监控对发动机的转速和压缩机的转速进行比较,如果压缩机转速与发动机转速的比值比预定值小,即监控到压缩机传动带出现打滑现象,计算机将会停止压缩机的工作,以防止事故的发生。

8.4　典型轿车自动空调系统

8.4.1　凌志 LS400 轿车自动空调系统

1. 凌志 LS400 轿车自动空调系统的结构组成

　　日本丰田 LS400 型轿车自动空调系统是一款优秀的智能型轿车全自动空调系统,控制功能完善,性能优良,操作使用方便,空气调节效果好,系统自成一体,具有自诊断功能。

　　该车型有 6 个传感器,分别为车内温度、车外环境温度、蒸发器温度、冷却水温度以及阳光辐射强度、压缩机转速等传感器,其执行器包括控制压缩机磁吸、风机转速和各种风门伺服马达,各马达分别控制温度混合风门、进气模式风门和送风模式风门,风门位置如图 8-59 所示。在自动功能下该空调 ECU(电子控制单元)首先计算送风温度,并根据送风温度控制风机转速、混合风门开度、压缩机离合及送风模式。其电路原理如图 8-60 所示。整个自动空调系统的元件位置布置如图 8-61 所示。

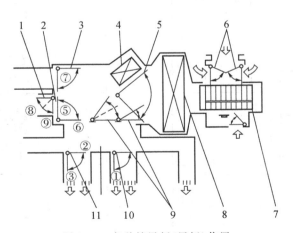

图 8-59　各种挡风板(风门)位置

1—除霜风口挡风板;2—风口挡风板;3—取暖挡风板;4—取暖器芯;5—空气混合挡风板;

6—进风挡风板;7—鼓风机电动机;8—蒸发器;9—最冷控制挡风板;

10—中央风口挡风板;11—后风口挡风板

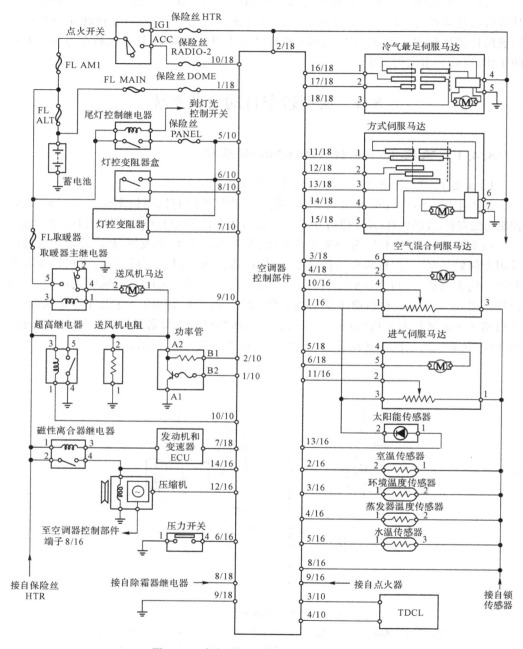

图 8-60　凌志 LS400 自动空调电路原理图

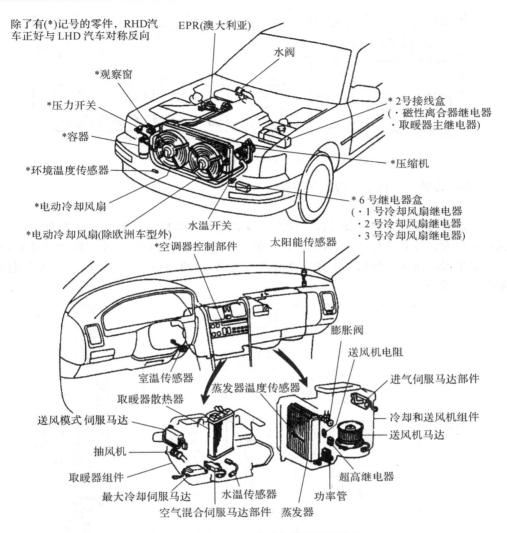

除了有(*)记号的零件，RHD汽车正好与LHD汽车对称反向

EPR(澳大利亚)

水阀

*观察窗

*压力开关

*容器

*环境温度传感器

*电动冷却风扇

*电动冷却风扇(除欧洲车型外)

水温开关

*空调器控制部件

太阳能传感器

*2号接线盒
(·磁性离合器继电器
·取暖器主继电器)

*压缩机

*6号继电器盒
(·1号冷却风扇继电器
·2号冷却风扇继电器
·3号冷却风扇继电器)

膨胀阀

送风机电阻

进气伺服马达部件

冷却和送风机组件

送风机马达

超高继电器

功率管

蒸发器

室温传感器

取暖器散热器

送风模式伺服马达

抽风机

取暖器组件

最大冷却伺服马达

水温传感器

空气混合伺服马达部件

蒸发器温度传感器

图 8-61 凌志 LS400 自动空调部件的位置

2. 凌志 LS400 轿车自动空调系统的控制功能

空调 ECU 与操纵面板制成一体，它对输入的各种信号进行计算、分析、比较后，发出指令，接通所需的电路并指示伺服电动机转动，按照功能选择键的输入指令，打开所需的出风口风门、调节出风温度；按照输入的预设温度，控制温度风门的位置；按照输入气源门的空气来源，指示气源门电动伺服电动机工作等。

(1)凌志轿车空调操纵面板

如图 8-62 所示。

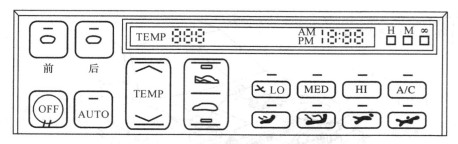

图 8-62   凌志 LS400 自动空调控制面板

(2)凌志轿车空调系统的控制功能

1)计算所需送风温度

空调控制单元根据驾驶员设定的温度及各种传感器输送的数据,向伺服电动机等执行元件发出控制信号,实现各种控制功能。当驾驶员将温度设置在最冷或最热时,空调控制单元将用固定值取代上述计算值进行控制,加快响应速度。送风温度控制原理如图 8-63 所示。

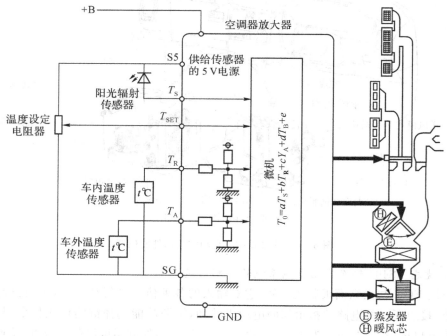

图 8-63   凌志 LS400 自动空调送风温度控制原理图

2)车内温度控制

空调控制单元根据计算出的送风温度及蒸发器温度信号,确定是否向空气混合电动机通电,控制空气混合挡风板的位置,实现车内温度控制。空气混合风门电动机控制原理如图 8-64 所示。

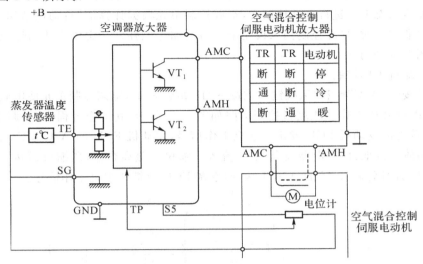

图 8-64 空气混合风门电动机控制原理

3)风机转速控制

风机受空调控制单元控制,调节风机转速。其工作电路如图 8-65 所示。

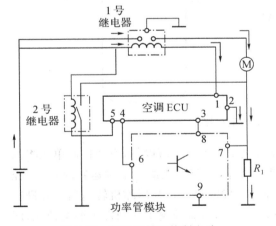

图 8-65 鼓风机转速控制电路

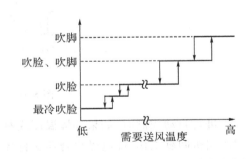

图 8-66 送风方式与送风温度关系曲线

4)进风方式控制

当按下某个进风方式键时,空调控制单元控制进风控制伺服电机转动,将进风挡风板固定在"车外新鲜空气导入"或"车内空气循环"位置上,当按下"自动控制"键时,空调控制单元根据计算值在上述两种方式之间交替改变进风方式。

5）送风方式控制

当按下某个送风方式键时，空调控制单元控制送风控制伺服电机动作，将送风方式固定在相应状态上。进行自动控制时，空调控制单元根据计算值，自动调节送风方式。当计算值非常小时，最冷控制挡风板完全开启增加送风强度。送风方式与送风温度的关系如图 8-66 所示。

6）压缩机工作控制

同时按下"A/C"键和"风机键"，或按下"自动控制"键，空调控制单元使电磁离合器吸合，压缩机开始工作。压缩机控制电路如图 8-67 所示，其工作过程为：空调 ECU 的MGC 端首先向发动机 ECU 发出压缩机工作信号，发动机 ECU 的 A/C MG 端随即通过内部晶体管接地，使继电器吸合，电流流入压缩机电磁离合器，压缩机运转。与此同时，电流也加到空调 ECU 的 A/C 1 端，向空调 ECU 反馈压缩机工作信号。

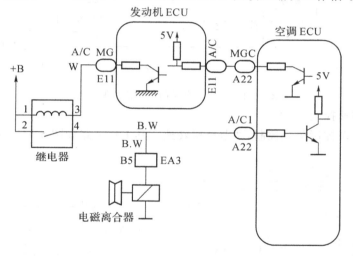

图 8-67　压缩机控制电路

进行自动控制时，如果环境温度或蒸发器温度降到一定值以下，空调控制单元将控制压缩机间歇工作，即电磁离合器交替导通与断开，以节约能源。空调运转时，空调控制单元从发动机点火器及压缩机锁止传感器采集发动机转速与压缩机转速信号并进行比较。如果两种转速信号偏差率连续 3 s 超过 80%，空调控制单元判定压缩机锁死，同时与电磁离合器脱开，防止空调装置进一步损坏，并使操纵面板上的"A/C"指示灯闪烁，提示驾驶员。

3. 凌志 LS400 轿车自动空调系统的故障自诊断

当空调控制单元检测到某些传感器或执行元件电路发生故障时，其故障自诊断系统将故障以代码的形式存储起来，检修时只要按下操纵面板上的设定键，即可读取故障代码。

　　自诊断功能包括三部分,即指示灯检查功能、故障代码检查功能和执行器检查功能。

　　指示灯检查功能:按下操纵面板上的"自动控制"和"车内空气循环"键的同时接通点火开关,即可检查各指示灯。正常情况下,所有指示灯和显示屏上的显示符号以 1 s 的间隔连续闪烁 4 次,同时蜂鸣器鸣叫 40 ms。

　　故障代码检查功能:指示灯检查结束后,系统就开始自动执行故障代码检查功能,此时空调控制单元存储器存储的故障代码就在显示屏上显示出来。显示屏显示的故障有两种,一种是历史故障,已经排除,但故障代码未清除;另一种是目前仍然存在的故障。对于历史故障只显示其代码,对于现存故障,在显示代码的同时蜂鸣器鸣叫。如果同时存在多个故障代码,则按从小到大的顺序依次显示故障代码。按下 OFF 键即可退出诊断状态,拔出熔丝盒内"DOME"熔丝 10 s 以上,即可清除故障代码。

　　执行器检查功能:故障代码检查功能结束后,再按下"车内空气循环"键,就进入执行器检查状态。此时空调控制单元依次检查各执行器工作是否正常。

8.4.2　广本雅阁 2.3 轿车自动空调系统

1. 广本雅阁 2.3 轿车自动空调系统的结构组成

(1)广本雅阁 2.3 轿车自动空调的组成

图 8-68,8-69 所示为广本雅阁 2.3 轿车自动空调的组成示意,图 8-70 为广本雅阁 2.3 轿车自动空调控制面板。

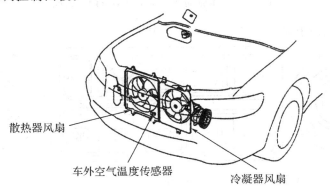

散热器风扇

车外空气温度传感器　　　　　冷凝器风扇

图 8-68　广本雅阁轿车自动空调的车外温度传感器

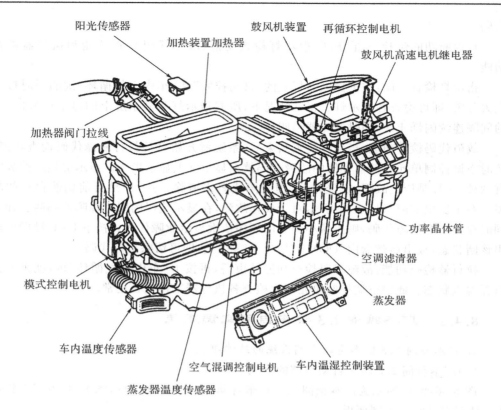

阳光传感器
加热装置加热器
鼓风机装置
再循环控制电机
鼓风机高速电机继电器
加热器阀门拉线
功率晶体管
空调滤清器
模式控制电机
蒸发器
车内温度传感器
空气混调控制电机
车内温湿控制装置
蒸发器温度传感器

图 8-69　广本雅阁 2.3 轿车自动空调的组成

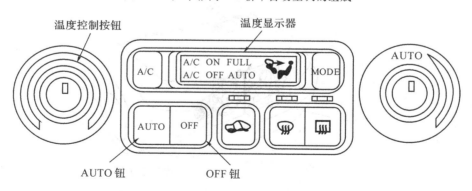

温度控制按钮
温度显示器

A/C ON FULL
A/C OFF AUTO

A/C
MODE
AUTO

AUTO OFF

AUTO 钮
OFF 钮

图 8-70　广本雅阁轿车自动空调控制面板

(2)广本雅阁轿车自动空调线路图

图 8-71(见本书末插页图)所示为广本雅阁轿车自动空调线路图,图 8-72 所示为广本雅阁轿车自动空调风道示意图。

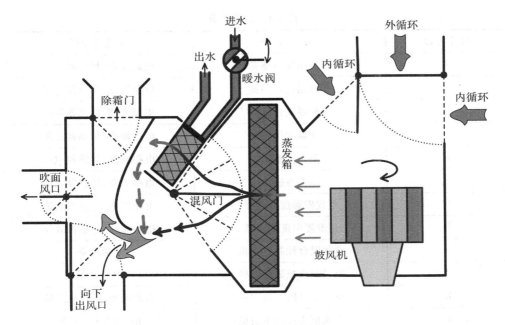

图 8-72 广本雅阁轿车自动空调风道示意图

2. 广本雅阁 2.3 轿车自动空调系统的自诊断

（1）故障码的读取

接通点火开关 ON，并将温度控制按钮调到 MAX COOL（最冷）位置，然后再调到 MAX HOT（最热）位置。1 min 后，按下 AUTO 钮，并且在继续按压 AUTO 钮的同时，按下 OFF 钮。在按压两个按钮时，如果系统有任何异常，温度显示器（从 A 到 N 笔画段）将分别工作，以指示相应故障的部件，温度显示器将会以每 1 s 为间隔重复显示"88"（全部的笔画段），如图 8-73 所示。

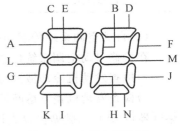

图 8-73 广州本田雅阁
轿车温度显示器

在出现故障时，有关的指示灯就会工作，若同时出现多个故障，则有关的指示段（灯）会同时闪亮。若指示灯 A,C,E,C,I 和 L 同时工作，则表明传感器共用导线可能存在断路故障。

（2）故障码的清除

关闭点火开关会消除自诊断功能。完成维修工作后，应再次起动自诊断功能，以确认不存在其他故障。

（3）故障码表（见表 8-4）。

表 8-4　故障码表

显示器段	出故障的部件	可能的原因
A	车内温度传感器	电路断路,传感器故障
B	车内温度传感器	电路短路,传感器故障
C	车外温度传感器	电路断路,传感器故障
D	车外温度传感器	电路短路,传感器故障
E	阳光传感器	电路断路,传感器故障
F	阳光传感器	电路短路,传感器故障
G	蒸发器温度传感器	电路断路,传感器故障
H	蒸发器温度传感器	电路短路,传感器故障
I	空气混合控制电动机	电路断路
J	空气混合控制电动机	电路短路
K	空气混合控制电动机	通道阻塞,电动机故障
L	送风模式控制电动机	电路短路或断路
M	送风模式控制电动机	通道阻塞,电动机故障
N	鼓风机电动机	电路断路或短路,电动机故障
A、C、E、G、I、L	传感器公共地线	电路断路

(4)自动空调系统传感器的检测

在检修自动空调系统传感器前,应先作以下检查:

1)检查发动机冷却液位,发动机能否上升至正常的温度。

2)检查发动机盖下熔断器/盒内的 56 号熔断器(40A)、57 号熔断器(20A)和 58 号熔断器(20A)、驾驶席侧仪表板下熔断器/继电器盒内的 3 号熔断器(7.5A)、副驾驶席侧仪表板下熔断器/继电器盒内的 13 号熔断器(7.5A)是否正常。

3)检查地线,如 G101、G201、G401 等连接是否良好。

具体传感器的检查参见传感器工作原理与线路图或本田雅阁维修手册。

8.4.3　帕萨特领驭轿车自动空调系统

1. 帕萨特领驭轿车自动空调系统的结构组成

帕萨特自动空调系统由空调控制操纵显示面板、传感器组件和执行器组件三部分组成,如表 8-5 所示。

表 8-5　帕萨特自动空调系统组成分类

传感器组件	控制器组件	执行器组件
阳光入射光电传感器(G107)	操纵和显示单元(E87)	电磁离合器(N25)
新鲜空气道温度传感器(G89)	空调压力开关(F129)	制冷剂风扇
中央出风温度传感器(G191)		散热器风扇(V7)
脚部空间出风温度传感器(G192)	自动调节空调 控制单元(J255)	新鲜空气鼓风机(空调电机,V2)
仪表板温度传感器(G56)		温度活门电机(V68)
冷却液温度传感器(G62)(G2)		新鲜空气与循环空气活门电机(V71)
环境温度传感器(G17)	空调切断控制单元(J314)	中央活门电机(V70)
		脚部空间与除霜活门电机(V85)

　　图 8-74、图 8-75 所示为各部件的位置示意图。其中空调控制操纵显示面板包括了自动空调系统控制单元(J255)、操纵和显示单元(E87)、仪表板温度传感器(G56)与温度传感器鼓风机(V42),它们是一个不可分割的整体,如图 8-76 所示。

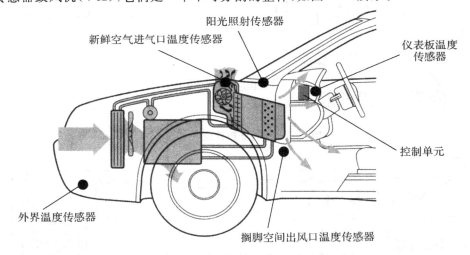

图 8-74　传感器组件位置示意图

　　自动空调系统工作时,由操纵和显示单元发出指令,再将仪表板温度传感器(G56)、阳光照射光电传感器(G107)、外界温度传感器(G17)、新鲜空气道温度传感器(G89)、中央出风温度传感器(G191)、搁脚空间温度传感器(G192)、蒸发器温度传感器(G308)、空调压力开关(E129)等传感器组件信号传给控制单元 J255,控制单元发出指令,控制温度活门的开度及新鲜空气鼓风机(空调电机 V2)的转速,达到温度控制的目的。同时,控制单元还发出指令,控制温度活门电机(V68)、新鲜空气与循环空气活门电机(V71)、中央活门电机(V70)、脚部空间与除霜活门电机(V85)的开度,对电磁离合

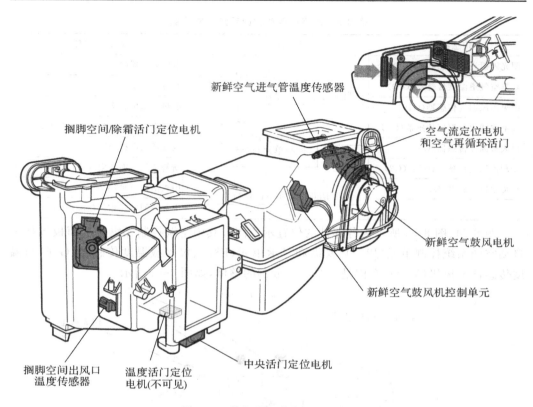

新鲜空气进气管温度传感器

空气流定位电机
和空气再循环活门

搁脚空间/除霜活门定位电机

新鲜空气鼓风电机

新鲜空气鼓风机控制单元

搁脚空间出风口
温度传感器

温度活门定位
电机(不可见)

中央活门定位电机

图 8-75　执行器组件位置示意图

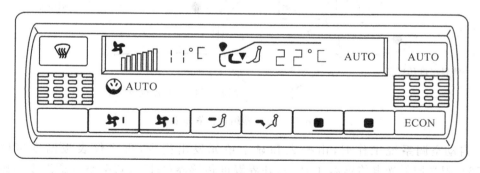

图 8-76　空调操作显示面板示意图

器(N25)、冷却风扇进行调节。

　　外界温度传感器(G17)位于车辆前部,如图 8-77 所示。它记录车辆的外部环境的温度并传送至自动空调控制器。控制单元根据此信号来控制温度活门与新鲜空气鼓风机转速,若此传感器出现故障,则由在进气道中的第二空气温度传感器信号替代;如果

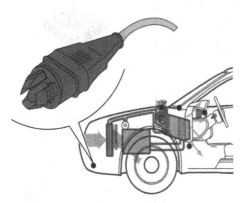

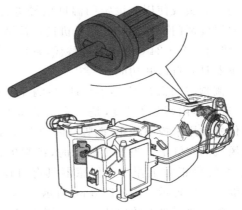

图 8-77　外界温度传感器(G17)位置示意图　　图 8-78　新鲜空气道温度传感器(G89)位置示意图

两信号均出现异常,则由控制单元预先设定值+10℃替代,空气再循环停止。该传感器具有自诊断功能。

　　新鲜空气道温度传感器(G89)位于新鲜空气进气管道内,它是第二个实际外界温度的测量点,安装位置如图 8-78 所示。自动空调控制单元根据此信号来控制温度活门与新鲜空气鼓风机转速,若此传感器出现故障,则由位于车辆前方的第一空气温度传感器信号替代。该传感器具有自诊断功能。

　　带温度传感器鼓风机(V42)的仪表板温度传感器(G56)直接集成在控制单元内并将实际的内部温度传递到控制单元。它处于温度传感器鼓风机的空气流中,而鼓风机 V42 是用来排出车内的空气的,其安装位置如图 8-79 所示。仪表板温度传感器的测量

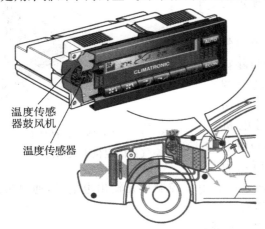

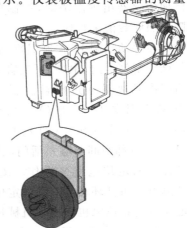

图 8-79　带温度传感器鼓风机(V42)的
仪表板温度传感器(G56)位置示意图

图 8-80　搁脚空间温度传感器
(G192)位置示意图

值与驾驶员或使用者设定的温度信号进行比较,再由控制单元对温度活门和新鲜空气鼓风机进行控制。若此信号出现故障,将用一个＋24℃的预设值替代,系统仍保持工作。该温度传感器具有自诊断功能。

图 8-81　阳光传感器
(G107)示意图

搁脚空间温度传感器(G192)测量从暖风/空调吹出的(并进入车内)风的温度,是一个负热敏系数的温度传感器。该信号被用来控制除霜/搁脚空间的空气分布,以及新鲜空气鼓风机的空气量。当发生故障时,控制单元以＋80℃信号替代,系统仍正常工作。该传感器具有自诊断功能。其位置示意图如图 8-80 所示。

阳光照射光电传感器(G107)用来记录车内乘客在阳光照射下的情况,根据空调类型的不同,系统可以通过一个或两个传感器测量阳光照射在车内左侧或右侧的强度。阳光传感器实质是一个光电传感器,当没有入射光时,只有很少的电流流过二极管。当阳光传感器暴露在阳光照射下时,流过后电流便增加,阳光照射强度越大,电流便越大,控制单元控制相应的温度活门和新鲜空气鼓风机动作,图 8-81 所示为阳光传感器示意图。当该项传感器出现故障时,控制单元以预定的阳光照射数值来替代。

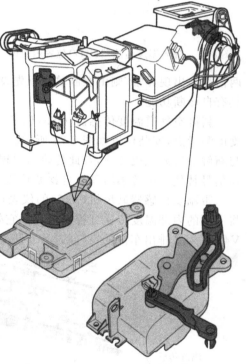

图 8-82　新鲜空气再循环和
空气活门定位电机示意图

在手动空调中,控制温度活门、新鲜空气与循环空气活门、中央活门、脚部空间与除霜活门由驾驶员通过拉索控制。在自动空调中,控制温度活门电机(V68)、新鲜空气与循环空气活门电机(V71)、中央活门电机(V70)、脚部空间与除霜活门电机(V85)由电子控制的定位电机来操作。图 8-82 所示为新鲜空气再循环和空气活门定位电机示意图。电子控制单元输出电信号,通过带定位电位计的定位电机转换为机械量控制活门。

2. 帕萨特领驭轿车自动空调系统的配气系统

配气系统空气管道和分配因暖风/空调的结构与所要求的舒适性程度而不同。在空调模式下,热交换通道关闭,热空气经蒸发器流向出风口,形成冷气。如图 8-83

所示。

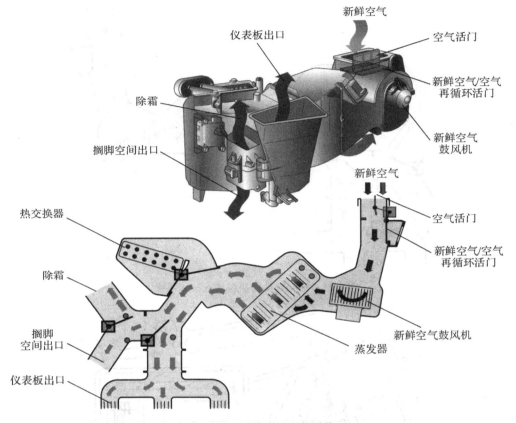

新鲜空气

仪表板出口

空气活门

除霜

新鲜空气/空气
再循环活门

搁脚空间出口

新鲜空气
鼓风机

新鲜空气

热交换器

空气活门

除霜

新鲜空气/空气
再循环活门

搁脚
空间出口

新鲜空气鼓风机

仪表板出口

蒸发器

图 8-83　空调模式下配气系统

在温度自动控制模式下,热空气经蒸发器被冷却,同时部分冷空气流向热交换器形成热风,两股冷热风在出风口前混合得到所需要的温度。如图 8-84 所示。

3. 帕萨特领驭轿车自动空调系统的故障自诊断

(1)自动空调系统故障码的读取与清除

使用专用解码器,找出在挡位杆处自诊断插座的位置,如图 8-85 所示。

进入系统 08,输入功能 02 读取故障码,故障码表如表 8-6 所示。

进入系统 08,输入功能 05 即可清除故障码,但必须在确保故障已排除的前提下清除。

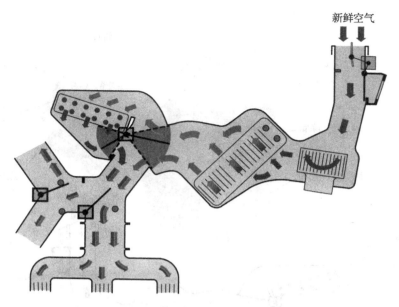

新鲜空气

图 8-84　温度自动控制模式下配气系统

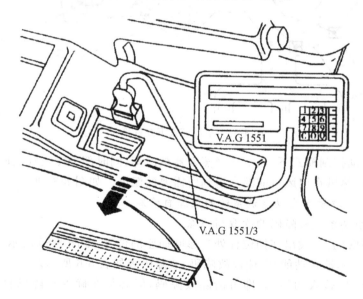

图 8-85　帕萨特诊断插座的位置

表 8-6　帕萨特自动空调故障码表

故障码	故障码内容
0000	未发现任何故障
65535	控制单元
01297	脚部空间出风口温度传感器－G192－ 断路/对正极短路/搭铁后短路
00532	电源电压
00538	基准电压
01296	中间出风口温度传感器－G191－断路/对正极短路/搭铁后短路
00792	空调装置的压力开头－F129－
00779	外界温度传感器－G17－ 断路/对正极短路/搭铁后短路
00787	新鲜空气道温度传感器－G89－ 对正极短路或断路/搭铁后短路
00603	脚部空间/除霜伺服电机－V85－
01206	停止时间信号
00281	行使速度传感器－G68－ 目前不能检查
00797	阳光入射的光电传感器－G107－ 断路/对正极短路/搭铁后短路
01271	温度调节活门的伺服电机
01272	总活门的伺服电机－V70－
01273	新鲜空气鼓风机－V2－,(带有新鲜空气鼓风机的控制单元－J126－)
01274	风滞压力活门伺服电机－V71－

（2）自动空调系统故障码的编码与基本设定

当更换空调电脑后,要求用专用解码器对空调电脑进行编码。如果没有编码,空调显示器会闪光 15s。对电脑编码后,要求对空调进行基本设定;或空调存在不明故障,也可对空调进行基本设定;或拆装空调各伺服电机或蓄电池,也建议进行基本设定。

帕萨特自动空调系统基本设定的设定码为:"000"。

用解码器进入系统"08",输入功能码"04"基本设定,输入通道号"000"即可。

用解码器进入系统"08",输入功能码"07"编码,根据不同车型,查空调编码表 8-7,或按旧电脑的 Coding 码,输入五位数通道号即可。

表 8-7　空调编码表

编　码	汽　车	编　码	汽　车
02000	除日本外一切国家	05000	除日本外一切国家,1998.11
02100	日本	05100	日本,1998.11

（2）自动空调系统电路原理图

图 8-86（见本书末插页图）所示为帕萨特领驭轿车自动空调系统电路原理图。

实训 6　汽车自动空调系统的检修

1. 实训目的与要求

(1)掌握汽车自动空调的基本结构、工作原理；

(2)掌握典型车型(广本、帕萨特)自动空调的风机模式切换工作过程；

(3)掌握典型车型(广本、帕萨特)自动空调的检修。

2. 实训内容

(1)对照汽车自动空调部件再认识汽车自动空调的结构、工作原理；

(2)典型车型(广本、帕萨特)自动空调的风机模式切换工作过程演示；

(3)典型车型(广本、帕萨特)自动空调的检修。

以广本自动空调(自动空调实验台)为主进行实训。

3. 工具、仪器与设备

(1)常用拆装工量具若干套；

(2)万用表若干；

(3)自动空调实验台 2 台。

4. 实训步骤

实验安排：时间为 2 学时。先由教师讲解、示范，学生听、观察并操作。

利用自动空调实验台(广本、帕萨特)，掌握：

1)自动空调部件的认识，风道走向；

2)自动空调模式风机工作过程与控制原理。

观察解剖自动空调风机的工作过程，了解风道是如何切换的；结合实验台面板观察模式电机作用时风机的动作情况等。

作业 1　广本/帕萨特自动空调模式电机与风道工作情况

风道名称	与模式电机关系	对应空调面板操作按钮

根据风道情况，画出该车型的风道走向图。

3)自动空调系统的检修

利用实验台设置相应故障，由学生根据工作原理及电路图进行检修。

作业 2　广本/帕萨特自动空调的检修

故障现象描述	原因分析	排除方法

5. 注意事项

(1) 线路连接过程中,尽可能注意电源安全问题;

(2) 注意操作规范,保证安全实训。

6. 实训考核要求

(1) 正确掌握自动空调线路的检修(以自动空调实验台或自动空调整车);

(2) 明确自动空调的工作过程及原理。

7. 鉴定说明(含鉴定方式)

(1) 考核时间为 30 分钟;

(2) 考核过程中任何人不得提示,各人应独立完成检修工作;

(3) 主考人有权随时检查是否符合操作规程及技术要求,但应相应折减所影响的时间;

(4) 若有作弊行为,一经发现一律按零分处理,不得参加补考;

(5) 考核前应准备考核所需仪器设备与器材:自动空调实验台、万用表、电线若干。

(6) 主考人应在考核结束后填写考核所用时间并签名。

8. 评分标准

根据操作步骤,采用倒扣法评分,具体如下表。

班级：　　　　　　姓名：　　　　　　　学号：

序号	考 核 内 容	配分	评 分 标 准	考核记录	扣分	得分
1	正确使用工具、仪器	10	工具使用不当扣 10 分			
2	正确口述自动空调工作原理	40	口述自动空调温度自动控制基本工作原理,错误每扣 5 分			
			自动空调部件指认,每错扣 5 分			
			操作并口述自动空调风道切换过程每扣 5 分			
3	使用仪器对自动空调进行检修	40	万用表不当酌情扣分			
			检查线路不当酌情扣分			
			检修步骤明显错误扣 10 分			
			操作导致其他故障每扣 5 分			
			不会分析线路酌情扣分			
4	整理工具,清理现场	10	每项扣 2 分,扣完为止			
	安全用电,防火,无人身、设备事故		因违规操作发生重大人身或设备事故,按 0 分计			
5	分数总计	100				

备注：

监考教师：　　　　　主考教师：　　　　　　　年　　月　　日

思考题

1. 现在不少轿车采用了双区自动空调,它与传统的自动空调有何异同?

2. 半自动空调与自动空调有何差异,试以 POLO 车为例分析比较。

3. 冬天在发动机水温未到正常工作温度情况下,某些车采用了什么装置使冬天能尽快使用暖气功能?

4. 查阅资料,举例说明哪些车型自动空调鼓风机等执行器采用了 LIN 总线控制?

第 9 章

汽车数字仪表与综合信息显示系统

【应知】

1. 数字仪表的结构与工作原理
2. 常用仪表组件的工作方式
3. 综合信息显示系统的结构与工作原理

【应会】

1. 熟练认识数字仪表各符号及功能
2. 熟练运用仪器检修数字仪表故障
3. 熟练运用维修资料与仪器检修综合信息显示系统故障

汽车仪表是驾驶员与汽车进行信息交流的重要接口和界面,用来指示车辆运行以及发动机运转的状况,为驾驶员提供所需的汽车运行参数、故障、里程等信息,以便驾驶员随时了解汽车各系统的工作情况,保证汽车安全而可靠地行使。这些仪表有的显示汽车的常规运行参数,有的显示某些极限参数。

由于传统的仪表都是采用电热式或电磁式的结构原理,都是通过指针和刻度实现模拟显示,只能给驾驶员提供汽车运行中必要而又少量的数据信息,仅对车速、发动机转速、燃油消耗率等信息进行监测、传递及通过指针和刻度盘实现模拟显示。这些仪表结构简单,精度不高,可靠性差,体积较大,显示的信息量少,视觉特性不好,而且还易使驾驶员眼睛疲劳,难以满足人们对汽车舒适性和方便性等方面愈来愈高的要求。

现代汽车仪表的功能已不仅仅是单纯的指示,而是通过对汽车各部件参数的监测和微处理机配套,形成一个集感觉、识别、情况分析、信息库、适应和控制六大功能于一体的提供行驶信息、保障安全驾驶的智能化系统,从而达到控制汽车各种运行工况的目的。

现代汽车仪表正向数字化方面发展。数字化仪表是当今和未来一段时间汽车仪表显示装置的主导技术,市场前景十分广阔。同时由于现代汽车电控系统的发展,汽车电控系统所用的传感器不断增多,汽车仪表的电子数字显示系统,从简单地显示传感器信息,发展成为可以对各种信息进行分析计算、加工处理的综合信息处理系统,如图9-1所示。汽车仪表正逐步成为多功能信息显示中心,把驾驶员需求的更多信息及时地显示出来,如故障诊断、地形图显示、导航及各种信息。汽车仪表作为信息显示中心是大势所趋。

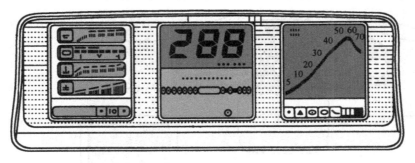

图 9-1　汽车电子数字仪表

9.1　汽车数字仪表

近年来汽车电子仪表的发展从模拟电子仪表到数子电子仪表,从单纯的 LED 显示到 LCD 显示,从指针式显示到纯数字显示。汽车数字仪表由于其舒适性、直观性正广泛受到应用。图 9-2 为传统模拟显示仪表与数字显示仪表的对照。

(a) 传统模拟显示仪表　　　　　　　　　(b) 数字显示仪表

图 9-2　传统模拟显示仪表与数字显示仪表的对照

传统的电子模拟仪表尽管目前在汽车中得到了广泛应用,但存在准确性差及信息显示内容量少等局限性,而多功能、高精度、高灵敏度、读数直观的电子数字显示及图像显示的仪表,因其丰富的信息显示,以及良好的可拓展性、安全性受到青睐。但由于数字仪表的传感器、执行器(步进电机)及处理器技术要求高,目前只在中高档轿车中大量应用。现代轿车更多使用的是电子模拟仪表与数字式仪表的模块化组合仪表,其最突出的特点是功能的模块化,组装一块仪表时通常只需将几个功能模块在定制 PCB 的基础上联合起来,就可以得到一个完整的系统。典型的模拟仪表由指针仪表区、信息显示区及指示灯显示区等组合而成。如图 9-3 所示为各种组合仪表。

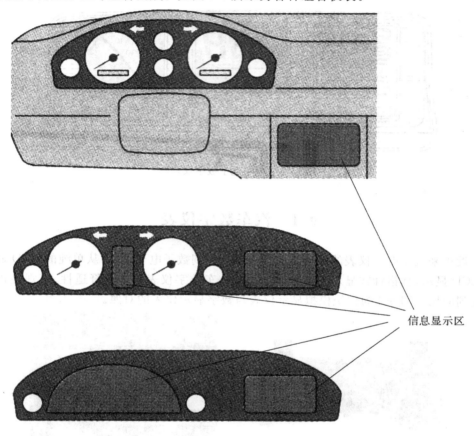

信息显示区

图 9-3 各种组合仪表

现代数字式仪表大多采用步进电机结构形式,所有传感器的模拟或数字信号全部转化成驱动步进电机的数字信号,由中央处理器 CPU 处理完后,将驱动信号输送到各自的步进电机式指示仪表并使之工作,这种用全数字技术驱动的指示仪表精度高,统一机芯结构成本低。数字仪表 IC 主要包括液晶显示驱动、D/A 转换等。数字仪表的发展也带动了仪表显示方式和照明方式的革新,仪表显示方式由传统的机械指针式向阴极射线管(CRT)、液晶显示(LCD)、激光模拟指针显示等多种形式发展。同时,仪表的照明系统运用了具有寿命长、功耗低、照度均匀、发热量低等优点的微型高亮度发光二极管(LED)、等离子体(PDP)以及电子发光(EL)等多种新型照明方式。

9.1.1　汽车电子数字仪表的结构与工作原理

1. 汽车电子仪表结构

表针式仪表是把模拟信号送入仪表,然后驱动表针,因此这种仪表是一种模拟仪表。汽车电子仪表,又称数字式仪表,是把外界模拟信号数字化后送入仪表电子控制单元(ECU),经过处理变成数字信号,再驱动荧光屏、液晶显示屏、数码管等显示器件或步进电动机,通过数字、字母、柱形图或表针(表针由步进电动机驱动)显示出温度、电压、油压、燃油、发动机转速、车速、里程等信息。图 9-4 所示是马自达轿车采用的一种数字式仪表的外形图。

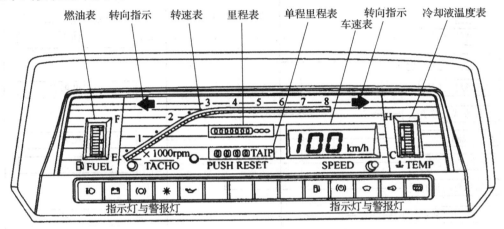

图 9-4　马自达轿车电子仪表外形图

无论是指针式仪表,还是数字式仪表,它们均由三部分组成。一是传感器部分,主要包括车速传感器、燃油传感器、冷却液温度传感器等;二是显示控制单元部分(也称电脑或 ECU),主要包括输入接口电路、微控制器、存储器、显示驱动电路等;三是执行器件,主要包括转速表、速度表、燃油表、温度表、里程表等,这些仪表既可以采用指针式仪表,也可以采用数字式仪表。汽车电子数字仪表的组成如图 9-5 所示。

大多数汽车数字仪表都有自诊断功能,每当打开点火开关时,数字仪表板便进行一次自检,也有的仪表板采用诊断仪或通过按钮进行自检。自检时,通常整个仪表板发亮,同时各显示器都发亮。自检完成时,所有仪表均显示出当前的检测值。如有故障,便以警告灯或给出故障码提醒驾驶员。因此,汽车数字仪表的维修十分方便。

2. 汽车电子数字仪表工作原理

典型的汽车电子数字仪表与显示系统有若干模拟传感器,将检测到的模拟信号或数字信号送到显示控制单元的输入接口电路,通过接口电路再送到微控制器进行处理,

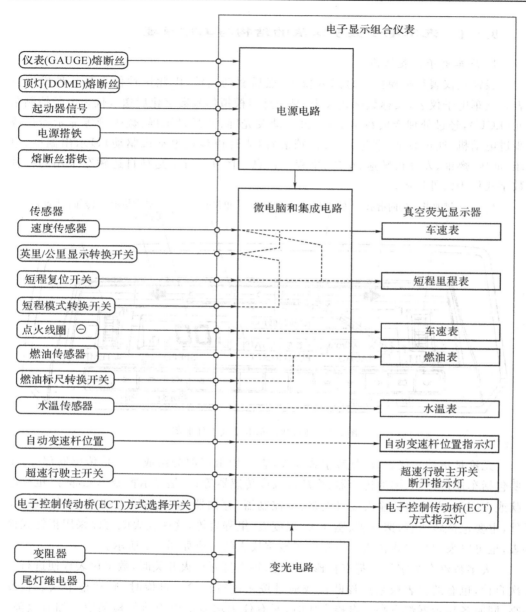

图 9-5　汽车电子数字仪表的组成示意图

处理后信息以数字或开关信号形式由显示驱动电路进行输出，驱动各仪表显示装置显示出传感器所检测到的信息。

　　微机控制的燃油表系统结构如图 9-6 所示。微机给燃油传感器施加固定的＋5V

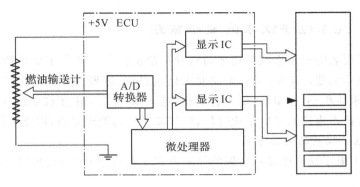

图 9-6　微机控制燃油表系统结构

电压,并将燃油传感器输出的电压通过 A/D 转换后送至微机进行处理,控制显示电路以条形图方式显示处理结果。为了在系统第一次通电时加快显示,通常 A/D 转换不到 1 s 进行一次。在一般的运行环境下,为防止因汽车行驶时油箱中燃油晃动对浮子的影响等因素造成的突然摆动而导致显示不稳定,微处理器将 A/D 转换的结果每隔一定时间平均一次。另外,鉴于仅靠平均办法还不足以使显示完全平稳下来,系统控制显示器只允许在更新数据时每次仅升降一段,并且显示结果经数次确认后才显示出来。微机接收到油量信息时,立即将其转换为操作显示器的电压信号,显示器上有 16 格亮杆,亮杆愈多,油量愈多。亮格旁有国际标准油量符号(即 ISO 油量符号)及 5 个粗亮格,每两个粗亮格之间代表 1/4 油位,ISO 符号上下有空(E)与满(F)符号。当油量逐渐减少时,亮杆自上向下逐渐熄灭,当油量减至危险值时,ISO 符号即闪烁,提醒驾驶员补充燃油。Chrysler 汽车公司采用的光条式电子仪表,如图 9-7 所示。

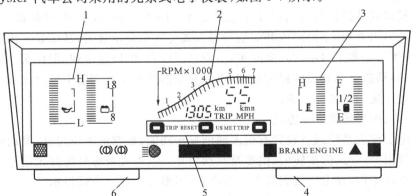

图 9-7　美国 Chrysler 汽车公司采用的光条式电子仪表

1—机油压力表和电压表显示器;2—车速里程表和转速表显示器;
3—发动机温度表和燃油表显示器;4,6—指示灯泡;5—按钮式控制器

9.1.2 汽车电子仪表的显示系统

汽车电子仪表的显示系统是用来向驾驶员指示汽车上各个主要系统工作情况的。现代汽车对显示的要求越来越高,不仅要求显示直观、清晰、稳定,响应速度快,显示精度高,而且要求体积小、质量轻、便于装配和维护。随着汽车电子仪表的开发和使用,汽车仪表的显示技术也进入了电子化时代,这些装置的功能更完善,性能更优越。

1. 汽车电子仪表的显示方式

目前,汽车电子仪表中显示装置的显示方式主要有指针指示、数字显示、声光和图形辅助显示等。

(1)指针指示方式

传统的汽车仪表都采用机械指针指示仪表刻度,这种方式结构简单,工作性能稳定可靠,因此仍有一些汽车中使用指针指示仪表,如奥迪 100 轿车仪表板中的水温表、燃油表等均采用机械指针指示方式。夏利 2000 轿车则在安装数字式仪表的同时,让客户自己决定是否选装模拟式仪表。由于机械指针指示仪表抗振性能差,指针抖动造成读数不准,也不利于汽车仪表的全电子化。因此,大多数厂家采用点阵模拟指针代替机械指针,一方面能保留传统的指针指示仪表刻度的方式,另一方面又能克服机械指针容易抖动的不足。点阵模拟指针的指示方式是将所要显示的信号转化为一定角度的点阵发光带来模拟指针。从实际结果来看,模拟指针指示方式是比较理想的显示方式,但其技术要求较高,成本也较高,有待于进一步的研究开发。

(2)数字显示方式

完整的汽车电子仪表系统,一般应采用数字逻辑电路或微机控制系统。将汽车通常采用的模拟式传感器的输出信号经电路或 A / D(模拟量/数字量)转换器转换(经微机处理)后,再以数码、字形码或开关信号等形式传输给显示装置,从而显示出相应的数字、字母或图形。数字显示方式容易实现,而且精度高、响应速度快,但作为车速显示时变化太快,容易造成驾驶员的视觉疲劳,有的显示器件在阳光直射下清晰度不高。这些缺点尚有待于进一步研究完善。

(3)声光、图形辅助显示方式

汽车电子仪表系统通常设置有很多辅助显示功能,如燃油液位过低、发动机冷却液温度过高等报警信号,汽车转向、倒车及制动信号,远、近光及雾灯等灯光信号等。这些装置是否正常工作,在电子仪表盘上可用声光、图形辅助显示方式显示。

2. 电子显示器件

电子显示器件在汽车电子仪表中是重要的元器件之一。目前在汽车上常用的电子显示器件大致分为两大类,即主动显示型和被动显示型。主动显示型的显示器件本身辐射光线,有发光二极管(LED)、真空荧光管(VFD)、阴极射线管(CRT)、等离子显示器件(PDP)和电致发光显示器件(ELD)等；被动显示型的显示器件相当于一个光阀,它的显示靠另一个光源来调制,有液晶显示器件(LCD)和电致变色显示器件(ECD)等。这些均可作为汽车电子显示器件使用,既可做成数字式的,也可做成图形或指针式的。

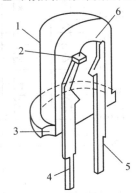

　　由于汽车的工作条件较为苛刻,所以要求汽车电子仪表所使用的电子显示器件具有很高的可靠性,各种信息的显示必须准确、及时、清晰、可靠。作为信息终端显示,用阴极射线管(CRT)最好,但其体积太大。所以作为汽车电子仪表用显示器件,用得最多的还是真空荧光显示管(VFD)和液晶显示器(LCD),它们的性能和显示效果都比较好。

图 9-8　发光二极管的结构

1—塑料外壳；2—二极管芯片；

3—阴极缺口标记；4—阴极引线；

5—阳极引线；6—导线

　　(1)发光二极管

　　发光二极管实质上是一种晶体管,结构见图 9-8。发光的颜色有红、绿、黄、橙等,可单独使用,也可用来组成数字。在实际应用中,常把它焊接到印刷电路板上,以形成数字显示或带色光杆显示。用七只发光二极管组成的数码显示装置,见图 9-9。有些仪表则用发光二极管组成光点矩阵型显示器,见图 9-10。

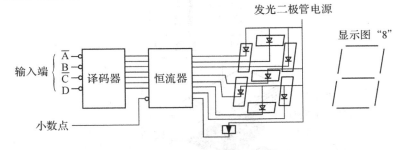

图 9-9　七段发光二极管显示装置

　　发光二极管具有响应速度较快、工作稳定、可靠性高、体积小、质量小、耐振动、寿命长等优点,因此汽车电子仪表中常用发光二极管作为汽车仪表板上的指示灯、数字符号段或点数不太多的光杆图形显示。

　　(2)真空荧光显示器

　　真空荧光显示器是一种主动型显示器件,由于使用寿命长,色谱宽,易于和控制电路连接,环境温度适应性强,可改变其显示亮度,能显示数字、单词和柱状图表等特点,是最常用的数字显示器。

　　真空荧光显示器实际上是一种低压真空管,由玻璃、金属等材料制成。图 9-11 所

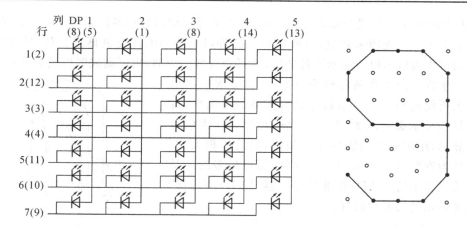

图 9-10　发光二极管组成的点阵显示器

示为汽车用的数字式车速表的真空荧光显示器,由灯丝、栅格、阳极和玻璃罩组成。其中,灯丝为阴极,与电源"一"极相接;阳极为涂有荧光物质的屏幕,与电源正极相接。它采用的是 20 字符段图形(也有采用 7 或 14 字符段图形),每个字符段由电子开关单独控制通电状态;在灯丝与阳极之间有栅格,整个装置密封在被抽成真空的玻璃罩内。

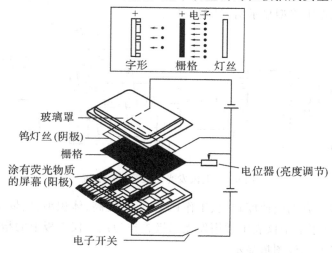

图 9-11　真空荧光显示器结构

真空荧光管(VFD)的工作原理如图 9-12 所示,当阴极灯丝通电时,灯丝发热,释放电子。由于栅格的电位比阴极高,电子被栅格吸引;而阳极的电压更高,这样一些电子穿过栅格,均匀地打在阳极的字符段上。凡是由电子开关通电的字符段,受电子轰击后发亮,而未通电的字符段发暗。这样通过控制字符段通电状态,就可形成不同的显示数字。

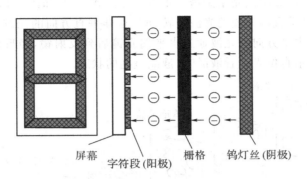

图 9-12　真空荧光管(VFD)的工作原理

屏幕　　字符段(阳极)　　栅格　　钨灯丝(阴极)

　　真空荧光显示器十分明亮,大多数经制造厂处理后,当接通灯光开关时,已将真空荧光显示器的亮度降至 75%。为使白天有足够的亮度,通过灯光开关的电位器可使真空荧光显示器的亮度增强。

　　由于真空荧光显示器是一种真空管,为保持一定的强度,必须采用一定厚度的玻璃外壳,故体积和质量较大。

　　(3)液晶显示器

　　液晶是一种有机化合物,由长形杆状分子构成。在一定的温度范围内,它既具有普通液体的流动性,也具有晶体的某些特征。液晶的光学性质是随着分子排列方向的变化而变化,当在液晶上加一个电场时液晶杆状分子的长轴方向发生变化,因此液晶的光学性质也发生变化。液晶显示器是一种被动显示装置,具有显示面积大、耗能少、显示清晰、在阳光直射下不受影响等特点,所以应用十分广泛。

　　液晶显示器需要外来光源,因为其自身不能发光,只能起到吸收、反射或透光的作用。外来光源可以是日光,也可以是人为光源。人为光源可以由灯光开关控制,也可以由点火开关的 RUN 或 ACC 挡控制。

　　液晶显示器是一种新型的非发光型平板显示器,其构造如图 9-13 所示。在前、后玻璃板之间夹有一层液晶,外表面分别贴有前、后偏光镜,在玻璃板的后面有反射镜。

　　前偏光镜是垂直偏光镜,后偏光镜是水平

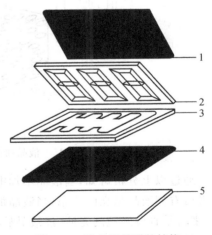

图 9-13　液晶显示器的结构
1—前偏光镜;2—前玻璃板;3—后玻璃板;
4—后偏光镜;5—反射镜

偏光镜。液晶显示的数字或光条是透过垂直偏光镜观看的,如图 9-14 所示。液晶的分子排列方式将来自垂直偏光镜的光波旋转 90°,这样垂直方向的光波通过液晶后,变成水平方向的光波,水平方向的光波通过水平偏光镜后到反射镜,经反射镜后,按原路反射回去,这时透过垂直偏光镜看液晶时,液晶呈亮的状态。

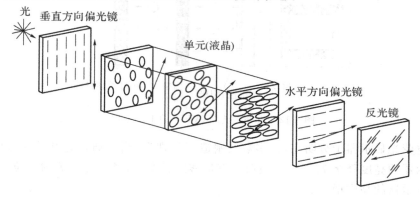

图 9-14　液晶将垂直光波旋转 90°

由图 9-15 可知,当给液晶加上一个电场时,液晶分子将重新排列,液晶便不能使光波旋转了。来自垂直偏光镜的光波通过液晶后,仍是垂直方向的光波,垂直光波无法通过水平偏光镜到达反射镜,这时透过垂直偏光镜看液晶时,液晶呈暗的状态。

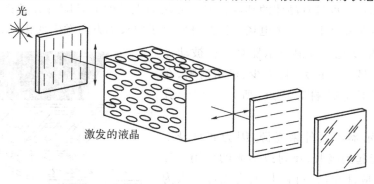

图 9-15　液晶加上电场被激发时,使光波不旋转

通过以上分析可知,当液晶不加电压时,光线可穿过液晶到达反射镜反射过来,观察者可看到液晶呈亮的状态;当液晶加上电压时,液晶分子方向改变,将不能使光波旋转,来自垂直偏光镜的光波,经液晶后将不能穿过水平偏光镜到达反射镜,观察者看到的液晶是暗的状态。这样将液晶上制成字符段,分别控制每个字符段的通电状态,即控制哪些字符段呈亮的状态,哪些字符段呈暗的状态,观察者便可在液晶上看到字符了,如图 9-16 所示。加到液晶上的方波电压,是通过两块偏光镜与前、后玻璃板上的导电

字段轮廓线接触来实现的。前、后玻璃板上有显示字符轮廓形状的金属镀膜。液晶显示器本身没有颜色,只能靠它前面的滤色膜来显示。

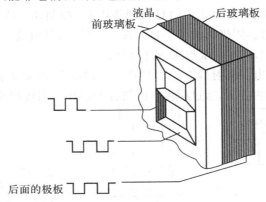

图 9-16　液晶上的字符段分别加上电场

（4）阴极射线管

阴极射线管（CRT）又称显像管或电子束管,它是一种特殊的真空管,其结构和原理与家用及办公用电脑彩色显示器相同。由于 CTR 具有全彩色显示、图像显示的灵活性大、分辨率和对比度高等特点,且具有－50~100℃的工作温度范围,有微秒级以下的响应速度,所以它是目前显示图像最灵活、质量最高的一种显示器件。但是 CTR 作为汽车仪表盘显示用器件体积太大,即便扁平型的 CTR 作为汽车用,也还存在一些缺点。随着现代汽车向高度信息化显示的方向发展,CTR 已进一步小型化,一些汽车公司已推出了彩色阴极射线管的汽车信息中心。

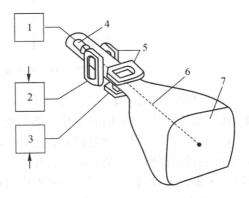

图 9-17　阴极射线管结构示意图

1—视频信号;2—水平偏转电路;3—垂直偏转电路;
4—电子枪;5—偏转线圈;6—电子束;7—屏幕

图 9-17 所示为阴极射线管的结构示意图。电子束在荧光屏上产生光点,其亮度与电子束电流成正比,该电流由视频信号电压 U_c 控制。电子束借助于专门的定位电磁场在光栅上扫描。磁场由扫描线圈产生使之发生垂直和水平偏转,总的偏转量与流经该线圈的电流成正比。

扫描运动与要显示的信号源同步进行,每次水平扫描线末尾都有一个同步脉冲使电子束迅速向左偏转,然后再次以匀速向右扫描。同样,当电子束位于阴极射线管的下面时,产生一个同步脉冲,该脉冲使电子束迅速回到阴极射线管上面,然后向下匀速扫描。

被显示在阴极射线管屏幕上的信息或图像由 U_c 控制,U_c 是水平和垂直同步脉冲有关的时间函数。因此,阴极射线管屏幕上显示的信息,是由同步脉冲相关的时刻产生一个专门的光栅电压 U_c,该电压与视频电压有关。

视频电压和脉冲由阴极射线管控制器产生。图 9-18 所示为典型的阴极射线管显示装置。检测计算机的输出,通过阴极射线管控制器控制阴极射线管显示。

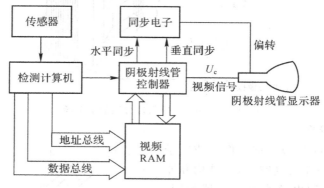

图 9-18　汽车阴极射线管检测系统

阴极射线管显示器作为标准配备,首先出现在 1986 年的别克车(Buick Riviera)上,通过触摸屏幕上的按钮(菜单),能变更显示信息的内容。驾驶员可挑选显示汽车工作的个别内容。项目菜单包括收音机、空调、里程计算器和仪表板仪表信息等。修理人员还可通过阴极射线管的显示进行故障诊断。但是阴极射线管作为汽车电子仪表显示器件,体积太大,尽管扁平型的阴极射线管已经实用化,但仍嫌太长、太重,不便于安装在汽车仪表板上,且其电路比较复杂,价格比较贵。另外,阴极射线管还要采用 10 kV以上的高压,不仅安全性差,而且对其他电子电器有很大的无线电干扰。尽管如此,阴极射线管仍然是一种值得研究开发的汽车电子仪表显示器件。

3. 电子显示器件的显示方法

(1)字符段显示法

字符段显示法通常是真空荧光管、发光二极管或液晶显示器采用的方法。它是利用七段、十四段或十六小线段进行数字或字符显示的方法。用七段小线段可以组成数字 0~9,用十四(或十六)段小线段可以组成数字 0~9 与字母 A~Z,每段可以单独点亮或成组点亮,以便组成任何一个数字、字符或一组数字、字符。每段都有一个独立的控制荧屏,由作用于荧屏的电压来控制每段的照明。为显示特定的数位,电子电路选择出代表该数位的各段,并进行照明。当用发光二极管进行显示时,也是用电子电路来控制每段发光二极管,方法与真空荧光显示器相同。图9-19所示为七字符段与十四字符段显示板。

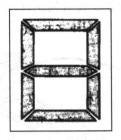

图9-19　七字符段和十四字符段显示板

(2)点阵显示法

点阵是一组成行和成列排列的元件,有7行5列、9行7列等。点阵元素可为独立发光的二极管或液晶显示,或是真空荧光管显示的独立荧屏。电子电路供电照明各点阵元素,数字0~9和字母A~Z可由各种元素组合而成。图9-10所示为发光二极管组成的5×7点阵显示板。

(3)特殊符号显示法

真空荧光管与液晶显示器还可取代数字与字母,显示特殊符号。图9-20所示为电子仪表显示板显示的特殊符号。

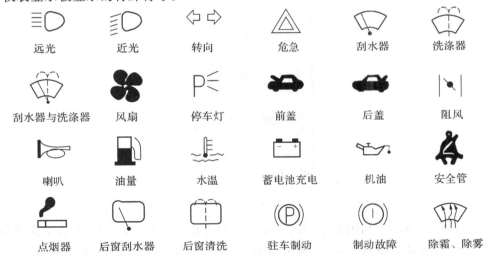

图9-20　汽车仪表板使用的特殊符号

(4)图形显示法

图形显示法以图形的方式提供给驾驶员。如图9-21所示,用图形显示提醒驾驶员注意大灯、小灯与制动灯故障以及清洗液与油量多少的方法。在汽车俯视外观图的某些部位上装有发光二极管显示装置,当这个部位上出现故障时,传感器即向电子组件提供信息,控制加在发光二极管上的电压,使发光二极管闪光,以提醒驾驶员注意。

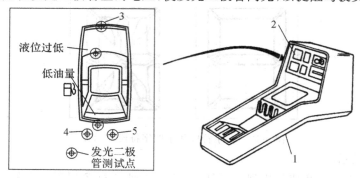

图 9-21 图形显示法
1—座椅;2—图形显示警告器;3—大灯;4—尾灯;5—制动灯

如图 9-22 所示为利用杆图显示燃油量的方法。用 32 条亮杆代表油量,当油箱装满时,所有的杆都亮;当燃油量减少时,发亮的亮杆数量减少;当燃油量减至三条发亮亮杆时,燃油量不足符号闪烁,提醒应该加油了。

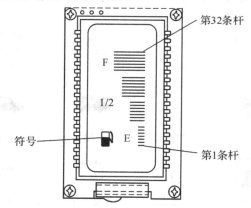

图 9-22 采用杆图的油量显示板

如图 9-23 所示为利用光条图来显示燃油量等信息,图中数字 1~6 表示光条段。在使用中,把发光二极管焊接在印刷电路板上,以形成数字显示或者带色光杆显示。

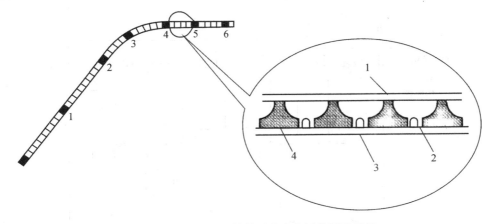

图 9-23　用发光二极管排列的光条图作图形显示
1—漫射器；2—发光二极管；3—印刷电路板；4—分隔器

9.1.3　常用的汽车电子仪表

随着汽车仪表的电子化，电子式汽车车速/里程表、发动机转速表、燃油表及油压表等均应运而生。下面介绍电子化后的几类主要仪表。

1. 电子车速/里程表

图 9-24 是奥迪 100 轿车电子车速/里程表电路框图。该电路主要包括恒流源驱动电路、64 分频电路、单稳态触发电路和稳压电路。

外电路有：调整输出脉冲宽度和决定仪表精度的电阻 R_1 和电容 C_1，调整仪表初始工作电流的电阻 R_2，电源滤波电阻 R_3 和电容 C_3，还有车速表和里程表的步进电机。电路中 A 端接 12V 直流电源"＋"极，管脚 3 与 11 搭铁，B 端接电子车速表传感器。

电子车速表是带有通电线圈的指示机构。当汽车以不同车速行驶时，电子车速表传感器产生不同触点闭合频率信号。信号经 B 端传到单稳态触发电路，控制了恒流源的输出，从而改变了车速表指示机构里通电线圈中的电流值，于是通电线圈在恒定磁场中受到的作用力发生变化，车速表指针在刻盘上的转角就做出相应的改变，从而使车速表显示出相对应的车速。

带有分计的里程表（里程小计）是由一个步进电机通过减速齿轮驱动的两个鼓性机械加进位计数器。分计里程表（里程小计）用做当日里程记录，只能记录到 999.9 km。当汽车以不同的车速行驶时，接到 B 端的触点闭合频率不同，使得经 64 分频电路传给步进电机的电源信号也不同，这样使步进电机的旋转速度及里程累积速度也不同。

在舌簧开关式车速传感器中，要求舌簧开关的触点闭合频率和变速器输出轴的转速及电子车速表的基本工作频率相匹配。电子车速表和传感器之间的配合参数见表 9-1。

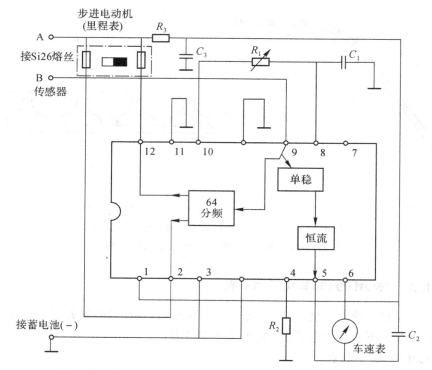

图 9-24　奥迪 100 轿车电子车速/里程表电路框图

表 9-1　电子车速表和传感器之间的配合参数

车速/(km·h⁻¹)	20	60	100	150	200
频率/Hz	17.5～22.9	61.5～68.6	104.9～114.4	159.8～170.6	213.3～225.2

2. 发动机电子转速表

为了监视发动机的工作状况,更好地掌握换挡时机,以便利用经济车速,在现代轿车上均装有发动机电子转速表。图 9-25 所示为汽油发动机常用的脉冲式电子转速表电路。这种转速表的转速信号取自断电器触点,经过电子线路整形、放大,最后由毫安表显示转速。

发动机正常工作时,断电器触点不断地开、闭,其开闭次数与发动机转速成正比。触点每开、闭一次,就有一断续电流经 R_1、R_2、C_1 积分电路整形送至三极管 VT,便可得到具有一定脉冲宽度和幅值的矩形电流,并通过毫安表。

其工作原理为:

当触点闭合时,三极管 VT 无偏压而处于截止状态,电容器 C_2 被充电,其充电电路

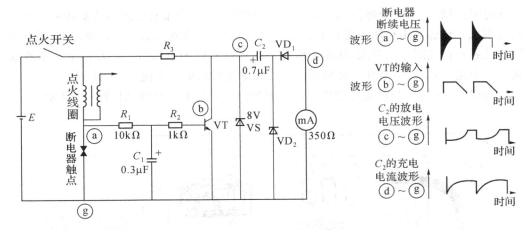

图 9-25　发动机电子转速表电路

是:蓄电池正极→电阻 R_3 →电容器 C_2 →二极管 VD_2 →蓄电池负极。

当触点张开时,三极管 VT 的基极电位接近电源正极,VT 由截止转为导通,此时充足电后的电容器 C_2 经过毫安表放电,其放电电路是:电容 C_2 正极→三极管 VT→毫安表→二极管 VD_1 →电容器 C_2 负极。

因为电容器 C_2 每次充、放电量 q 和电容器容量 C 及电容器两端电压 U 成正比,所以在电源电压稳定、充电时间常数不变的情况下,通过毫安表的平均电流只与触点的开闭频率成正比。因此,表头读数就可直接反映出发动机转速值。

目前在汽车电子仪表中,多数由微机控制的发动机转速表系统结构如图 9-26 所示。该仪表以柱状图形来表示发动机转速的大小,同样通过发动机点火系点火线圈触发的脉冲信号作为电路触发脉冲信号来测量(脉冲信号的频率正比于发动机的转速),这种前沿脉冲信号通过微机中断口输入微机。为减小计算误差,脉冲的周期通常采用四个周期的平均值来计算。

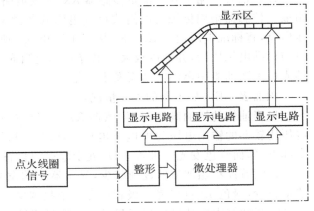

图 9-26　微机控制的发动机转速表系统结构

3. 电子燃油表

电子燃油表可以随时测量并显示汽车油箱内的燃油情况,一般采用柱状或其他图形方式来提醒驾驶员油箱内可用的剩余燃油量。电子燃油表的传感器仍然采用浮子式滑线电阻器结构,由一个随燃油液面高度升降的浮子、一个带有电阻器的机体和一个浮动臂组成。传感器由机体固定在油箱壁上,当浮子随燃油液面的高度升降时,带动浮动臂使接触片在电阻器上滑动,从而使检测回路产生不同的电信号。当在整个电阻外部接上固定电压时,燃油高度就可根据接触片相对地线的电压变化输出测量值。

现以 Ford 汽车公司采用的数字燃油表为例说明其工作原理,如图 9-27 所示。

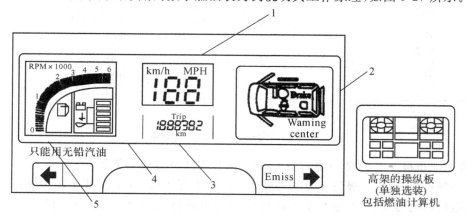

图 9-27　Ford 汽车公司采用的数字燃油表

1—数字车速表;2—报警中心. 3—里程表和行程里程表;4—多用仪表;5—转速表

电子燃油表的电路图如图 9-28 所示。工作原理如下:

该燃油表电路主要由油量传感器 Rx,集成电路 LM324(两块)、LED 数字显示器等组成。传感器采用传统的浮筒式可变电阻式传感器。电阻 R_{15} 和二极管 VD8 组成稳压电路,将标准电压通过 R_8-R_{13} 接到 IC$_1$ 和 IC$_2$ 所组成的电压比较器反向输入端,用以与标准电压比较,并加以放大。电容 C 和电阻 R_{16} 还组成延时电路,使燃油表显示器的光标不随油箱中燃油波动而发生变化。

燃油表 LED 显示器的工作情况:

1)当油箱的燃油满箱时,传感器 Rx 的阻值最小,则 A 点电位最低,即 IC$_1$ 和 IC$_2$ 电压比较器的输出电压为低电平电压。此时,6 只绿色 LED 发光二极管 VD$_2$ — VD$_7$ 全部点亮,而红色发光二极管 VD$_1$ 处于熄灭的状态,表示油箱为满油状态。

2)随着油箱燃油量的逐渐减少,显示器中的发光二极管 VD$_7$、VD$_6$……依次熄灭。油量越少,绿色 LED 发光二极管点亮的个数越少。

3)当油箱中燃油量达到下限时,Rx 的阻值最大,则 A 点电位最高,集成块 IC$_2$ 第 5 脚电位高于第 6 脚的基准电位,6 只绿色 LED 发光二极管全部熄灭,红色发光二极管 VD$_1$ 自动点亮,提醒驾驶员补充燃油。

4.电子温度表和油压表

汽车电子温度表、油压表电路如图 9-29 所示。该电路具有显示发动机冷却液温度

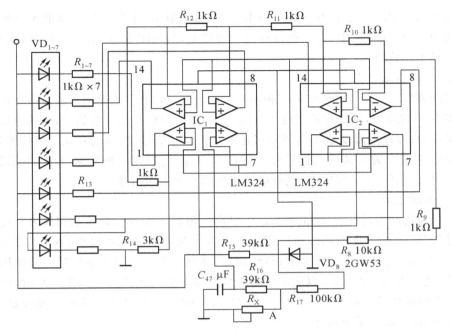

图 9-28 汽车电子燃油表电路

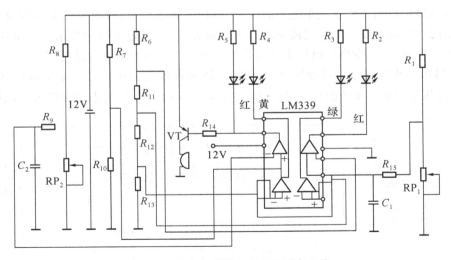

图 9-29 汽车电子温度表和油压表电路

和机油压力两种功能。

该电路主要由冷却液温度传感器 RP_1 和机油压力传感器 RP_2、集成电路 LM339 和红、黄、绿发光二极管显示器等组成。传感器 RP_1 和 RP_2 均采用双金属片式。冷却

液温度传感器 RP_1 安装在发动机冷却水套上,与电阻 R_1 串联组成冷却液温度测量电路。机油压力传感器 RP_2 安装在发动机主油道上,与电阻 R_8 串联组成机油压力测量电路。其工作情况如下:

（1）温度显示

温度表按 40℃、85℃ 和 95℃ 三种温度设置发光显示和仪表刻度。通过冷却液温度传感器 RP_1 的检测,以冷却液温度 40℃ 为安全起始温度,提请注意信号,用黄色发光二极管来显示;冷却液温度 85℃ 为发动机正常工作温度信号,用绿色发光二极管来显示;冷却液温度 95℃ 为发动机工作温度上限信号,用红色发光二极管来显示,以示警告。与此同时,由晶体管 VT 所控制的蜂鸣器也发出报警声响信号。

（2）油压显示

油压表按油压过低、油压正常和油压过高三种状态设置发光显示和仪表刻度。当油压过低(低于 68.6kPa)时,油压传感器产生的脉冲信号频率最低,约为 5～20 次/min,此时用红色发光二极管显示;与此同时,蜂鸣器发出报警声响信号。当油压正常时,用绿色发光二极管显示,以表示发动机润滑系统油压正常。当油压过高时,油压传感器产生的脉冲信号频率高,约为 100～120 次/min,此时用黄色发光二极管显示,提醒驾驶员,以防润滑系统损坏。

5. 电压显示器

电压显示器用于指示汽车电源的电压,即指示蓄电池充、放电量的大小以及充、放电的情况。传统上采用电流表或充电指示灯的方法,不能较准确地指示电源电压。在实际使用中,往往因发电机电压失调而发生蓄电池过充电和用电器过电压造成损坏。

LM3914 电压显示电路如图 9-30 所示。该显示器主要由 LM3914 集成电路构成柱形/点状带发光二极管的显示电路,它采用 VL_1～VL_{10} 10 只发光二极管,电压显示范

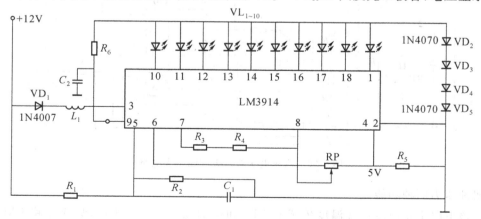

图 9-30　LM3914 电压显示电路

围是 10.5～15V,每个发光二极管代表 0.5V 的电压升降变化。电路的微调电位器
RP,将 7.5V 电压加到分压器一侧,电阻 R_6、二极管 VD_2～VD_5 是将各发光二极管的电
压控制在 3V 左右,L_1 和 C_2 所构成的低通滤波器用来防止电压波动干扰,二极管 VD_1
的作用是防止万一电源接反时保护显示器不至损坏。为了提高汽车电源电压的指示精
度,可用两个以上的 LM3914 集成块组成 20 级以上的电压显示器,用以提高汽车电子
仪表板刻度的分辨率。

6.冷却液报警电路

发动机冷却液报警电路如
图 9-31 所示。若冷却液液位正
常,则传感器通过液体接地,图
中 a 点电位为零。当接通点火
开关时,液位报警系统进行自
检。具体工作过程如下:

1)接通点火开关时,主继电
器动作。C_1 被充电,开始时充
电电流较大,可维持 VT_1 导通,
VT_2 导通,VT_3 导通,则指示
灯亮。

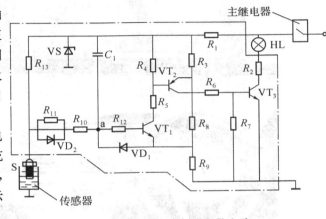

图 9-31　发动机冷却液报警电路

2)当 C_1 基本充足电时,流
过的电流逐渐减少,VT_1 截止,VT_2 截止,VT_3 截止,则指示灯熄灭。灯亮时间与参数
C_1 有关。如果自检时报警灯不亮,表明报警系统有故障,应进行检查。

3)若液位不足,则传感器与接触不到液体,相当于断开,此时 a 点电位升高,VT_1
基极电位也升高,VT_1 导通,VT_2 导通,VT_3 导通,指示灯亮,且自检时报警灯不熄灭,
则表明冷却液液位不足,应加注冷却液。

若加注冷却液时发现冷却液已满,而报警灯仍不熄灭,说明报警系统有故障。

4)当冷却液液位正常时,若关闭点火开关,C_1 放电,放电回路为:$C_1(+) \rightarrow R_{13} \rightarrow$
$R_{11} \rightarrow R_{10} \rightarrow C_1(-)$。

9.1.4　荣威 550 汽车数字仪表

荣威 550 汽车数字化仪表盘,设计上摒弃一贯的指针罗盘显示,改用高科技的数字
量化显示,中间的转速表采用脉冲式感应设计,显示为传统的表盘式,当起动车辆后,表
针会迅速打到头并回落表示自检。该仪表盘可以简单地分为时速表、转速表和车辆状
态三大区域,如图 9-32 所示。

图 9-32　荣威 550 汽车数字仪表

1. 时速表区

时速表上的数字表示的是汽车每小时行驶的公里数,屏幕上会以超酷的数字显示车辆正在行驶的时速状态。在时速表下方的指示灯有电瓶指示灯、气囊指示灯、雾灯指示灯以及转向灯指示灯。而位于时速表右侧的弧形刻度是用来表示发动机内冷却液温度的水温指示灯,水温指示灯常亮,说明冷却液温度超过规定值,需立刻暂停行驶,水温正常后熄灭,如图 9-33 所示。

2. 转速表区

位于中央的转速表区,首次采用脉冲感应设计,使仪表盘更具运动感,并能快速灵活地表示发动机转速。中央转速盘上还包括用来表示车辆手刹状态的手刹指示灯等车辆信息。当手刹被拉起后,该指示灯自动点亮。手刹被放下时,该指示灯自动熄灭。如图 9-34 所示。

3. 车辆状态区

车辆状态区显示车辆诸多状态信息,包括车门未关信息、平均油耗、挡位、单程里程

图 9-33　荣威 550 汽车数字仪表时速表区

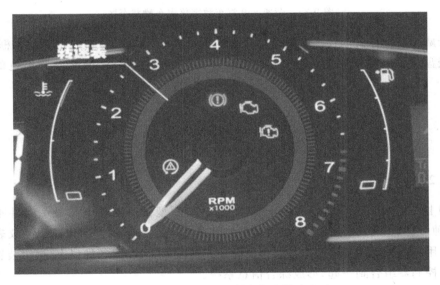

图 9-34　荣威 550 汽车数字仪表转速表区

和总里程。中间液晶屏显示车辆各车门的状况，任意车门未关上，车门指示灯都会亮起提醒车主。下方的液晶屏除了行车公里数以外还有汽车变速器所处挡位的显示。与时速表指示灯并排的指示灯包括安全带指示灯和用来显示发动机内机油的压力状况的机油指示灯等等。位于车辆状态区左侧的弧形刻度是油量指示灯，该指示灯用来显示车辆内储油量的多少，当钥匙门打开，车辆进行自检时，该油亮指示灯会短时间点亮，随后熄灭。如起动后该指示灯点亮,则说明车内油量已不足,如图 9-35 所示。

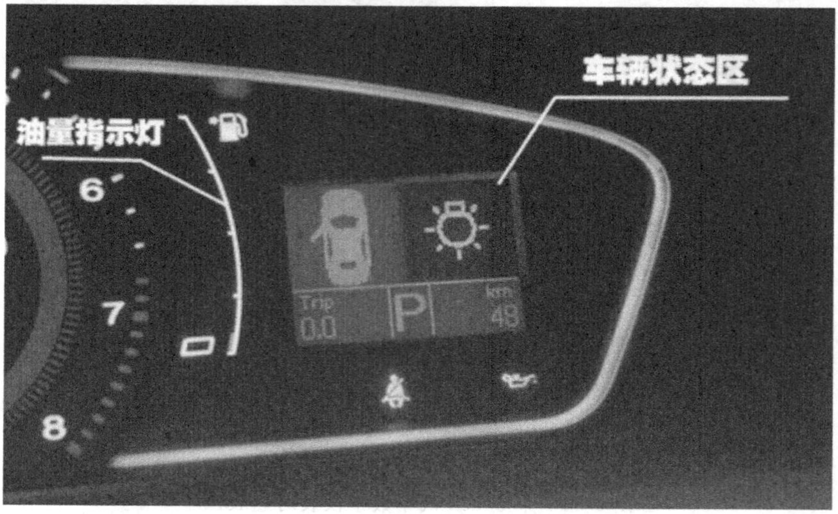

图 9-35　荣威 550 汽车数字仪表车辆状态区

荣威 550 一体式的仪表盘整合了全部的行车数据,再加以炫红色的梦幻外框,使整个仪表盘显示出混搭感的设计,既能够取得良好的阅读效果,又能够有出色的视觉感受。

9.2　综合信息显示系统

9.2.1　概　述

20 世纪 80 年代以来,随着电子技术的进步,新型传感器和电子显示器件不断涌现,各种多功能、高精度、高灵敏度且读数直观的电子数字显示及图像显示的仪表被不断地应用到汽车上。随着汽车仪表电子化的迅速发展,可以把各种仪表、报警装置以及舒适性控制器组合到一起,形成综合信息系统。

综合信息显示系统可用来显示燃油存量、润滑油压力、冷却液温度、累计行驶里程及平均油耗等信息。同时,它还有一套报警灯系统,用来指示机油压力、冷却液温度、冷却液液面高度、系统电压不正常,车门未关等异常情况。如果本区内的两个参数同时都超过正常值,则不论选择开关在何位置,显示的数值每 5 s 就变换一次,以引起注意。当燃油油面高度低于存油显示装置下端的第 3 根横线时,就有一个浅黄色的报警灯发亮。此时不论开关在何位置,左下方的行程显示装置,都会自动改为显示(从发出存油不足警告后)已行驶的里程,这样驾驶员就可以计算出剩下的存油大约能够行驶多少里程。雪佛兰汽车的综合信息显示中心如图 9-36 所示,可实时显示油耗、温度及燃油存量等信息。为了更准确地显示各种信息,综合信息显示系统对显示的各种信号每秒修正 1 次。

随着汽车排放、节能、安全和舒适性等使用性能的不断提高,汽车电子控制程度也越来越高。汽车电子控制装置必须迅速、准确地处理各种信息,并通过电子仪表显示出来,使驾驶员及时了解并掌握汽车的运行状态,妥善处理各种情况。时速表、发动机转速表和油量表将被集网络、诊断和数字显

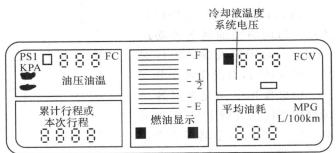

图 9-36　综合信息显示中心

示功能于一体的触摸式液晶屏幕所取代,并通过车载动态信息系统的"专家智囊团"实现现场诊断、道路自主导航、电子地图、车辆定位动态显示、安全系统运行状态指示等功能,汽车仪表正向"综合信息系统"的方向发展。

这些信号传输形式,将不再是简单的开关接通和断开直流信号,或把传感器信号直接传输给仪表,而是包含反映这些安全装置工作状态较多信息的调制信号,供 ECU 读取,以便 ECU 能准确地综合判断这些安全装置的工作状态,并给出故障显示提醒驾驶员,或指导维修人员排除故障。

9.2.2　综合信息显示系统结构及工作原理

综合信息显示系统主要由各种传感器、车载微机和显示器等组成,以液晶显示器为基础,车内通信与互联网相连,乘员室内各操纵件通过语音进行控制。汽车收音机、DVD 光盘插放机和音响设备等构成乘员室配置部分。构成信息通信系统的主要部件有:漫游器、移动电话、电子邮件和国际互联网终端、视频或电子游戏中控台等。综合信息显示系统的主要功能有:导航、音响、通信、远程微机通信和信息处理等;同时,在汽车运行过程中向驾驶员随时提供各种必要的信息,如地图、行程、维修、日历、空调、多媒体等信息,满足驾驶所需。

综合信息显示系统不仅支持驾驶员工作,而且还可以为所有乘客提供大量的通信和信息手段,因此在未来汽车的前排座椅靠背上也将设有显示屏和操作元件。届时,根据情况可以满足后排乘员对各种信息通信及功能的需要。

信息管理内容采用提示语,通过微机数据处理和数据整理将插接在该提示语后面。

数据的这种可自由支配性,进一步弱化了经典产品的界限;功能块进一步扩展,乃至发展成为汽车信息与通信系统的综合体,并通过数据总线将这些硬件彼此连接。与网络沟通的各种功能全部靠与显示屏及输入器件对话的形式进行,对操作者十分有利。中央操作单元允许对各功能分别按情况进行干预,驾驶员则靠按键、旋转调节器或靠语音控制与操纵部件与显示屏上的图像进行沟通。

数据传输网络技术在"综合信息显示系统"中占有重要位置,正是由于各部件之间的联网才使得这种模块式可标定的系统体系结构成为可能,各种功能可以灵活地被分配到各个部件

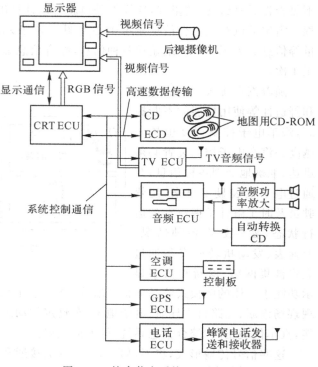

图 9-37　综合信息系统配置原理图

上,通过补充或者交换各部件,整个系统的功能将进一步增强。

综合信息显示系统的配置原理如图 9-37 所示,该综合信息显示系统的显示器可显示电子行车地图、燃料消耗和行程信息等综合信息,它的组成包括:用于管理和控制整个系统的"CRT ECU";"CD ECU"用于调用"CD ROM"数据并传送给"CRT ECU";"TV ECU"用于接收电视信号并与"CRT ECU"通信;"音频 ECU"用于控制音响系统并与"CRT ECU"通信;"空调 ECU"用于控制空调并与"CRT ECU"通信;"GPS ECU"用于从 GPS 卫星接收无线电信号、计算汽车的当前位置并传送给"CRT ECU";"电话ECU"用于控制蜂窝电话并与"CRT ECU"通信。综合信息系统中,每一项功能都有相应的 ECU,所有的 ECU 都与"CRT ECU"进行通讯,并受其控制。

9.2.3　显示信息类型

综合信息显示系统可对各种信息进行分析计算、加工处理,是一个具有更多功能的一体化信息系统,其所监控的车上信息如图 9-38 所示。

汽车综合信息显示系统除了能显示常规汽车电子仪表系统的信息外,还能从大量信息中选择出驾驶员或乘员需要的内容,包括电子行车地图、维修、后视镜等信息,还可

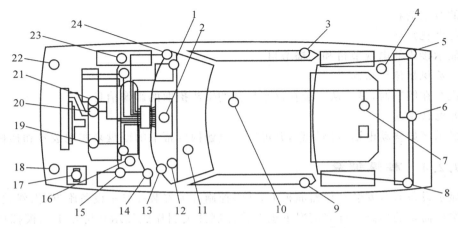

图 9-38　综合信息显示系统所监控的车上信息

1—电子声音报警器；2—监控器；3、9—关门信号；4—后洗涤器液量；5、8—尾灯/制动灯；
6—后舱关闭信号；7—燃油量信号；10—安全带信号；11—车钥匙信号；12—喷洗器液量；
13—驻车制动；14—制动液量；15、23—制动踏板信号；16—机油温度；17—发动机冷却液量；
18、22—前照灯；19—变速箱压力；20—冷却液温度；21—机油量；24—蓄电池报警

以显示电视、广播、电话等信息。

1. 地图信息

公路交通图可按不同的比例显示，与一般地图的区别在于它可以滚屏显示，使需要的内容可以被单独放大显示出来。另外，借助于导航系统，汽车的当前位置也可以显示在电子地图上，且导航系统可以直接在电子地图上标出汽车的当前位置。

2. 行程信息

从汽车出发开始的行程计算、所用时间和燃料消耗，并根据燃料消耗率和燃料贮存量显示以后可能行走的里程；还可计算到达目的地的距离，休息后的行驶时间和距离等。

3. 维修信息

维修信息显示如发动机更换机油、更换轮胎以后所行驶的里程，供驾驶员确定下次维修时间与维修项目参考。

4. 日历信息

日历信息显示驾驶员的日历和日程表。

5. 空调信息

显示空调的操作模式和风扇的设置，通过触摸屏幕上的键盘可以操作空调系统。

6. 音响系统信息

显示音响系统的操作模式，通过触摸屏幕上的键盘可以控制音响系统来显示音响

系统的音乐资料。

7. 电视广播

显示接收的电视节目和广播节目。

8. 后视摄像机信息

汽车在倒车时,显示从安装在汽车后部的镜头摄取的影像信息。

9. 电话信息

显示诸如移动电话号码信息,并可以通过触摸屏幕上的键盘来实现拨号和挂机。

9.2.4 触摸键盘

显示设备通常安装在仪器面板上,并将控制开关安装在显示设备附近,供驾驶员或乘员选择需要的信息。许多情况下也有将控制开关制作成显示在屏幕上的模拟按键,驾驶员可以通过触摸屏幕按下按键,或者使用红外远程控制等方法进行操作。

显示系统的触摸键盘通常是以模拟形式显示在屏幕上,用手指触摸键盘即可进行操作,从而简化了选择信息的过程。通常还采用红外触摸开关来检测屏幕是否被触摸,红外触摸开关的原理如图 9-39 所示。

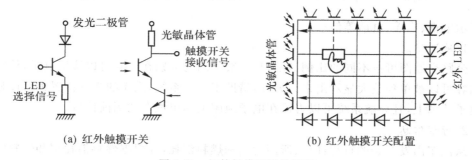

(a) 红外触摸开关   (b) 红外触摸开关配置

图 9-39　红外触摸开关的原理

在显示器的两端有一个红外发光二极管和光敏晶体管相对。在显示器键盘未被触摸时,红外发光二极管的光束到达光敏晶体管促使其导通。键盘被触摸时,红外发光二极管光波被截断,光敏晶体管立即截止。红外发光二极管和光敏晶体管的混合体安放在显示器的多个地方。因此,屏幕上被触摸到的键盘位置由被关断的光敏晶体管所在的位置测定。

9.3　汽车仪表的发展趋势

汽车仪表是汽车中不可缺少的组成部分,负责记录汽车的各种数据。其最新的发展方向如下。

1. 网络通信

汽车仪表将来不一定只是一个从属的节点,而是一个自己也可以"说话"的节点。提出说话的请求,由发动机控制单元判断,然后给予"说话"的权利。网络的使用可以减少线束,同时具有很高的网络安全性、通信可靠性和实时性,而且简单实用,网络成本低。特别适用于汽车计算机控制系统和环境温度恶劣、电磁辐射强和振动大的工业环境。

2. 信息显示中心

仪表是驾驶员与汽车进行信息交流的重要接口和界面。随着更好的人机交流,更多的安全性的要求体现在仪表上,便于客户了解整车目前的状态,汽车电子控制装置必须迅速、准确地处理各种信息,并通过电子仪表显示出来,使驾驶员及时了解并掌握汽车的运行状态,妥善处理各种情况。

3. 更大的记忆容量

仪表可能不单单只记录里程的信息,同时还要记录其他别的信息,比如发动机的信息状态,上次车门关闭时很多保留状态的信息,驾驶者不同的舒适性要求,车子处于什么状态,空调如何调节等。这就要求增加 EEPROM 的容量,或者要求主芯片整合的 EEPROM 的容量足够大。

4. 低功耗及高整合度

在要求低功耗、节能的大环境下,汽车仪表也要节能:一个是静态电流,另一个是整体的功耗。所以电源的模式可能会从 LDO 的形势下,变成 DC-DC。同样在静态的条件下,要求关闭所有的外部器件,甚至是主芯片的电源,从而也要求有可靠的复位电路。仪表的功能会越来越复杂,但是整合度会要求越来越高,从而增加仪表的安全可靠性。仪表内可能只有主芯片和电源芯片,驱动芯片则整合在主芯片中,或者整合在液晶等器件中。

5. 传感器运用

对于抗干扰能力较强、对环境要求比较高的传感器,可能会安装在汽车仪表内,从而方便信号的处理和传输。

6. 个性化设置

仪表整体背光色彩的变化,调节属于自己喜欢的颜色。采用三原色的 LED 做背光,客户可以根据自己对色彩的喜好进行调节。在设计中可能增加 LED 的驱动,同时要做好散热的准备。

个性化还体现在不同的面板、不同的造型方面。根据不同的客户、不同的消费群,有不同的内饰件。仪表作为内饰件之一,在面板上面也能体现个性。

思考题

1. 与传统仪表相比,汽车电子数字仪表有什么优点?

2. 简述汽车电子数字仪表的显示方法及其特点。

3. 汽车常用电子显示器件的种类有哪些？各有什么特点？

4. 简述电子冷却液温度表、机油压力表的工作原理。

5. 简述电子燃油表的工作原理。

6. 说明综合信息显示系统的组成及其所显示的信息类型。

第 10 章

汽车导向 /导航系统

10.1 概　述

　　当汽车在陌生区域行驶,特别是在难以看清道路标志和周围景色的夜间行车时会迷失方向。不仅如此,即使白天在交通比较拥挤的城市中驾车时,明确目的地及行车的路线的情况下,也需要根据市内各地区、各街道的汽车堵塞情况进行及时的导向指引,需要各种导向行驶系统来确定其本身的方向和位置,才能到达目的地。为此,世界各国先后开发了各式各样的导向行驶系统,即导航系统(又称汽车航行系统),来解决目前世界各大都市道路系统及高速公路的通病——"有路行不通"的问题,同时提高了汽车行驶的安全性及效率,有利于缓解车流量、平衡交通调度及管制。

　　随着科学技术的发展,汽车导航系统发展很快。从功能上看,最早的是只具有简单的"示向"系统,它只能显示汽车航行的方向及到达目的地的距离,无任何"导向"功能,目前已发展到比较先进的具有汽车导航功能、防盗功能、调度功能、汽车主要工况的监测报警等功能的综合系统。从设备上看,原先只是仅由汽车行驶方向及距离传感器、CPU、CRT 等组成的小设备,目前已发展成利用"3C 技术",即计算机(Computer)、通信(Communication)及控制(Control)技术结合的"DGPS——差分全球卫星定位系统",建立了具有行车导航、控制等功能的综合大系统,而且民用精度已达到米级。

10.2　汽车导航系统的功能

1. 对目的地进行最佳路线检索

该系统可以通过直接输入地名、经纬度名、电话号码进行路线检索，并能快速地提供一条到达目的地的最佳路线，还能实时获得汽车自身所在位置和目的地的坐标，以及全部行驶的直线距离、速度、时间、前进方向。

2. 具有瞬时再检索功能

由于道路堵塞、路段施工或走错了路等意外情况，对系统所推荐的最佳路线行不通时，要有瞬时再检索功能，舍去堵塞、施工、错误路线，提供新的可行路线。因该功能是在行车过程中进行的，所以要求 CPU 快速检索，具有高速运算的能力。

3. 为检索方便应提供丰富的菜单和记录功能

整个系统必须建立丰富的地名索引，预置大量的地名，分层表示城市地图，可以用街道、胡同、门牌号数检索（还应留有用户自行设置电话号码的地址空间，供用户随时调用存取）。

4. 多语种的语言提示，在适当时间内提供实时语音提示

为使驾驶员事先了解行驶中路面的变化情况，该系统在适当的时间内作出语音提示，例如，向驾驶员说明前方路面情况及可更改的方向、十字交叉路口名称、高速公路分支点、进出口、禁止左拐、禁止驶入的单行线等导引信号，同时提供中、英文语音电路切换。目前已有配备语音识别单元的系统，用语音来指导道路的检索。例如用会话形式呼出"××区××街道××胡同"时电子地图上立即显示出汽车所在位置、到达该目的地的时间、前进方向等信息。不过这种语言须事先登录，还要增加语音识别单元的硬件。目前在美国已推出语音导航系统。

5. 扩大十字路口周围建筑物和交通标志功能

凡行驶在交叉十字路口前 300 m 处，高速公路进出口前 300 m 处，都要自动显示扩大了的十字路口附近全画面图，指出汽车位置、交叉点的名称、到交叉点的距离、拐弯后的道路名称及方向。这种通过开窗程序自动表示交叉路口全画面的扩大图是汽车导航中的一项最主要功能。

6. 扩展功能

为了及时了解路面车辆情况，该系统有多种扩展口，以便与交通管理部门、邮电部门、建筑部门的 VICS、ATIS、IIS 联网。目前导航系统正在实现与地面交通管理网络的联机，是"汽车—道路—人—环境—交通管理"系统中的重要组成部分，加快了未来交通向智能化发展的速度。

现代汽车导航系统中使用了高速 CPU、大容量的光盘系统、大屏幕的液晶显示器以及高速数字通信软件,使得汽车导航系统中的通信系统飞速发展。通信系统的操作系统嵌在 ROM 中,通过它可以直接上因特网,在电子地图画面上显示因特网信息,浏览万维网,收发电子邮件,进行文字处理,提供远程无线移动计算。

7. 导航系统和娱乐系统部件共用

随着汽车电子设备的迅速发展,许多复杂电路被集成到车辆结构中,自然许多导航部件可与娱乐设备集成为一体。导航系统中的导航信号接收机、控制系统、存储器、可视显示设备、声音设备可同时支持导航和娱乐。

集成收放机可设计成由 AM/FM 收音机、GPS、蜂窝电话和寻呼信号共用。为降低控制设备的复杂和不方便,可开发声音激发控制、可变结构转向盘控制机、可变结构反馈显示器等控制方式。CD-ROM、硬盘或内存卡既可用来作为外部存储器,CD-ROM 播放器,也可用来作为存储数字地图库和导航软件,还可用来播放音乐;内存卡可作为导航系统的存储设备,也可用于其他的移动办公设备。显示监视器可用于导航地图显示和商业 TV 台。扬声器可用于聆听引导指令、普通 AM/FM 广播和免提蜂窝电话。

10.3　汽车导航系统的分类

1. 按功能分

汽车导航系统按功能可分为单一功能的导航系统和导航综合系统。汽车导航综合系统包括单一功能的导航系统和汽车导航、监控、防盗、旅游、交通控制与调度等综合系统。

2. 按车辆信息是否实时返回控制中心分

汽车导航系统可分为汽车开环导航系统和汽车闭环导航系统。

汽车开环导航系统是从控制中心或电台、卫星传感器等得到定位、方位、方向等信息,根据这些信息和电子地图可以定出起点到终点的最短行驶距离,但汽车的信息不能返回控制中心。如果某一道路上出现塞车、交通事故,桥梁出现断裂等天灾人祸时,驾驶员是不会知道的,而汽车出现故障、被盗等问题时也无法和控制中心联系。

汽车闭环导航行驶系统不但有开环的所有导向功能,而且,驾驶员可以把行车实时信息不断向控制中心返回。根据中心掌握的交通及气候等综合信息及时通知汽车改道行驶,在最短时间到达目的地。在汽车出现大故障无法返回或遇到强盗等也可以报告控制中心,一方面告诉中心出现的问题,另一方面可随时报告自己的方位,以便营救。

3. 按有无引导功能分

分有引导功能的导航系统和无引导功能的导航系统。

汽车导航
行驶系统
- 无引导功能的导航行驶系统——电子地图的简单应用
- 有导航功能的
  导航行驶系统
  - 内部信息导航行驶系统
    - 地磁导航行驶系统
    - 惯性导航行驶系统
  - 无线电导航行驶系统
    - GPS 导航行驶系统
    - 固定电台导航行驶系统
      - 中心电台导航行驶系统
      - 路边电台导航行驶系统

无引导功能的导航系统：该系统只是简单的电子地图。驾驶员可以从车上 CD-ROM 存储器中调出本国城镇的方位、主干道、高速公路、桥梁等交通信息，也可以通过键盘方便地找到要到达的目的地，以及要行驶路线的各种所需信息，帮助驾驶员选择行车路线，但无引导功能。

内部信息导航行驶系统：利用电子陀螺或地磁等方向传感器（测出汽车行驶的方向）、距离传感器等制成的汽车导航系统。

地磁导航系统（简称汽车导向行驶系统）：利用地磁传感器可随时测出汽车行驶方向，距离传感器测出距离，可以用电脑计算出汽车的行驶轨迹，及到达目的地的方向、剩余距离等；并可以在显示器上一一显示出来，以达到导航的作用。

惯性导航系统：该系统的方向传感器是利用电子陀螺制成的，其他设备及功能和地磁导航系统一样。

无线电导航系统：该系统又分 GPS 导航系统和固定电台导航系统。

GPS 汽车导航行驶系统：它有一个较灵敏的 GPS 信息接收装置，可接收到卫星发射的导航信息，经过计算处理后，可以得到汽车行驶的方位、速度、到达目的地的直线距离和已经行驶的里程，如和电子地图结合起来导航功能更加完善。

固定电台导向行驶系统又分中心电台导航系统和路边电台导航系统。

中心电台导航行驶系统：一般是一个集导向、车辆监控、防盗、差分 GPS 的应用等综合系统，并且具有闭环导航系统的所有功能。一般几十到几百公里为半径设一个中心站。除接收 GPS 信息外，还收发各个车辆的导航、防盗等综合信息。可以把任一个车辆的实时轨迹显示在显示器上。较大的系统设一个中心站，下设若干个子站，每个子站带若干个车辆，以扩大监控范围和导航的车辆数。

路边电台导航系统：一般是交通控制和导航于一体的综合系统。在高速公路的路边，每隔几百米到几公里设一个小功率电台，汽车上的小功率收发机可通过无线电波和交通控制中心每到一个电台交换一次信息，达到交通控制与导航的目的。

10.4　汽车导航系统的组成

汽车电子导航系统由 GPS 接收天线、GPS 接收机、计算机、液晶显示器、位置检测装置(绝对位置检测和相对位置检测)等组成,如图 10-1 所示。

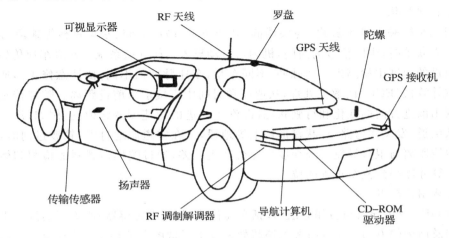

图 10-1　汽车导航系统的组成

　　系统根据不同的位置进行分类检测,绝对位置的检测采用 GPS 全球定位系统,相对位置的检测采用方向传感器(如地磁传感器、光纤陀螺仪),并利用车轮转速传感器测量车辆行驶距离。汽车电子导航系统的原理如图 10-2 所示。

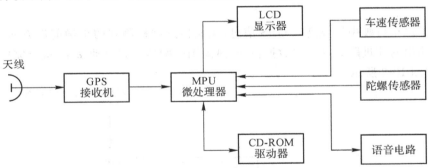

图 10-2　汽车电子导航系统的原理方框图

1.GPS 全球卫星定位装置

　　GPS 是一种能接收定位卫星信号,经过导航计算机计算出车辆所在位置准确经度和纬度以及速度和方向,并在显示器上显示出来的一种装置,由 GPS 接收天线、GPS 接收机组成。借助该装置,如果参照电子地图驾驶员就能知道自己所在的确切位置。

　　GPS 全球卫星定位装置具有测量、测绘,精确时间和定位导航三大功能。它是美国国防部历时 20 年耗资 1000 多亿美元完成的一项庞大工程,从 1993 年开始向全球民用用户提供无偿服务。欧、美、日发达国家在几年前已开始运用这项技术为治安巡逻和追捕罪犯服务。

2. 自律导航

当汽车行驶在地下隧道、高层楼群、高架桥下、高山群间、密集森林等地段与 GPS 卫星失去联系时，中断信号的瞬间，机内可自动导入自律导航系统。此时车速传感器从汽车前进的速度中检测出车速脉冲（不同车型，车速脉冲值不同，要注意修正），通过汽车导航计算机（ECU）的数据处理，从速度和时间中直接求出前进距离。陀螺传感器直接检测出前进方向的变化和行驶状态（即汽车前进的角速度变化值）。例如，汽车行驶在勾状山道、发夹式弯路、环状盘形桥上等地段，或在雪道原地打滑、轮渡过河时，所有这些曲线距离与卫星导航的经纬度坐标会产生误差，通过陀螺传感器的检测和微处理器的运算才能得到汽车正确的位置。

3. 地图匹配器

由 GPS 卫星导航与自律导航（包括车速传感器，陀螺传感器）所测到的汽车坐标位置数据及前进的方向与实际行驶的路线轨迹在电子地图上都存在一定误差。为修正这两者的误差，确保两者在电子地图上路线坐标相统一，须采用地图匹配技术，即在导航系统控制电路中要增加一个地图匹配电路，对汽车行驶路线（各处传感器检测到的轨迹）与电子地图上道路的误差进行实时数字相关匹配，作出自动修正。它经过导航计算机（ECU）的整理程序进行实时快速处理，得到汽车在电子地图上指示出的正确位置路线。

有了汽车行驶中接收到的 GPS 信息，陀螺传感器检测到的正确前进方向，车速传感器检测出的前进距离这三组数据，且经过地图匹配器得到自动修正，就能完成高精度导航，如图 10-3 所示。

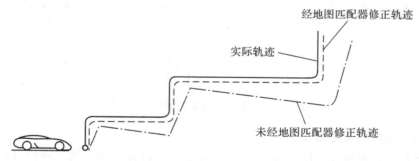

图 10-3　地图匹配器修正路线

4. LCD 显示器

平板显示器发展趋势表明，薄膜晶体管有源矩阵液晶显示器（TFT AMLCD）是一个发展方向，因为它的每个像素都配置一个半导体开关器件来驱动，从而实现了高亮度视频图像显示，具有对比度好、扫描线多、视角宽、低反射等优点。

日本已把三基色(RGB)TFTAMLCD 制定为导航用标准显示器。这种 LCD 显示器由于视角宽、亮度高,得到广泛应用。

5. CD-ROM 驱动器

为使驱动器更快地从光盘上读取数据,快速送 CPU 进行处理,缩短 LCD 画面上频繁显示执行程序的时间和读取数据的等待时间,应选取 4 倍速 650MB 以上的 CD-ROM 驱动器,可使 LCD 显示效果的不连续性得到平滑,也保持了声音和图像的同步。

6. 罗盘、车速传感器、陀螺仪

罗盘传感器由一个励磁线圈和两个垂直的线圈缠绕在具有高磁通率的圆环磁铁上组成。通过检测地球的磁场确定汽车的绝对行驶方向。

车速传感器可采用与 ABS 系统相同的轮速传感器。汽车转弯方向上的变化可以通过左右车轮转速传感器的输出脉冲差进行检测。

在汽车导航系统中通常使用气流率和光导纤维式陀螺仪。使用陀螺仪测定汽车转弯角速度是确定汽车行驶方向的另一种方法。

7. RF 调制解调器和 RF 天线

使用 RF 调制解调器和 RF 天线接收主控中心发出的信息,同时可反控汽车,实现动态导航。通过 RF 调制解调器建立与交通信息系统(VICS)的联系,得到交通堵塞、道路障碍、施工、停车场情况以及交通规则变化等实时交通信息,使驾驶员作出快速反应,减少城市交通堵塞。

8. 关于 CPU 的选择

为满足汽车导航高精度快速数据处理的要求,对导航计算机(ECU)的 CPU 应选择 32bit(或 64bit)的嵌入式实时操作的 CPU,因为嵌入式 CPU 适合于过程控制如实时操作处理。现正在兴起的仿 PC 结构的嵌入式微处理器,除具有嵌入式过程控制外还具有 PC 机的丰富软件支持,这对于高速行驶的汽车快速处理数据是非常适用的。

10.5　汽车导航系统的使用

1. 目的地输入

用户在出发前,通过系统提供的输入方法将目的地输入到导航设备中。目前从安全要求考虑,人们正在开发基于语音输入技术的产品。

2. 行驶路线确定

汽车导航主机从 GPS 接收机得到经过计算确定的当前经纬度,通过与电子地图数据的比对,就可以随时确定车辆当前所在地点。一般汽车导航系统把车辆当前位置默认为出发点,在用户输入了目的地之后,导航系统根据电子地图上存储的地图信息,就可以自动算出一条或几条合适的推荐路线。

3.行驶中的导航

汽车导航系统的输出设备包括显示屏幕和语音输出设备。由于驾驶员在行驶过程中必须专注于驾驶,不能经常查看显示屏,汽车导航系统通常都有语音输出,向驾驶员提供提示信息。比如车辆按照系统推荐的路线行驶到应该转弯的路口前,语音输出设备会提示驾驶员:"200m后请左转"。目前世界几大著名汽车公司的导航系统已经达到了相当完善的程度。

车载卫星导航系统可分为内置式和外置式。内置式车载卫星导航系统一般经专门外形设计,由汽车生产商在生产环节安装固定在汽车上。外置式车载导航系统一般多为后期加装,安装简便,适用于各种车型。

10.6 汽车导航系统的检修

此处以宝来轿车导航系统为例来说明。宝来轿车的导航系统配备有 HDS 无线电接收器、127mm(5inch)彩色液晶显示屏、带有 GPS 卫星接收器及导航系统的 CD-ROM 驱动器,还带有高质量 HDS 轿车收音机。所以,该系统不但具有卫星导航功能,还兼备收音机的功能。

导航收音机系统装备有电子防盗系统,如果电子防盗保护装置被激活,当收音机和点火开关打开时,发光二极管闪亮;当导航系统接通后,发光二极管熄灭,表明系统已准备好可以使用。导航系统的结构如图 10-4 所示。

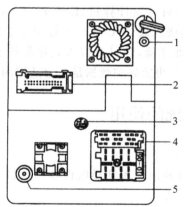

图 10-4　宝来轿车导航系统的结构

1—导航天线连接;2—传感器插座;3—RGB 连接;

4—多孔插头;5—收音机天线连接

图 10-5　检测仪器的连接

1. 导航系统的故障诊断

导航系统的故障诊断可以采用 V. A. G1551、V. A. G1552 和 V. A. S5051 进行,检测仪器的连接如图 10-5 所示。将检测仪器的插接头接到汽车的自诊断接口上,检查电路保险丝和供电电压正常后打开点火开关,按"1"键选择"快速数据传递"模式后,输入导航地址码"37",可对导航系统进行故障诊断和读取故障代码。宝来轿车导航系统的故障代码与含义如表 10-1 所示。

表 10-1　宝来轿车导航系统的故障代码及含义

故障码	故障现象	故障原因	故障排除
100668	接线柱 30 电压信号太弱;导航功能不全	①蓄电池电压低于 9.5 V; ②蓄电池不能充电; ③蓄电池损坏; ④交流发电机损坏	①检查蓄电池; ②必要时充电; ③检查交流发电机
00854	组合仪表上收音机频率显示输出无法通信; 在收音机/导航系统和组合仪表之间没有数据传递	①导线断路; ②收音机导航系统损坏; ③组合仪表损坏	①按电路检查导线; ②组合仪表自诊断; ③更换组合仪表; ④更换导航系统
00862	导航天线(GPS)R50/R52 断路/短路/对地短路; 导航功能不正常	①导线断路; ②导航天线(C-PS)损坏	①按电路检查导线; ②检查导航天线; ③更换导航系统
00867	连接 ABS 控制单元无信号; 导航功能不正常	①导线断路; ②ABS 传感器损坏; ③ABS 控制单元损坏	①进行车轮脉冲数/轮胎自适应; ②进行 ABS 处诊断; ③按电路检查导线
01311	数据总线信息无信号; 音响系统(DSP)功能不正常	①导线断路; ②收音机/导航系统损坏; ③音响系统(DSP)损坏	按电路检查导线
65535	控制单元损坏; 收音机/导航系统功能不正常	①收音机/导航系统损坏	①更换收音机/导航系统

2. 导航系统的检修

查出导航系统的故障代码后,按表 10-1 所列出的故障原因与排除方法进行检修。在拆装导航系统时应采用厂家提供的专用脱扣工具 T10057。将专用工具插入上下四角的狭缝内(注意方向),直到工具被卡住,拉动专用工具上的圆环,将收音机/导航系统从仪表板中拉出,断开连接,取出部件。按动侧面的锁止片,向外将专用工具拉出。

安装时,先连接插头,然后将收音机/导航系统直推入组合仪表板,直到定位于装配框架内。

思考题

1. 简述 GPS 卫星导航系统的工作过程。

2. 简述汽车导航系统的基本工作过程。

3. 简述宝来轿车导航系统的故障诊断过程。

4. 宝来轿车导航功能不正常,可能的原因是什么? 应如何查找?

车载网络控制系统

11.1　车载网络控制系统概述

11.1.1　传统汽车存在的问题

随着现代汽车电子控制技术的发展与现代人对汽车的动力性、经济性、舒适、安全、环保等方面要求及相应法律法规的约束,汽车电控系统的电控单元数量不断增加,使汽车整车的电气系统变得越来越复杂。单纯地增加汽车线束和插接件会带来汽车生产的线束布置与装配困难,也增加了汽车维修的难度;车身重量的增加影响了汽车的经济性、维修诊断困难等问题。

11.1.2　使用车载网络控制系统的目的

使用网络的目的是实现信息资源共享,系统的优化控制。虽然现代汽车电子控制系统的数量不断增加,但 ECU 间却主要是相互交换数据,协同工作,如果继续采用传统的汽车电气布线方式,必将会导致整车线束的长度、重量和占用的空间大大增加,而采用传统电控系统点对点的通信方式及分散式独立的控制方式对大量数据信息在电控单元间实时交换也存在极大的限制。本着减少成本、简化线路、提高通讯效率和提高电控系统可靠性的目的,国外许多大汽车公司与研究机构都积极致力于车载网络技术的研究,并在借鉴计算机网络技术和现场控制技术的基础上,开发出一些适用于汽车环境的网络控制技术。图 11-1 所示为车载网络系统在汽车中应用前后比较。图 11-2 所示为带三个控制单元的 CAN 驱动网络。

传统的汽车电控系统　　　　　　　　改进后的汽车电控系统

图 11-1　车载网络系统在汽车中应用前后

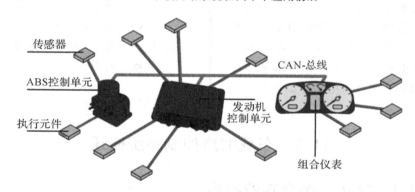

图 11-2　带三个控制单元的 CAN 驱动网络

11.1.3　车载网络系统分类

19 世纪 90 年代以后,随着集成电路、电子功率器件制造技术及多路传输技术的发展,廉价的微处理芯片和信号识别芯片开始大量地应用于网络、总线通讯接口电路中,这加速了车载网络控制技术进入实用化阶段。为了方便研究和设计应用,美国汽车工程师协会(SAE)车辆网络委员会依据功能和速率将汽车数据传输网络划分为 A,B,C三类;另外,不少文献中也将近年来发展起来的车载多媒体网络延续称为 D 类网络,面向乘员的安全系统网络称为 E 类网络。

A 类(如 UART,LIN,克莱斯勒的 CCD)是面向传感器、执行器控制的低速网络,

数据传输位速率通常小于 20kbps,主要用于后视镜调整,电动窗、灯光照明等车身低速控制;

B 类(如 SAEJ1850、低速 CAN)是面向独立模块间数据共享的中速网络,位速率一般在 10~125kbps,主要应用于车身电子舒适性模块、仪表显示等系统;

C 类(如高速 CAN)是面向高速、实时闭环控制的多路传输网,位速率在 125~1Mbps,主要用于牵引力 ASR 控制、发动机控制、ABS 控制等系统;

D 类(如 D2B,MOST)是面向多媒体信息的高速传输网络,位速率一般在 2Mbps 以上,主要用于车载视频、音频、导航系统等;

E 类(如 Byteflight,FlexRay)是面向乘员的安全系统高速、实时网络,位速率在 1Mbps 以上,主要用于线控系统 X-by-Wire、车辆被动性安全领域。

迄今为止,还没有一个车载网络协议可以完全满足未来汽车所有成本和性能的要求。目前,面对汽车上日益复杂的控制子系统的不同需要,国外许多汽车制造商倾向于采用多个协议子网混合使用的方案,即由各子系统决定自身采用哪一类总线,如有通信必要,各子系统总线之间再由网关互相连接以进行数据通讯。

目前大部分中高档轿车典型的应用方案是车身舒适控制系统单元都连接到 CAN 总线上,并借助于 LIN 总线进行外围设备控制;而汽车高速动力系统控制系统单元使用高速 CAN 总线进行连接;远程信息处理和多媒体系统可由 D2B 或 MOST 协议总线来实现;面向乘员的安全系统由 FlexRay 协议实现线控控制;无线通信则以蓝牙(Bluetooth)技术为主,这些不同的总线之间用网关联系。图 11-3 为车载网络系统的分类示意。

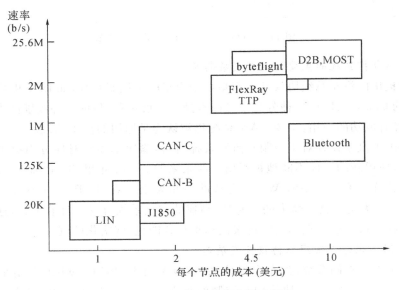

图 11-3 车载网络系统的分类示意图

11.1.4　车载网络的技术发展趋势

随着微控制器在汽车控制领域上的广泛应用,汽车电子化程度越来越高。按照对汽车性能的作用划分,汽车电子系统可归纳为两类:一类是汽车电子控制系统,包括安全系统、舒适系统、动力控制、线控转向、线控刹车等。另一类是车载多媒体系统,具有信息处理,如通讯导航,以及娱乐功能,包括 DVD 和后座娱乐系统等,如图 11-4 所示。

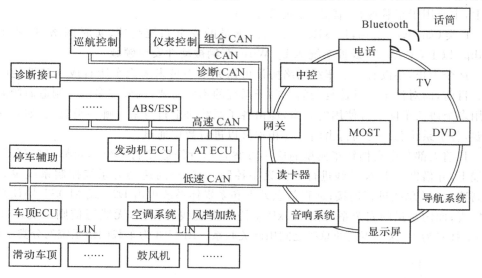

图 11-4　奥迪 A4 车用网络系统示意图

1. 汽车电控系统的主要协议及发展趋势

早期提出的汽车总线协议基本都集中于汽车电子控制系统,如 LIN 和 CAN 系统,在 SAE 的 Class A、B、C 三种分类中可以看到其发展过程,目前三种级别的大部分汽车总线,已经有成功的应用,至今 CAN 系统仍被认为是通用的汽车总线。

但是由于汽车设计对于控制和监测系统,在传输速率和实时性方面提出了越来越高的要求,使得新的协议不断地被提出。在未来的 5～10 年里,TTP 和 Flex Ray 协议总线将使汽车的线控(X-by-Wire)技术进一步发展。在 TTP 和 Flex Ray 协议中,FlexRay 被认为是更具生命力的实时强、高速的安全系统协议。目前来看,这几类协议将同时并存;可以预见,在不久的将来汽车将是智能化、网络化的汽车。

2. 车用多媒体系统通信协议及发展趋势

相对于电子控制系统,汽车多媒体系统,以及所谓"PC on wheel",是个全新的概念,在 Class A 中也有一些协议用来控制汽车音响,如 Ford 的 ACP , GM 的 Sinebus 等。但是这种控制是十分简单的,且不包括高速数据流的传输,作为添加的汽车辅助功能,协议类别也比较简单。而对于汽车多媒体信息系统的应用,除了高速数据流传输外,信息量大是最大特点,当然为了节省节点的成本,根据传输信号的不同,多媒体信息系统又分为低速、高速和无线传输协议。

在这些协议中,MOST 在欧洲市场上逐渐占据主要位置,2002 年 3 月上市的宝马 7 系列高档车上已采用了 MOST 和 POF(塑料光纤)相结合的技术。虽然 IDB-1394 协议的提出晚于 MOST,但是 Zayante 已开发出的零售市场装置具有 1394 物理层,并与福特汽车公司一起演示了一个数字照相机,以及有两个显示屏的,可即插即用的 DVD 播放机。也有人提出,采用蓝牙技术应用于车载多媒体系统,这样彻底解决线束的问题。鉴于汽车工业对可靠性的要求,这一设计被普遍应用还为时过早。

针对于 MOST 和 IDB-1394 互相竞争的局面,最终的格局可能是两类协议互相融合,形成统一的协议平台。在 AMI-C 组织(Automotive Multimedia Interface Collaboration)已计划推出的规范中包括了车辆界面,通信模式,通用信息设置和物理层。其性能和设计规范将涵盖蓝牙,1394,MOST 等多种网络协议。或者汽车制造商可以在车辆上同时使用 IDB-1394 和 MOST 协议,前者用于视频相关的应用(例如 DVD,TV,后边/侧边照相系统),后者音频和控制应用。

11.2　CAN 控制器局域网

11.2.1　概　述

1. 什么是 CAN

CAN 是 Controller Area Network 的缩写,即控制器局域网络。

CAN-BUS 是德国 Robert Bosch 公司在 20 世纪 80 年代初为汽车业开发的一种串行数据通信总线。是一种具高保密性,有效支持分布式控制或实时控制的现场串行通信网络。目前,在众多的现场总线标准中,CAN-BUS 是唯一被 ISO 认证(ISO11898)批准为国际标准的现场总线,它已发展成为应用最广泛、支撑技术和元器件最丰富的现场总线标准之一,被誉为最有前途的现场总线。在国外,尤其是美国和欧洲,CAN-BUS 已被广泛应用于汽车、火车、船舶、机器人、楼宇自动化、机械制造、医疗器械、电力自动化等众多工业自动化、控制领域。

2. CAN 控制器网络的特点

(1)多主式串行通信方式,对等的网络结构。网络上的节点不分主从,可以在任何时候向网络上其他节点发送数据,但受优先级仲裁控制,通信方式灵活。

(2)通信速率最大可以达到 1 Mbps(通信距离 40 m)。通信距离最大可以达到 10 km(通信速率为 5 Kbps)。节点数最大可以达到 110 个。

（3）采用非破坏性网络仲裁技术。网络上的节点可以分成不同的优先级,当多个节点同时向网络上发送数据时,低优先级的节点主动暂停数据的发送,优先级高的节点可以不受影响继续发送数据。之后,按优先级的高低依次重发数据,这样有效地避免了总线冲突。

（4）网络节点在错误严重的情况下具有自动关闭总线接口的功能,从而避免影响总线上其他节点的正常操作。

（5）通信介质可以为双绞线、电缆、光缆,选择灵活。

3. CAN 数据总线系统的结构

CAN 系统的工作是建立在通信协议基础上的,CAN 通信协议主要描述各控制单元间的信息传递方式。CAN 数据模型虽然主要由数据链路层和物理层组成,但实质的数据传输发生在物理层,CAN 最常用的物理介质是双绞线。由于信号采用差分电压方式传送,CAN 分为 CAN 高位数据线（CAN-H）和 CAN 低位数据线（CAN-L）;CAN-H 和 CAN-L 线上的数据为逻辑互补（电位相反）的值,即隐性为逻辑"1"（被动的电平）,显性（主控）为逻辑"0"（主动的电平,它能将隐性电平覆盖掉）,且高低位相加始终保持电压总和为一常数。通过这种方法,CAN 数据总线得到了保护,使其免受外界的电磁场干扰,同时 CAN 数据总线向外辐射也保持中性,即无辐射。图 11-5 所示为 CAN 数据传输线示意图。

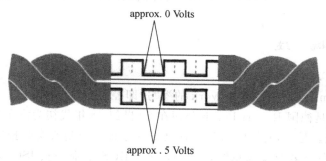

图 11-5 CAN 数据传输线

CAN 数据总线由一个控制器、一个收发器、两个数据传输终端以及两条数据传输线组成。除数据传输线外,其他元件都置于控制单元内部。图 11-6 为 CAN 数据总线组成示意。

一个 CAN 节点即是一个控制单元,其内部由 CAN 控制器和 CAN 收发器组成。CAN 控制器接收在控制单元中的微处理器中的数据,处理这些数据并传送给 CAN 收发器,同时接受 CAN 收发器的数据,处理并传送给微处理器;CAN 收发器是发送器和接收器的合称,它将 CAN 控制器提供的数据转化为电信号并通过数据线发送出去,同

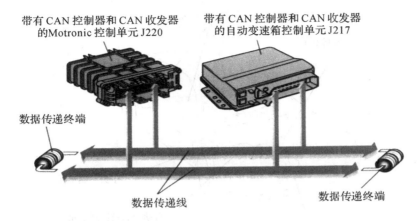

带有 CAN 控制器和 CAN 收发器
的 Motronic 控制单元 J220

带有 CAN 控制器和 CAN 收发器
的自动变速箱控制单元 J217

数据传递终端

数据传递线

数据传递终端

图 11-6　CAN 数据总线组成示意图

时接收数据,并将数据传送到 CAN 控制器。

数据传输终端实质是一个终端电阻,目的是阻止数据在传输终了时被反射回来并产生反射波,因为反射波会破坏数据传输。但实际数据传输终端会因车型不同有所变化,详见后述驱动系统 CAN 和舒适系统 CAN 部分。

4. CAN-BUS 的应用

目前国内引进的,装备 CAN 总线网络系统的车型如:通用公司的世纪、君威;大众公司的帕萨特 B5、奥迪 A6,宝来(Bora)、波罗(Polo);菲亚特(Fiat)公司的派力奥(Palio)、西耶那(Siena)以及马自达公司的马自达 6 等都普遍采用两条 CAN 网络:

一条用于驱动系统的高速 CAN,速率达到 500 Kbps,驱动系统主要连接对象是发动机控制器、ABS/ASR/ESP 控制器、安全气囊控制器、自动变速箱控制器、组合仪表等,它们的基本特征相同,都是控制与汽车行驶直接相关的(安全性)系统。

一条用于车身系统的低速 CAN,速率是 100 Kbps。车身系统 CAN 主要连接对象是 4 门以上的集控锁、电动车窗、后视镜和厢内照明灯等。

目前,驱动系统 CAN 和车身系统是 2 条独立的总线系统,为实现在各 CAN 之间的资源共享,设计"网关"使二者相连,并将各个数据总线的信息反馈到仪表板上。驾车者只要看看仪表板,就可以知道各个电控装置是否正常工作了,从而实现信息的共享。

图 11-7 所示为典型大众 CAN-BUS 控制器局域网。

由于现代车载网络技术的快速发展,据最新版本的 CAN 总线系统则由 5 个不同区域的局域网:驱动系统、舒适系统、信息系统(infotainment,低速)、仪表系统、诊断系统,并由 LIN 总线辅助 CAN 形成相应子网,如图 11-8 所示。

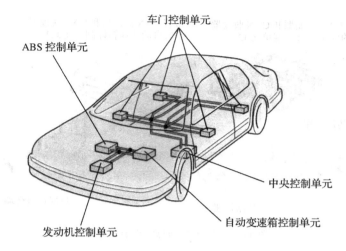

车门控制单元

ABS 控制单元

中央控制单元

自动变速箱控制单元

发动机控制单元

图 11-7 典型大众 CAN-BUS 控制器局域网

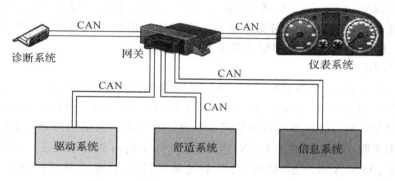

CAN　　　　CAN

诊断系统　　网关　　　仪表系统

CAN

CAN

CAN

驱动系统　　舒适系统　　信息系统

图 11-8 大众 CAN-BUS 系统的五个子网

11.2.2 大众动力传输系统(驱动系统)CAN-BUS

大众驱动系统 CAN 的主要连接对象为:发动机控制器、ABS/ASR/ESP 控制器、气囊控制器、自动变速箱控制器、组合仪表等。如图 11-9 所示为大众动力传输系统CAN 连接图。

由于他们所控制的对象是与汽车的行驶安全直接有关的系统,相互之间存在着较多的信息交流,且都是连续的、高速的、实时性高、流量有限的信息,因此它们所具备的基本特征是一致的。尤其是组合仪表,虽然它不直接参与对汽车行驶安全的控制,但作为人与车交流的窗口,在仪表上反映了很多有关汽车行驶安全的信息:车速、转速、挡位等;同时汽车电控系统的自检和初始化结果都会反应到组合仪表上,因此只要将仪表放到驱动系统的总线上,就能很方便地获取驱动系统各控制器的有关信息,而不必再增加

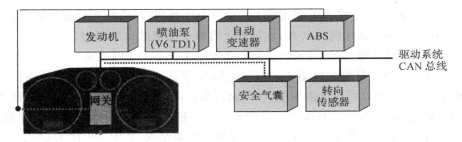

图 11-9　大众动力传输系统 CAN 连接图

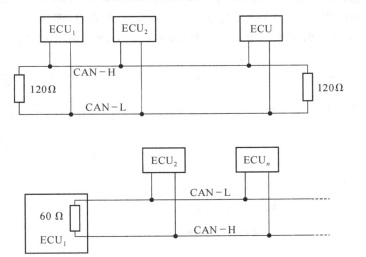

根据总线上 CAN-High 线和 CAN-Low 线上的负载电阻

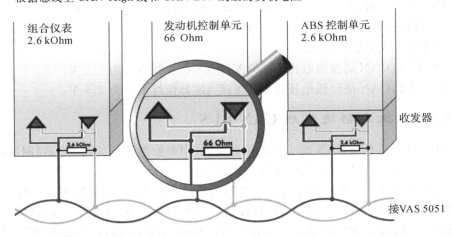

图 11-10　大众动力传输系统 CAN 终端电阻中心总线连接示意图

额外的连线。同时通过仪表中的现成 CAN 作为诊断接口/诊断通路而对各控制器进行诊断,可以不必依靠常规的 K 线,在硬件上省略了诊断接口的同时,在软件上只要定义相关的传输协议,即可在 CAN 的层面上实现原来全部的诊断功能。

　　驱动系统 CAN 总线由电源 15 号线激活,速率是所有 CAN 总线中最高的,达到 500 Kbps。1999 年以后投产的车型上,大众汽车公司则采用了称之为"中心总线连接"的终端电阻连接方式,也就是说将原来分布在 2 个控制器中的 120 Ω 电阻以并联形式归并到一个控制器中,如图 11-10 所示,形成终端电阻结构,其中心电阻为 66 Ω(发动机电阻),其他控制单元中安装大电阻(2.6 kΩ),根据联接的控制单元数量,所有控制单元形成的总电阻为 53～66 Ω;高低 CAN 线为环状结构,即任一根 CAN 线断路,则 CAN 系统无法正常工作。驱动系统 CAN 总线信号波形如图 11-11 所示。

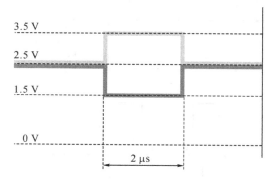

在显性状态时,CAN-High线
的电压升至约3.5 V

在隐性状态时,这两条线的
电压均为约2.5 V(静电平)

在显性状态时,CAN-Low线
的电压降至约1.5 V

图 11-11　驱动系统 CAN 总线信号波形

驱动系统 CAN 总线信号如下:

CAN 高位线的高电平为 3.5 V,CAN 高位线的低电平为 2.5 V;

CAN 低位线的高电平为 2.5 V,CAN 高位线的低电平为 1.5 V。

驱动系统 CAN 逻辑信号如下:

逻辑"0"时,CAN 高位线电压为 3.5 V,CAN 低位线电压为 1.5 V;

逻辑"1"时,CAN 高位线电压为 2.5 V,CAN 低位线电压为 2.5 V。

11.2.3　大众舒适系统 CAN-BUS

　　大众车身舒适系统 CAN 的主要连接对象为:中央控制器 J393,4 个门控制器,在某些情况下,还包括记忆模块和其他组件。如图 11-12 所示。

　　车身舒适系统的控制对象主要是 4 个门的集控锁和车窗,行李厢锁,后视镜、车内顶灯,甚至自动座椅、自动空调等。在具备遥控功能的情况下,还包括对遥控信号的接收处理和其他防盗系统的控制。中央控制器除承担遥控系统的信号接收和处理功能外,更主要的是它扮演了系统诊断接口的角色。

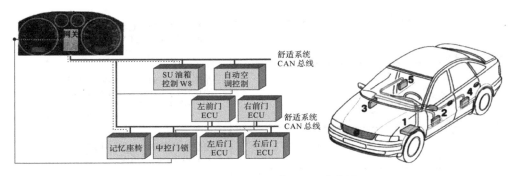

图 11-12　大众舒适系统 CAN 连接图

大众车身舒适系统 CAN 总线由 30 号线激活，速率可达 100 Kbps(97 款 Passat 上首次使用时舒适系统速率为 62.5 Kbps，2000 年后采用新型舒适系统 CAN 总线传输速率为标配 100 Kbps)；与驱动系统不同，控制单元内的负载电阻不是作用于 CAN-High 线和 CAN-Low 线之间，而是体现在每根导线对地或对 5 V 之间，其连接电阻分别连接到 CAN 驱动器的 RTH 和 RTL 上(即 5 V 导线与地之间)，即在总线断电情况下总线的连接电阻是测量不到的，也就是说，电源电压断开，CAN 低线上的电阻也断开，因此不能用电阻表进行测量，如图 11-13 所示。尽管舒适系统 CAN 速率较驱动系统 CAN 慢，但由于舒适系统 CAN 总线由两个独立的驱动器组成，保证在总线输出端有两个互不相干的差分电压电平，故能单线工作；另外，舒适系统中实施了网络管理的方法，包含的技术含量要比驱动系统高。

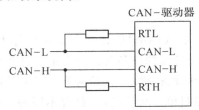

图 11-13　舒适系统 CAN 总线连接电阻(物理层)

由于使用同样的脉冲频率，所以 CAN 舒适数据总线和 CAN 信息系统(Infotainment)数据总线可以共同使用一对导线，当然前提条件是相应的车上有这两种数据总线(如 Golf IV，Polo MJ 2002)。

舒适系统 CAN 总线信号波形如图 11-14 所示。

舒适系统 CAN 总线信号如下：

CAN 高位线的高电平为 3.6 V，CAN 高位线的低电平为 0 V；

CAN 低位线的高电平为 5 V，CAN 高位线的低电平为 1.4 V。

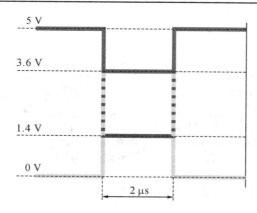

在显性状态时，CAN-Low线
上的电压降至 1.4 V

在隐性状态时，CAN-High线上
的电压约为 0 V，CAN-Low线上
的电压约为 5 V

在显性状态时，CAN-High线
上的电压约为 3.6 V

图 11-14　舒适系统 CAN 总线信号波形

舒适系统 CAN 逻辑信号如下：

逻辑"0"时，CAN 高位线电压为 3.6 V，CAN 低位线电压为 1.4 V；

逻辑"1"时，CAN 高位线电压为 0V，CAN 低位线电压为 5 V。

由于舒适系统 CAN 总线由 30 号线供电，即一直处于准备被驱动状态，为避免过度放电，有必要进行电源管理。当控制单元间无信息交换时，舒适系统总线进入睡眠模式（电流节约模式），在睡眠模式下舒适系统总线只取极小的电流（几个毫安）。需要时可通过如中央闭锁、无线远程操作等自动起动。

11.2.4　网关与诊断总线

1. 网关

由于不同区域 CAN 总线（或网络）的速率和识别代号不同，信号从一个总线进入另一个总线区域，必须有一个特殊的设备（模块）满足信息共享与不同协议间的冲突，从而保证无差错传输，这个特殊设备（模块）就是网关。网关是连接整车不同总线间、诊断仪表和与总线系统相连的控制单元间的接口，具有不同协议间的转换能力及改变信息优先权的功能。对于大众驱动系统 CAN 和舒适系统 CAN 而言，网关起到了类似于不同速率间的 CAN"同台换乘"的目的。图 11-15 所示为网关工作示意图。图 11-16 为网关的作用与电路图。

要想进行故障分析，就必须先使用 VAS 5051 来诊断。故障记录并不能说明数据总线有某种故障，控制单元损坏也会产生与数据总线故障相似的影响。只有读出网关内存储的故障记录才能为故障查询提供必要的帮助。对于 CAN 驱动数据总线来说，可以用欧姆表来检查 CAN 数据总线；对于 CAN 舒适/ Infotainment 数据总线来说，任何时候均可使用 VAS 5051 上的数字存储式示波器（DSO）。在将 VAS 5051 接到网关上后，可以通过 VAS 5051 的主菜单使用功能 19（网关）来查看故障记录。在网关菜单

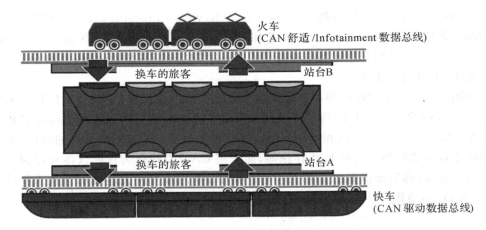

图 11-15 网关工作示意图

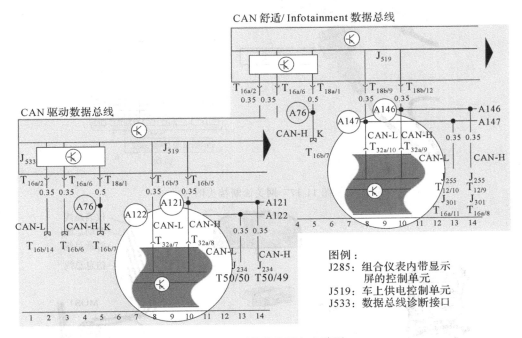

图 11-16 网关的作用与电路图

中可通过选择 08 来查看测量数据块,随后输入想要查看的测量数据块的号码。

2. 诊断总线

故障诊断是现代汽车必不可少的一项功能,使用故障诊断的目的主要是为了满足 OBD-Ⅱ(ON Board Diagnose)、OBD-Ⅲ 或 E-OBD(European-On Board Diagnose)标准。目前,大多汽车生产厂商都采用 ISO14230(Keyword Protocol 2000,KWP2000)作为诊断系统的通信标准,它满足 OBD-Ⅱ 和 OBD-Ⅲ 的要求。随着 CAN 总线的广泛应用,欧洲汽车厂商已经开始使用一种基于 CAN 总线的诊断系统通信标准 ISO315765,它满足 E-OBD 的系统要求。

诊断总线是用于诊断仪器和相应控制单元之间的信息交换,它被用来代替原来的 K 线或 L 线的功能,图 11-17 所示为网关诊断接头图。诊断总线通过网关转接到相应的 CAN 总线上,然后再连接相应的控制器进行数据交换。随着诊断总线的应用,大众集团将逐步淘汰控制器上的 K 线存储器,而采用 CAN 总线作为诊断仪器和控制器间的信息连接线,称为虚拟 K 线。图 11-18 所示为诊断总线与网关连接示意及诊断总线(虚拟 K 线)示意图。

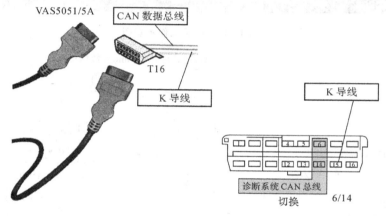

图 11-17　网关诊断接头图

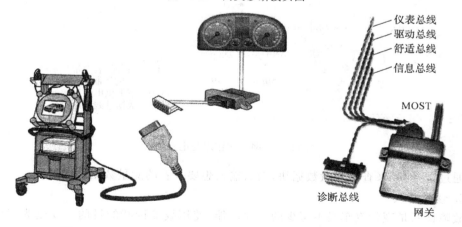

图 11-18　诊断总线与网关连接示意及诊断总线(虚拟 K 线)示意图

11.2.5　控制器局域网 CAN-BUS 系统的检修

装有 CAN-BUS 多路信息传输系统的车辆出现故障,维修人员应首先检测汽车多路信息传输是否正常。因为如果多路信息传输系统有故障,则整个汽车多路信息传输系统中的有些信息将无法传输,接收这些信息的电控模块将无法正常工作,从而为故障诊断带来困难。对于多路信息传输系统故障的检修,应根据多路信息传输系统的具体结构和控制线路具体分析。一般说来,引起汽车多路信息传输系统故障的原因有三种:一是汽车电源系统引起的故障;二是汽车多路信息传输系统的节点故障;三是汽车多路信息传输系统的链路故障。

1. 汽车电源系统引起的 CAN-BUS 故障

汽车多路信息传输系统的核心是含有通信 IC 芯片的电控模块 ECM,电控模块 ECM 的正常工作电压在 10.5～15.0 V。如果汽车电源系统提供的工作电压低于该值,就会造成一些对工作电压的电控 ECM 出现短暂的停止工作,从而使整个汽车多路信息传输系统出现短暂的无法通信。

2. 节点故障

节点是汽车多路信息传输系统中的电控模块,因此节点故障就是电控模块 ECM 的故障。它包括软件故障即传输协议或软件程序有缺陷或冲突,从而使汽车多路信息传输系统通信出现混乱或无法工作,这种故障一般成批出现,且无法维修。硬件故障一般由于通信芯片或集成电路故障,造成汽车多路信息传输系统无法正常工作。对于采用低版本信息传输协议,即点到点信息传输协议的汽车多路信息传输系统,如果有节点故障,将出现整个汽车多路信息传输系统无法工作。

3. 链路故障

当汽车多路信息传输系统的链路(或通信线路)出现故障,如通信线路短路、断路以及物理性质引起的通信衰减或失真,都会引起多个电控单元无法正常工作或电控系统错误动作使多路传输系统无法工作。

判断是否为链路故障,一般采用示波器或汽车专用光纤诊断仪(参见 11.4 节 MOST-BUS)来观察通信数据信号是否与标准通信数据信号相符。

在检查数据总线系统时,须保证所有与数据总线相连的控制单元无功能性故障。功能性故障是指不会直接影响数据总线系统,但会影响某一系统的功能流程的故障,如传感器故障,其结果是传感器信号不能通过数据总线传递,功能性故障对数据总线系统有间接影响,它会影响需要该传感器信号的控制单元的通信。因此,如存在功能性故障,应先排除该故障,记下该故障并消除所有控制单元的故障代码。排除功能性故障后,如果控制单元间数据传递仍不正常,应检查数据总线系统。

由于车辆的机械振动,必须考虑到可能出现的绝缘故障、电缆断路及插头触点故障。于是就有一个 ISO 故障表,ISO 是"International Organization for Standardiza-tion"(国际标准化组织)的缩写。这张 ISO 故障表(如表 11-1 所示)中包括了 CAN 数据总线可能出现的故障。在实际工作中,即使在本不该出现时,这些情况也可能突然出现。

表 11-1 ISO 故障表

ISO	CAN-High	CAN-Low
1		断路
2	断路	
3		对 $V_{蓄电池}$ 短路
4	对地短路	
5		对地短路
6	对 $V_{蓄电池}$ 短路	
7	对 CAN-Low 短路	对 CAN-High 短路
8	缺少 R_{term}	缺少 R_{term}

注意:1)故障 3—8 在 CAN 驱动数据总线上可以用万用表/欧姆表来准确判断。

2)对于故障 1、2 和 9 必须使用数字存储式示波器(DSO)来判断。

3)对于 CAN 舒适/ Infotainment 数据总线来说,只能用数字存储式示波器(DSO)来诊断故障。

4)故障 8 不会出现在 CAN 舒适/ Infotainment 数据总线上。

(1)CAN 低位线断路故障(ISO—1 故障)

1)CAN 低位线断路故障(以 CAN 驱动系统为例),如图 11-19 所示。

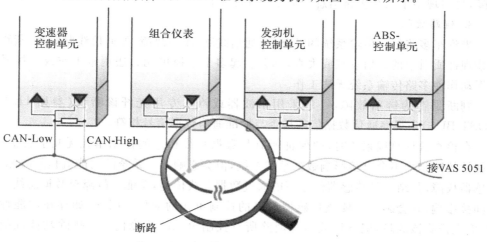

图 11-19 CAN 驱动系统低位线断路故障

图 11-20 所示为使用存储式示波器 DSO 的 CAN 驱动系统正常波形判断图,图 11-21 所示为 CAN 驱动系统低位线断路波形判断图。

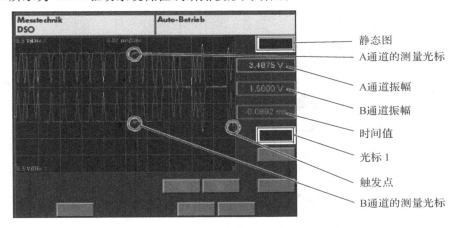

图 11-20　CAN 驱动系统波形判断图(正常波形)

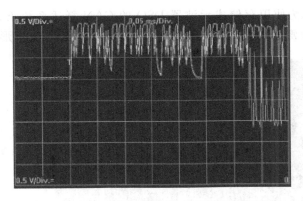

图 11-21　CAN 驱动系统低位线断路波形判断图

CAN 驱动系统低位线断路时,电流无法再流向中央终端电阻;通过 CAN-High 线,两条导线电压均接近 5V。如果还有其他控制单元在工作,那么图中显示出的电平就会与 CAN-Low 线上的正常电压一同在变化(见图 11-21 上 DSO 的右边缘)。

故障查寻的其他方法:

A. 拔下相应控制单元的插头,检查触点是否弯曲。

B. 再次插上插头,查询故障存储器。

如果仍显示有故障,那么:

C. 再次拔下通讯有故障的控制单元插头。

D. 查看一下电路图,将与有故障的控制单元直接相连的控制单元插头拔下。

E. 对于 CAN-Low-线来说,检查插头内针脚之间的连接是否断路。

2)CAN 低位线断路故障(以 CAN 舒适系统为例)如图 11-22 所示。

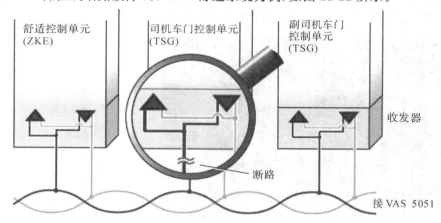

图 11-22 CAN 舒适系统低位线断路故障

图 11-23 所示为使用存储式示波器 DSO 的 CAN 舒适系统正常波形判断图,图 11-24所示为 CAN 舒适系统高位线断路波形判断图(即单线模式波形图)。

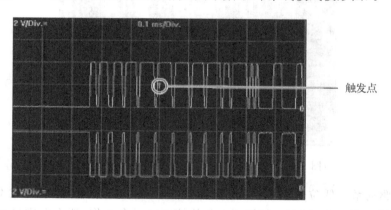

图 11-23 CAN 舒适系统波形判断图(正常波形)

如果因断路、短路或与蓄电池电压相连而导致两条 CAN 导线中的一条不工作了(ISO 故障 1—7),那么就会切换到单线工作模式。在单线工作模式下,只使用完好的 CAN 导线中的信号,这样就使得 CAN 舒适/Infotainment 数据总线仍可工作。控制单元使用 CAN 不受单线工作模式影响,一个专用的故障输出用于通知控制单元,说明现在收发器是工作在正常模式还是单线模式下。

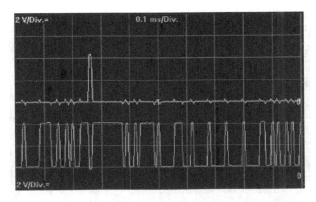

图 11-24　CAN 舒适系统高位线断路波形判断图（即单线模式）

（2）CAN 低位线与 12 V 电源短路故障（ISO－3 故障）

1）CAN 低位线与 12 V 电源短路故障（以 CAN 驱动系统为例），如图 11-25 所示。
图 11-26 所示为 CAN 驱动系统低位线与 12V 电源短路波形判断图。

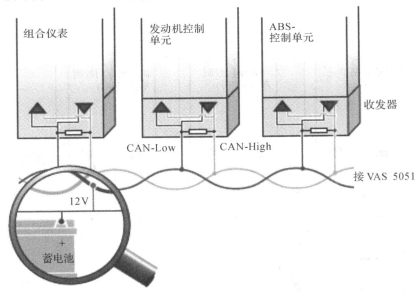

图 11-25　CAN 驱动系统低位线与 12 V 电源短路故障

2）CAN 低位线与 12 V 电源短路故障（以 CAN 舒适系统为例），如图 11-27 所示。
图 11-28 所示为 CAN 舒适系统低位线与 12V 电源短路波形判断图。

（3）一个或多个控制单元上的 CAN-High 线和 CAN-Low 线装混（ISO－9 故障）

1）CAN 低位线与 CAN 高位线混装故障（以 CAN 驱动系统为例），如图 11-29 所

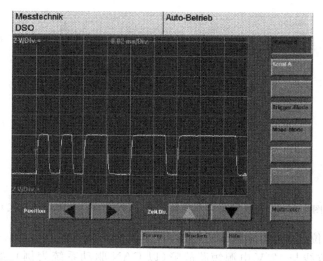

图 11-26　CAN 驱动系统低位线与 12 V 电源短路波形判断图

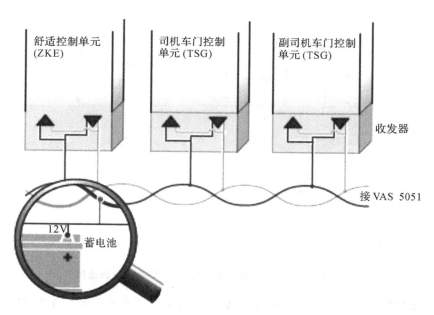

图 11-27　CAN 舒适系统低位线与 12V 电源短路故障

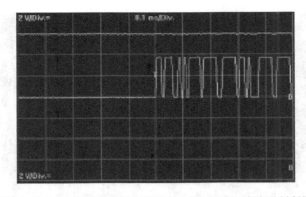

图 11-28　CAN 舒适系统低位线与 12V 电源短路波形判断图

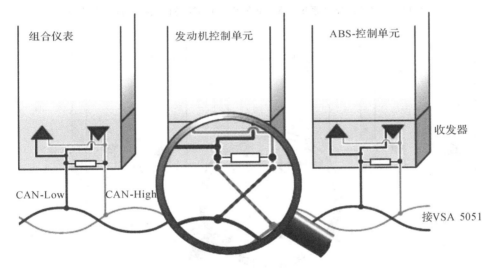

图 11-29　CAN 驱动系统低位线与高位线混装故障

示。图 11-30 所示为 CAN 驱动系统 CAN 低位线与 CAN 高位线混装波形判断图。

当线接混时,CAN-Low 线上会出现一条高于 2.5V(静电平)的电压波形曲线,图中也正是利用这个事实来显示的(在 DSO 左侧:CAN-Low 线电压高于 2.5V)。

2)CAN 低位线与 CAN 高位线混装故障(以 CAN 舒适系统为例),如图 11-31 所示。图 11-32 所示为 CAN 舒适系统 CAN 低位线与 CAN 高位线混装波形判断图。

当一个控制单元或一组控制单元的 CAN-High 线与 CAN-Low 线接混时,暂时在显示屏上不一定就能看出有什么差别。出现差别的频率可能非常低,以至于经过很长时间也不会显示出来。如果控制单元装混了,那么就无法进行数据交换,CAN 信息中断导致控制单元彼此相互干扰,这种情况积累多了就会产生"故障帧"(即 Error-

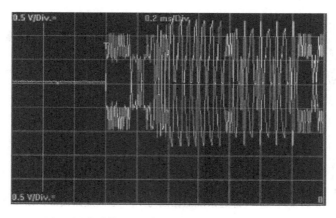

图 11-30 CAN 驱动系统 CAN 低位线与 CAN 高位线混装波形判断图

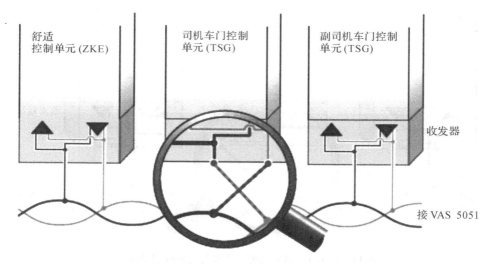

图 11-31 CAN 舒适系统低位线与高位线混装故障

Frames,就是 CAN 数据总线上的故障记录）。

　　仔细测量无法进行通讯的控制单元和可以进行通讯的控制单元之间的导线（按电路图），故障肯定就在这两个控制单元之间。

　　导线装混总是出现在最后一个能正常工作的控制单元和第一个不能正常工作的控制单元之间。导线装混的故障大多出现在修理数据总线时,故应重点检查这些地方。应根据导线的颜色来进行目视检查。进行故障排除前应断开蓄电池,因为在测量时,CAN 舒适／Infotainment 数据总线可能会开始工作,这就会导致测量结果不准。然后就可以用欧姆表来测量装混的 CAN-导线了。

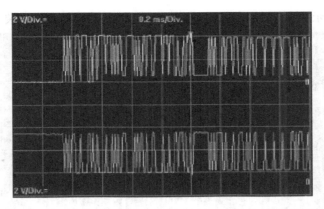

图 11-32　CAN 舒适系统 CAN 低位线与 CAN 高位线混装波形判断图

　　在本故障中，司机车门控制单元上的 CAN-Low-线的相应针脚与舒适控制单元上的 CAN-High 线之间存在电气连接，舒适控制单元上的 CAN-Low 线与司机车门控制单元上的 CAN-High 线之间也存在电气连接。如果插头装混了，其他控制单元上也会出现这个故障。不管是哪种情况，最好先检查无法联系上的控制单元的插头。

　　3)CAN-High 线对 CAN-Low 线短路(ISO－7 故障)

　　CAN-Low 线与 CAN-High 线短路故障(以 CAN 舒适系统为例)，如图 11-33 所

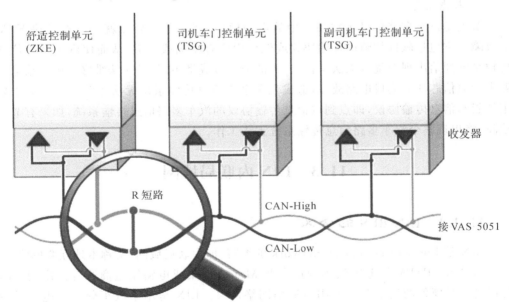

图 11-33　CAN 舒适系统低位线与高位线短路故障

示。图 11-34 所示为 CAN 舒适系统 CAN 低位线与 CAN 高位线混装波形判断图。

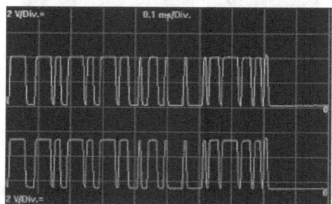

图 11-34　CAN 舒适系统 CAN 低位线与 CAN 高位线短路波形判断图

这种故障情况很明了,两条 CAN-导线电平电压是相同的。CAN-收发器关闭 CAN-Low 线,只用 CAN-High 线来工作。

注意:对于所有控制单元来说,短路总是会造成数据总线单线故障。如果只是影响几个控制单元,那么就可认为是某条 CAN 导线断路。

4. 节点故障

节点是汽车多路信息传输系统中的电控模块,因此节点故障就是电控模块 ECM 的故障。它包括软件故障即传输协议或软件程序有缺陷或冲突,从而使汽车多路信息传输系统通信出现混乱或无法工作,这种故障一般成批出现,且无法维修。硬件故障一般由于通信芯片或集成电路故障,造成汽车多路信息传输系统无法正常工作。对于采用低版本信息传输协议,即点到点信息传输协议的汽车多路信息传输系统,如果有节点故障,将出现整个汽车多路信息传输系统无法工作。

11.3　LIN 内联局域网

11.3.1　LIN-BUS 的含义

LIN 是 Local Interconnect Network 的缩写,即内联局域网,又称本地互联网络。

由 Audi、BMW 等七家汽车制造商及 Motorola 集成电路制造商联合提出的 LIN 协议是一种廉价的局部互连的串行通信网络协议。LIN 是用于汽车分布式电控系统的一种新型低成本串行总线,将开关、显示器、传感器及执行器等简单控制设备连接起来的廉价、单线、串行通信网络协议。LIN 的目标是为现有汽车网络(如 CAN 总线)提供辅助功能。因此,LIN 总线是一种辅助的总线网络,在不需要 CAN 总线的带宽和多功能的场合,比如智能传感器和传动装置之间的通信,使用 LIN 总线可大大节省成本。在低速车身控制条件下,与 CAN 线相比较,LIN 总线控制方案成本较低是最大的优势。

它是一种基于 UART 的数据格式、主从结构的,而这正是 CAN 总线的带宽和功能所不要求的部分。由于目前尚未建立低端多路通信的汽车标准,而从价格和实用性等因素考虑,LIN 在 A 类网络内与这些网络相比有很强的竞争力,因此 LIN 正逐渐发展成为低成本的串行通信的行业标准。

11.3.2　LIN-BUS 的特点

LIN-BUS 具有以下特点:

1)12V 单线介质传输,成本低。可直接使用汽车电源电压进行单线传输,结构更简单,可节省大量导线。

2)单主机/多从机,无总线仲裁。配置灵活的网络结构 LIN 网络的拓扑结构为总线型,网络中只有一个主节点,其余均为从节点。数据的优先级由主机节点确定,主节点控制整个网络的通信,网络中不存在冲突,不需要仲裁。

3)不需要改变任何其他从机节点的软件或硬件就可以在网络中方便地直接添加节点。整个网络的配置信息只保护在主节点中,从节点可以自由地接入或脱离网络而不会对网络中的其他节点产生任何影响,可以根据需要灵活改变。

4)基于普通 UART/SCI 接口硬件实现,从机节点无需石英或陶瓷振荡器即可实现自同步,协议简单,对硬件的依赖程度低,可以基于普通单片机的通用串口等硬件资源以软件方式实现,成本低廉。

5)通信量小,配置灵活。信号编码方式为 NRZ(8N1)串行数据格式,通讯速率最大可达 20kbps。

6)使机械电子部件智能传感器(smart sensors)和智能执行器的应用变得更为简便。

7)LIN 的协议是开放的,任何组织及个人无需支付费用即可获取。

8)总线长度≤40m,通常一个 LIN 网络节点数小于 12 个。

9)睡眠和唤醒　网络空闲时,主节点发出睡眠命令使整个网络进入睡眠。睡眠命令只能由主节点发出,网络中任何的一个节点都可以发出唤醒信号来唤醒整个网络。

10)故障检测　LIN 网络的节点具有区分短暂干扰和永久故障的能力。

11)可保证信号传输最大延迟,通讯时不会产生冲突,无需仲裁,故网络的最大传输延时能通过计算准确得出,从而为可靠通讯提供保障。

11.3.3　LIN-BUS 的结构与应用

1. LIN-BUS 的结构

以 LIN 总线为基础的车身控制系统的设计如图 11-35 所示。为将汽车上各类原始信号转换为可在 LIN 总线上进行传输的数字量信号,同时为提高系统的可靠性,在 LIN 总线上设置了节点。节点的功能是:接收传感器输出的模拟信号、数字信号或开关信号,经 ECU 处理,转换为可在 LIN 总线上通讯的数据报文格式,经 ECU 内的 LIN 控制器发到 LIN 总线上,同时将从 LIN 总线上接收到的数据信息转换成能够驱动执行器或照明灯的模拟信号或数字信号。

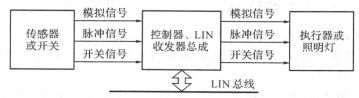

图 11-35　LIN 总线节点结构

LIN 的主机节点可实现一个网关的功能,如 CAN 总线和 LIN 总线之间的网关。根据 OSI 参考模型,LIN 分为物理层和数据链路层。图 11-36 所示为 LIN 总线网络拓扑结构和通信节点结构示意图。

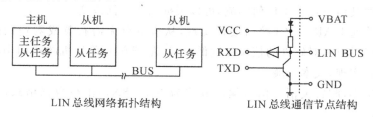

图 11-36　LIN 总线网络拓扑结构和通信节点结构示意图

LIN 网络的节点内部有主机任务和从机任务,图 11-37 所示为 LIN 的主机任务与从机任务示意图。活动 LIN 网络中的通信总是由主控任务发起,主机任务只在 LIN 总线主机节点上运行,它控制总线上所有的通信,如定义传输速率(2～20kbps,由一个精确的参考时钟驱动),发送同步间隔、同步场、标识符(ID)场,监控并通过检查校验和来验证数据的有效性,请求从机进入睡眠模式(当需要时再将其唤醒),对从机的唤醒进行响应;从机任务可在主机或从机节点上运行,它等待同步间隔,在同步场取得同步,分析识别码并做出相应动作(什么也不做,接收数据或发送数据),检查/发送校验和。

通过主机节点中的从机任务,数据可由主机节点发至任意从机节点。相应的主机报文 ID 可触发从机通信。

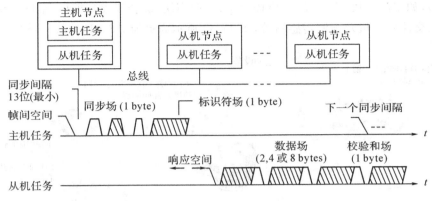

图 11-37　LIN 的主机任务与从机任务示意图

2. LIN-BUS 的应用

LIN 总线的目标定位是作为 CAN 的辅助总线,用于车身控制网络的低端场合,实现汽车车身网络的层次化,以降低汽车网络的复杂程度,保持最低成本。LIN 协会推荐的典型的基于 LIN 总线的车身网络框图如图 11-38 所示。

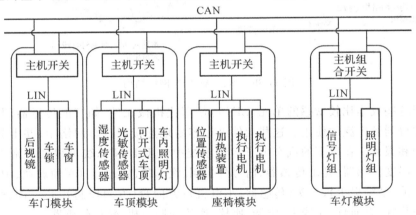

图 11-38　典型的基于 LIN 总线的车身网络框图

图 11-38 中每个模块内部各节点间通过 LIN 总线构成一个低端通讯网络,完成对外围设备的控制,各个模块又作为一个节点,通过作为网关的主机连接到低速 CAN 总线上,构成上层主干网,使整个车身电子系统构成一个基于 LIN 总线的层次化网络,实现了真正的分布式多路传输,这些单元可方便地连接到汽车网络供所有其他类型的诊断和服务访问使用,用数字信号代替广泛使用的模拟信号编码,从而可以优化布线,使网络连接的优点得到充分发挥。

典型的 LIN 总线应用在汽车中的联合装配单元(主要用来连接分布式车身控制电

子系统），如车门模块、车顶模块、座椅模块、空调模块、综合仪表盘模块、车灯模块、湿度传感器、交流发电机及雨刷传感器等，图 11-39 所示为奥迪 A8 LIN 网络结构。

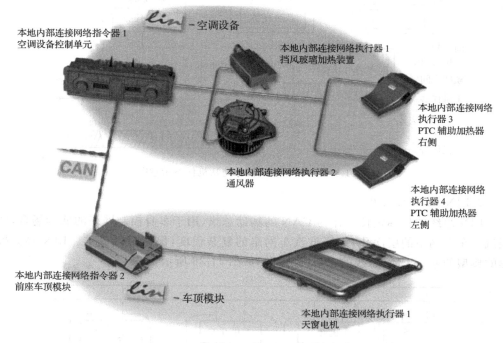

本地内部连接网络指令器 1
空调设备控制单元

本地内部连接网络执行器 1
挡风玻璃加热装置

本地内部连接网络
执行器 3
PTC 辅助加热器
右侧

本地内部连接网络执行器 2
通风器

本地内部连接网络
执行器 4
PTC 辅助加热器
左侧

本地内部连接网络指令器 2
前座车顶模块

本地内部连接网络执行器 1
天窗电机

图 11-39　奥迪 A8 LIN 网络结构

　　对于这些成本比较敏感的单元，LIN 可使那些机械元件，如智能传感器、制动器或光敏器件得到较广泛的使用。这些元件可很容易地连接到汽车网络中，并十分方便地实现维护和服务。在以下的汽车电子控制系统中使用 LIN 总线可得到非常满意的效果：车顶（湿度传感器、光敏传感器、信号灯控制、汽车顶篷）；车门（车窗玻璃、中控锁、车窗玻璃开关、吊窗提手）；车头（传感器、小电机）；方向盘（方向控制开关、挡风玻璃上的刮水洗涤装置、方向灯、无线电、空调、座椅、座椅控制电机、转速传感器）。

　　（1）LIN 在车灯模块中的应用

　　汽车灯光控制系统是车身控制系统的一个子系统，主要控制对象是不同功率的车灯和开关量器件，该系统作为车身低端网络，传输数据量小，对传输速率要求不高，20kbps 完全可以满足系统对传输速率的要求。相比于具有更多优良性能而价格也更高昂的 CAN 总线，LIN 总线成本较低，容易在 UART 中实现，并具有较好的容故障能力和传输可靠性。在综合考虑总线的硬件与软件成本和总线的可靠性之后，选择 LIN 总线实现灯控模块内部子模块间的数据传输，而 CAN 总线则用于灯控模块与车身内部其他 ECU 之间的通信。图 11-40 所示为灯控模块中的 LIN 应用结构图。

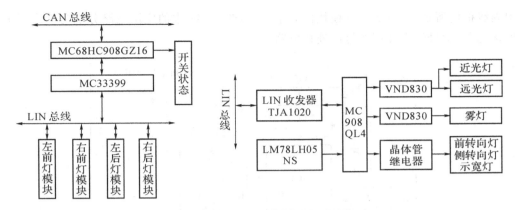

图 11-40　灯控模块中的 LIN 应用结构图

根据汽车车灯的实际分布情况,将整个车灯模块分为 3 个节点,即组合开关作为主机节点,信号灯组、照明灯组作为 2 个从机节点,构成一个简单的 LIN 网络(见图 11-38 中车灯模块)。照明灯组共有 4 个灯,分为近光和远光 2 组任务,用数据长度为 2 个字节的标识符 0x10 来标记;信号灯组有 8 个灯,分为左转向、右转向、倒车、制动 4 个任务,用数据长度为 4 个字节的标识符 0x20 来标记,整个网络具有 2 种不同的数据类型 0x10 和 0x20。另外,还有睡眠和唤醒 2 个命令帧,分别用 LIN 总线保留的标识符 0x3C 和 0x00 来识别。表 11-2 列出了整个车灯模块的数据流动方向。

表 11-2　车灯模块发送和接收的数据

标识符	信息类型	组合开关	照明灯组	信号灯组
0x10	近光	发送	接收	—
	远光	发送	接收	—
0x20	左转向	发送	—	接收
	右转向	发送	—	接收
	倒车	发送	—	接收
	制动	发送	—	接收
0x3C	睡眠	发送	接收	接收
0x00	唤醒	发送	接收	接收

LIN 节点电路框图如图 11-41 所示。LIN 接口电路主要包括微控制器 MCU、LIN 收发器和电源管理芯片 Vreg 3 个芯片。需要注意的是主机节点电路和从机节点电路有所区别,主机节点电路中需要再连接一个 1K 的上拉电阻和一个二极管(如图 11-41

中虚线框内所示）。对于车灯模块的 3 个节点,图 11-41 中的应用电路分别为组合开关连接电路、信号灯组和照明灯组连接电路。

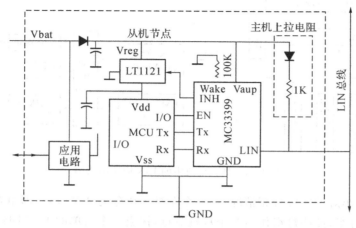

图 11-41　LIN 节点电路框图

　　LIN 网络只有 3 根导线,即数据总线 LIN、12V 电源线和地线。设定数据传输速率为 9.6kbps,第一次按键灯亮,第二次按键灯灭,实现开关型器件的网络通信。

　　(2)LIN 在空调模块中的应用

　　图 11-42 所示为 Audi A8 的 LIN 空调控制系统。图 11-43 所示为 Audi A8 的 LIN 空调控制示意图。

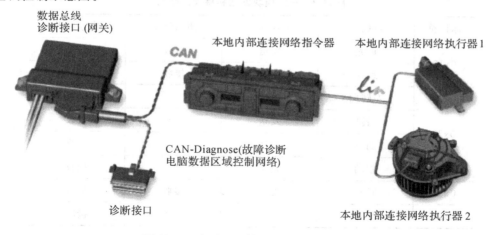

图 11-42　Audi A8 的 LIN 空调控制系统

　　LIN 网络执行空调模块智能型电子元件或电控机械式组件,它通过 LIN 网络连接网络信号从 LIN 网络—指令器—控制单元中获得任务,通过集成感应器能经 LIN 网络

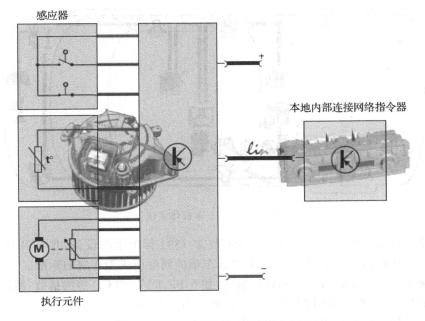

感应器

本地内部连接网络指令器

执行元件

图 11-43　Audi A8 的 LIN 空调控制示意图

指令器来询问执行元件的实际状况,因此能进行额定值和实际值的比较。

11.4　MOST 光纤网

11.4.1　MOST-BUS 概述

1. 什么是 MOST

MOST 是 Media Oriented Systems Transport 的简称,意为面向媒体的系统传输。为多媒体时代的车载电子设备所必需的高速网络、分散多媒体系统的构筑方法、遥控操作及集中管理多媒体设备等提出了方案。可实时处理针对不同多媒体系统的多个数据流、数据(On-time data)。

2. 汽车多媒体信息网络和协议的类型

汽车多媒体信息网络和协议分为三种类型,分别是低速、高速和无线;对应 SAE 的分类相应为:IDB-C(Intelligent Data Bus-CAN)、IDB-M(Multimedia)和 IDB-Wireless,其传输速率在 250Kbps～100Mbps。图 11-44 所示为汽车多媒体系统示意图,它包括了语音系统、车载电话、音响、电视、车载计算机和 GPS 等系统。

低速用于远程通讯、诊断及通用信息传送,IDB-C 按 CAN 总线的格式以 250Kbps

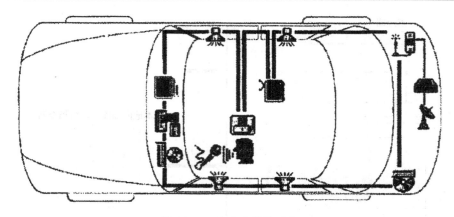

图 11-44　汽车多媒体系统

的位速率进行信息传送。由于目前已经有许多 1394 标准下的设备,并与 IDB-1394 相兼容,因此,IDB-1394 将随着 IDB 产品进入车辆的同时而成为普遍的标准。

　　高速主要用于实时的音频和视频通信,如 MP3、DVD 和 CD 等的播放,所使用的传输介质是光纤,主要的 IDB-M 有:D2B、MOST 和 IEEE1394。

　　D2B 是用于汽车多媒体和通讯的分布式网络,通常使用光纤作为传输介质,可连接 CD 播放器、语音控制单元、电话和因特网。D2B 技术已使用于奔驰公司多款 S 级轿车中。

　　MOST 是车辆内 LAN 的接口规格,用于连接车载导航器和无线设备等。数据传输速度可达 25Mbps。其规格主要由德国 Oasis Silicon System 公司制订。目前德国宝马、奔驰、奥迪等高端车已大规模使用 MOST 构建汽车多媒体信息系统。

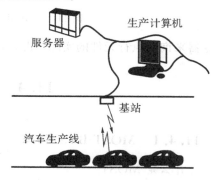

图 11-45　蓝牙在汽车生产线上的应用

　　在无线通讯方面,"蓝牙(BlueTooth)"技术有很大优势,它可以在汽车系统、生产工具间以及服务工具之间建立无线通讯。如图 11-45 所示为蓝牙在汽车生产线上的应用。

11.4.2　MOST-BUS 的特点

MOST-BUS 具有以下特点:

1)以光纤(单根)为载体,环型拓扑结构,单向传输。控制单元通过光纤沿环形方向(单方向)将数据发送到下一个控制单元,这个过程一直在持续进行,直至首先发出数据的控制单元又接收到这些数据为止,从而形成了一个封闭环。

2）高达 25Mbps 的集合同步带宽，远远高于传统汽车网络。相当于 15 个不同的音频流同时播放。MOST 网络中，多媒体信号是同步传输的，无需缓存，即支持如麦克风之类的最简单的多媒体设备。

3）主从式结构，点对点式通信。常见的 MOST 网络有 3 到 10 个节点。用户控制界面或 MMI（人机界面），通常作为时序主控者（timing master），负责驱动系统时钟、生成帧数据即 64 字节序列数据。剩下的节点都充当从控者（slave）。

4）质量非常轻，抗电磁干扰。用单独的塑料光纤媒介传输各种信号，克服了传统的铜布线昂贵、复杂并且不可变的缺点，降低了成本，同时扩展了功能。同时数据不受电磁干扰的影响，也能够消除由于传统铜线传输数据造成的电磁干扰。

5）独立系统时钟，无中央处理器，宽应用范围：应用于带宽从 Kbps 到几 Mbps（将来可以达到 150Mbps），高品质完整数据，具有低抖动特性，支持异步和同步数据传输，一个网络中最多支持 64 个设备；真正的 P2P 网络：允许任何一个节点直接无阻碍地与另外的节点通信（对话）；使用轻松：简单的连接器、无交流循环、无辐射、即插即用、虚拟网络管理。

6）对通讯的误码率要求不高。尽管要求较高的通讯速率，然而传输多媒体信号对于传输过程中的错误并不敏感（相对控制器网络而言）。例如，视频信号流中误码率达到 10^{-6} 量级，人眼不会有明显的感觉，与控制器网络相比，这一要求相差了 5～6 个量级。

11.4.3　MOST-BUS 的结构

MOST-BUS 具有以下特点：

MOST 总线系统的显著特点是它的环形结构，如图 11-46 所示。MOST 采用点对点的"接力"通讯方式实现网络广播，控制单元通过一根光纤把数据传送至环形结构中的下一节点。

这个过程一直持续到数据返回至原先传送它们的那个控制单元。由此，形成了一个闭合的环路。MOST 总线系统的诊断是借助于数据总线的诊断接口和诊断 CAN 进行的。

不过 MOST 的环形拓扑结构与传统的环状结构有所区别，MOST 采用的是带旁路模式的环形拓扑结构，要求在网络中实现一个物理环路（光纤）和一个逻辑环路。网络上的第 N 个设备通过输入端口从第 N－1 个设备收到信号，并将收到的信号在它的输出端口发送到第 N＋1 个设备。如图 11-47 所示。

MOST 通过在每个节点上实现即使掉电时也可工作的"旁路模式"（ByPass Mode）解决了传统环路上因节点故障而导致网络瘫痪的问题。

如果 MOST 总线处于睡眠模式，唤醒程序首先把系统切换至备用模式。如果一个控制单元（系统管理器除外）唤醒了 MOST 总线，它就把特殊的已调制光——从属光传送到下一个控制单元。通过睡眠模式中处于激活状态的光敏二极管，环形结构中的下

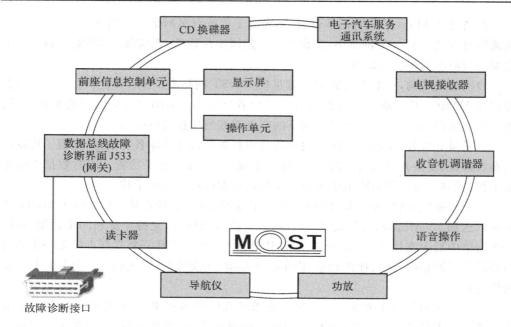

图 11-46 MOST 的环形结构

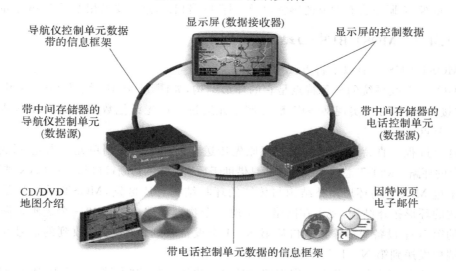

图 11-47 MOST 信息传递

一个控制单元接收从属光并继续传送它(图 11-48)。这个过程一直持续到抵达系统管理器为止。通过接收到达的从属光,系统管理器辨认出系统起动的命令。

然后,系统管理器把另一个特殊的已调制光——主控制光传送到下一个控制单元。

所有控制单元继续传送这个主控制光(图 11-49)。系统管理器通过在它的 FOT 中接收到主控制光后,就能够判断出环路已经闭合并开始传送信息。

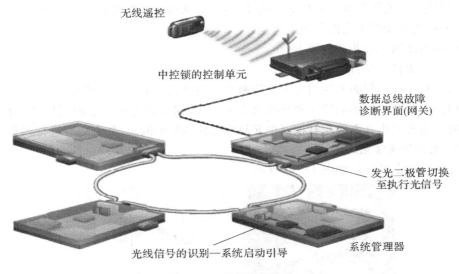

图 11-48　从属光的传送

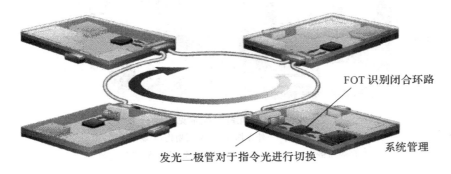

图 11-49　主控光的传送

11.4.4　MOST-BUS 的应用与检修

1. MOST 与光纤的注意事项

(1)光纤保护帽只有在安装时才能直接被卸下;

(2)开口的光纤插头不允许触摸,不能被灰尘、油腻或其他液体弄脏;

(3)任何形式损坏的光纤线束应申请更换;

(4)光纤或空气管路的修理只允许由受过专业培训的人士进行;

(5)所有损坏的插头要申报并做好记录;

（6）线束只能按说明 PDM 图安装和连接；

（7）未装的长线束打上活结；

（8）线束不能从外部的破口处硬拉硬拽，只能从内向外推出；

（9）插头和线缆不允许在地上拖拉；

（10）不能踩在插头或导线上；

（11）线束任一位置不允许折叠；

（12）只有在确保必要的情况下才能断开控制单元插头和导线插头；

（13）在断开控制单元插头和导线插头前，应确保数据总线处于睡眠模式。在等闲连接时一定要读出并删除所有控制单元故障存储器里的故障，如有必要进行调整。

2. 光纤导线常见故障

光纤导线常见故障如图 11-50 所示。

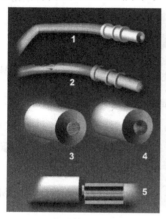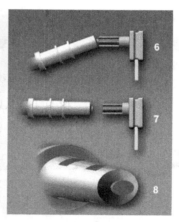

图 11-50　光纤导线常见故障

1-弯曲半径过小；2-外壳损坏；3-端面划伤；4-端面污损；

5-端面错位；6-角度故障；7-两条光纤间漏光；8-端口问题

3. MOST 总线的诊断

对 MOST 环形信息系统网络，最常用的诊断方法是环形断裂法进行诊断。断环诊断通过网关导入，诊断检测仪的断环诊断被激发，因为光环断路，断环检测必须由星型连接的点检测实现，用断环诊断进行分析，判断总线上的所有控制单元的电路和光路是否正常。系统出现故障的原因主要有以下几点：

（1）环断（光纤压坏、剪断或者插头没插）；

（2）控制单元没有电；

（3）光纤变形；

（4）发射、接收二极管有故障。

为分析出断环出现的位置,零件清单、断环诊断应答等信息非常必要,如图 11-51 所示。环路环形断裂法诊断可以通过以下方式进行:激活诊断接口的执行元件测试,从诊断接口发一个电脉冲到诊断线上,所有控制单元发送光信号,所有控制单元检查电器功能。所有控制单元检查环路上运行的光信号量否到达入口,控制单元通过诊断线回答,通过环形顺序检查指出环路的断路位置。

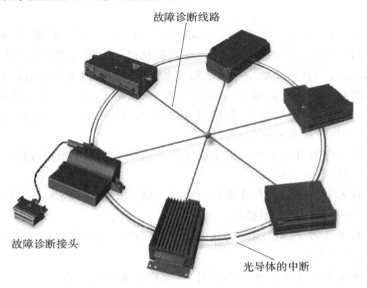

图 11-51　环形断裂诊断法示意图

4. MOST 导线的弯曲防护

波纹管弯曲避免半径不足,如图 11-52 所示,最小弯曲半径 R 要大于 25mm,R 在 10～20mm 范围内会损害功能,R 小于 5mm 为破坏半径。

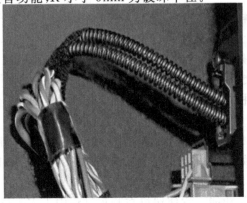

图 11-52　MOST 导线的弯曲防护

11.5　其他网络控制协议

11.5.1　蓝牙网在汽车上的应用

1. 概述

蓝牙(Blue tooth)是一种短距离无线通信技术。利用蓝牙技术,能有效简化掌上电脑等移动通讯终端设备间的通信,也能成功简化以上设备与 INTERNET 间的通信,从而使现代设备与因特网间数据传输变得更加迅速高效,为无线电通信拓宽道路。蓝牙技术是 1998 年 5 月五家世界著名的大公司——爱立信(Ericsson)、诺基亚(Nokia)、东芝(Toshiba)、国际商用机器公司(IBM)和英特尔(Intel)联合宣布的一项技术。

蓝牙技术与红外技术的区别:

(1)蓝牙技术与红外技术相比的主要优势是蓝牙传输不要求视线传输(即发送设备与接收设备间可以存在障碍)。

(2)蓝牙技术与红外技术存在明显的重叠区域,但这两种技术是互补的,它们都有适合自己的应用和预期的使用模型。

(3)红外技术已被全球范围内的众多软硬件厂商所支持和采用,目前主流的软件和硬件均提供对它的支持。

(4)蓝牙在安全方面还存在一些漏洞,目前相对价格还比较高。

汽车系统和蓝牙技术相结合,将会给汽车的生产和服务带来更大的方便,如果进一步和移动电话甚至 Internet 连接起来,车主在任何时间任何地点都可以了解汽车的状况并给予必要的控制。但要在汽车内实现蓝牙技术,还需要使蓝牙技术和 CAN 技术相配合。

2. 蓝牙技术在汽车上的应用

蓝牙技术在汽车上的应用场合如下:

(1)当汽车进入服务站时,它的蓝牙站和服务站主计算机建立连接,它和汽车计算机通过蜂窝电话系统交换信息。

(2)服务站主计算机提醒服务人员分配任务,同时使 PC 和汽车建立连接,并下载一些需要的信息。

(3)服务人员在其 PC 机上获得必要的工作指示,当给汽车服务时,他可通过 PC 机控制和调节一些功能,如灯、窗户、空气、发动机参数等,也可为任何电子控制单元下载最新版本的软件,如图 11-45 所示。

(4)手机的免提操作功能。它使司机在开车过程中无需手持手机即可接听来电,并且当电话铃声响起时,他们也无需到处寻找手机。Bluetooth 免提选件根据您在车内呆的时间长短也各有不同,有汽车制造商提供的标准或可选通信系统、售后汽车套件、无线扬声器配件以及无线耳机。

为使蓝牙技术在汽车中真正具有吸引力,必须达到能够在标准蓝牙 MAC 层与用户订制的 MAC 层间切换。在汽车工业中把蓝牙技术用做 CAN 网络的网关,将使汽车具有更高的无线接口能力,从而具有更广阔的市场前景。如果将蓝牙单元安置在需要灵活电缆的地方,而不是仅仅与上面提到的蓝牙 CAN 网关通信,市场潜力会更大。图 11-53 所示为 2003 款 Audi A8 轿车总线网络示意图。图 11-54 所示为蓝牙技术在汽车中的拓扑结构图。

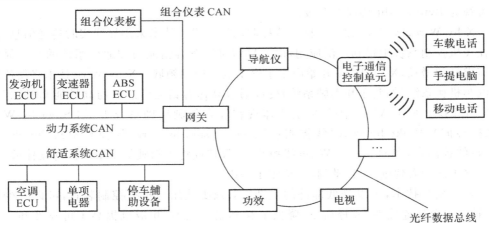

图 11-53　2003 款 Audi A8 轿车总线网络示意图

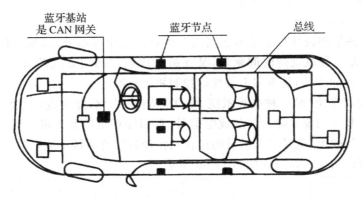

图 11-54　蓝牙技术在汽车中的拓扑结构图

11.5.2 FlexRay 在汽车上的应用

1. 概述

汽车电控系统日益复杂,对车辆安全性能要求不断提高,CAN 已不能完全满足分布式控制系统对通信时间离散性和延迟的要求,于是出现了一些传输速率高、可靠性高、通信时间离散度小并且延迟固定的比较新的车载通信网络协议。

以线控系统为主要应用目标的 FlexRay 是由 BMW、Daimler Chrysler、Motorola、Philips 等公司组成的,FlexRay 共同体为车载系统高层网络和线控系统制定的通信标准可视为 Byte Flight 协议的升级。

X-by-Wire,即线控系统,又称电传控制网络。线控技术采用导线实时传送信息,最早在飞机控制系统中得到广泛应用,由于目前对汽车容错能力和通信系统的高可靠性的需求日益增长,X-by-Wire 开始应用于汽车电子控制领域。X-by-Wire 技术将使传统的汽车机械系统(如刹车和驾驶系统)变成通过高速容错通信总线与高性能 CPU 相连的电气系统。X-by-Wire 中的 X 主要体现在综合驾驶辅助系统上,如 Steer-by-Wire(线控转向)、Brake-by-Wire(线控制动)、Suspension-by-wire(线控悬架)、Clutch-by-Wire(线控离合)和 Drive-by-Wire(线控驱动)等特性将为驾驶员带来终极驾驶体验,为实现汽车的无人驾驶(全自动驾驶)奠定了基础。

采用线控技术,可以降低部件的复杂性,减少液压与机械控制装置,可以减少杠杆、轴承等金属连接件,减轻质量,降低油耗和制造成本,相应也提高了可靠性和安全性。还有重要的一点,由于电线走向布置的灵活性,因此汽车操纵部件的布置也具有灵活性,扩大了汽车设计的自由空间。

2. FlexRay 工作原理

FlexRay 的最初设计目标是为达到汽车更高的安全控制要求,实现线控控制技术的。FlexRay 是一种既支持时间触发,又支持事件触发访问方式的协议。FlexRay 得到众多实力厂商的支持,是事实上的线控控制协议标准。

以飞机控制系统(是一种线控系统 Fly-by-Wire)为例,介绍线控系统的工作过程:首先将飞机驾驶员的操纵命令转换成电信号,利用计算机控制飞机飞行。这种控制方式引入到汽车驾驶上,就是将驾驶员的操作动作经过传感器转变成电信号,通过网络直接传输到执行机构。线控过程如图 11-55 所示。

图 11-55　线控过程示意图

　　FlexRay 安全总线创立了大量的线控技术,如宝马的线控制动(brake-by-wire)分为电液制动系统 EHB 和电子机械制动系统 EMB。电液制动系统 EHB 是将电子与液压系统相结合所形成的多用途、多形式的制动系统;EHB 由电子系统提供柔性控制,液压系统提供动力。而电子机械制动系统 EMB 则将传统制动系统中的液压油或空气等传力介质完全由电制动取代,是制动控制系统的发展方向。

　　图 11-56 所示为 Steer-by-Wire 系统原理图。在该系统中,无论是电控单元还是传感器和执行器都有冗余备份,极大地增加了系统的安全和可靠性。

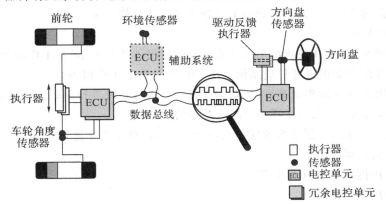

图 11-56　Steer-by-Wire 系统原理图

实训 7　舒适系统(CAN-BUS 总线)的检修(4 学时)

1. 实训目的与要求

(1)掌握典型车型(大众帕萨特 B5)舒适系统的基本结构、工作原理;

(2)结合课堂知识掌握舒适系统 CAN-BUS 总线的工作机理;

(3)掌握典型车型(大众帕萨特 B5)舒适系统的编码方法;

(4)掌握典型车型(大众帕萨特 B5)舒适系统的检修方法。

2. 实训内容

(1)典型车型(大众帕萨特 B5)舒适系统典型部件的基本结构、工作原理;

(2)结合课堂知识讲解舒适系统 CAN-BUS 总线的工作机理;

(3)使用解码器对典型车型(大众帕萨特 B5)舒适系统进行编码设定(Coding);

(4)典型车型(大众帕萨特 B5)舒适系统的检修;

以大众帕萨特 B5 舒适系统实验台或帕萨特 B5 整车为主进行实训。

3. 工具、仪器与设备

(1) 常用拆装工量具若干套;

(2) 万用表若干;

(3) X431 解码器;

(4)大众 B5 舒适系统实验台 1~2 台。

4. 实训步骤

实验安排:时间为 2 学时。先由教师讲解、示范,学生听、观察并操作。

(1)大众 B5 舒适系统实验台

1)舒适系统部件的认识。舒适控制单元 J393、驾驶员侧车门控制单元 J386、右前车门控制单元 J387、左后车门控制单元 J388、右后车门控制单元 J389、中央控制门窗开关、各车门窗控制开关、四门锁控制块、左右后视镜及后视镜开关、仪表、CAN-BUS 总线等,见图 11-57(本书末插页)。

2)CAN-BUS 工作过程与控制原理讲解。内容包括:总线的概念再认识;总线类型;CAN 线与 LIN 线等的差异;CAN 总线数据传输机理等。

作业 1　总线认识

总线的类型	作用	技术要求	检修方法
CAN 总线原理描述		CAN 总线工作过程描述	

3)舒适系统的检修

A. 链路故障:对总线链路设置相应故障,由学生根据工作原理及电路图进行检修。

B. 模块故障:对模块设置相应故障,由学生根据工作原理及电路图进行检修。

作业 2　仪表的检修

故障现象描述	原因分析	排除方法

5. 注意事项

(1) 线路连接过程中,尽可能注意电源安全问题;

(2) 注意操作规范,保证安全实训。

6. 实训考核要求

(1) 正确检修舒适系统(以舒适系统实验台为考核实验台);

(2) 口述 CAN-BUS 的工作过程及原理,检修舒适系统过程中应注意的事项。

7. 鉴定说明(含鉴定方式)

(1) 考核时间为 30 分钟;

(2) 考核过程中任何人不得提示,各人应独立完成检修工作;

(3) 主考人有权随时检查是否符合操作规程及技术要求,但应相应折减所影响的时间;

(4) 若有作弊行为,一经发现一律按零分处理,不得参加补考;

(5) 考核前应准备考核所需仪器设备与器材:舒适系统实验台、万用表、X431 解码器、常用拆装工量具;

(6) 主考人在考核结束后填写考核所用时间并签名。

8. 评分标准

根据操作步骤,采用倒扣法评分,具体如下表。

班级： 姓名： 学号：

序号	考 核 内 容	配分	评 分 标 准	考核记录	扣分	得分
1	正确使用工具、仪器	10	工具使用不当扣 10 分			
2	口述 CAN BUS 工作原理及要求	20	原理要求叙述不清酌情扣分			
			不会叙述原理要求扣 20 分			
2	对控制单元编码	10	不会编码扣 20 分			
			使用解码器不当酌情扣分			
3	正确检修舒适系统故障（门锁、电动窗、后视镜、链路故障或模块故障任选一项）	40	分析总线检修思路错误扣 10 分			
			未能完全排除故障酌情扣分			
			不会检修常规故障扣 40 分			
4	复查舒适系统	10	不复查扣 5 分			
			复查方法错误每扣 5 分			
			复查内容（各车窗、门锁）遗漏每扣 5 分			
5	整理工具、清理现场	10	每项扣 2 分，扣完为止			
	安全用电，防火，无人身、设备事故		因违规操作发生重大人身或设备事故，此题按 0 分计			
6	分数总计	100				

备注：

监考教师： 主考教师： 年 月 日

思考题

1. 为什么必须使用存储式示波器来检查 CAN-BUS 信号？

2. 对于 POLO(MJ2002)车来说，在哪儿找 CAN 驱动数据总线的诊断数据？

3. 为什么不可以在 CAN 驱动数据总线处于工作状态时用欧姆表来检测？

4. 为什么当大众 CAN-High 线或 CAN-Low 线断路时，CAN 驱动数据总线会完全失效？

5. 如何在 CAN 导线和地线之间找到短路处？

6. 怎样才能知道 CAN 驱动数据总线的导线装混了？

7. 根据 CAN-BUS 信号的哪种变化来识别 CAN 驱动数据总线的 CAN-High 线断

路了?

8.如何根据 CAN 信号来识别出 CAN-Low 线对地短路?

9.比较 LIN、CAN、MOST 光纤、BLUETOOTH 等通信协议间的差异及各自应用范围。

第 12 章

其他车身电控新技术

12.1 概 述

目前,随着我国汽车保有量的激增,汽车驾驶安全问题日渐重要。道路交通安全研究已经成为热点,特别是围绕人—车—路系统中的人和路开发车载汽车安全驾驶支持系统更是受到广泛关注。

车身电控其他新技术将着重着眼于汽车驾驶安全辅助系统与智能道路交通 ITS。其中车载驾驶安全辅助支持系统分为感知层、判断层和操作层。感知层主要是获取车辆运行环境信息、车辆状态信息、驾驶员生理信息和驾驶行为信息,并向驾驶员提供信息;判断层主要是根据感知层信息判断车辆运行安全性和驾驶员是否疲劳,并向驾驶员报警;操作层主要是引导或介入控制驾驶,以规避危险。智能道路交通 ITS 则由于包括了人—车—路系统的综合,已远远超出了汽车本身的范围,本文不作深入。

目前在汽车安全驾驶支持系统中的核心是汽车主动防撞控制系统,但由于目前的技术局限性,现在轿车中应用更多的是安全驾驶辅助系统的感知层,其中关于车辆状况信息的监测研究有汽车轮胎压力监测、烟火监测、行车记录(汽车黑匣子)等;交通环境感知系统研究有汽车安全辅助驾驶系统、泊车辅助系统、夜视系统、前照灯智能控制等;驾驶员信息监测系统研究有 EYECAR 技术、CAMCAR 技术等。

12.2　汽车黑匣子(行车记录仪)

12.2.1　汽车黑匣子的组成与原理

汽车黑匣子,又称汽车工作信息记录仪、汽车综合信息记录仪,也有人将其形象地称为汽车电子警察。它能完整、准确地记录汽车行驶状态下的有关情况,能将汽车行驶轨迹完整地记录下来,并通过专用软件在电脑上再现。新一代汽车黑匣子在功能、体积和性能方面已取得了较大的突破。一般来说,该产品体积只有香烟盒般大小,能防潮、防水、防腐和耐高温。它除了具有传统的黑匣子所拥有的事故分析功能外,还能在汽车驾驶员超速行驶时发出超速报警声,以提醒驾驶员减速行驶,并详细记录车辆每次的起动时间、行驶里程、行驶时间、最高车速,以及每次最高车速的持续时间,方便交通管理部门根据所记录的有关数据对车辆进行有效的管理。黑匣子还可以设置反劫防盗功能。装上该产品后,除了车主和车主委托的人外,其他人即使有了车钥匙也无法起动汽车。即使拆除黑匣子也仍然无法起动汽车,从而在传统防盗器的基础上又有了新的技术突破。

汽车黑匣子通常由记录器、显示器、数据采集处理卡、PC 处理软件系统和传感器等 5 个部分组成。

1. 记录器

它能在汽车行驶过程中客观、精确地记录下多种工况(如前进、加减速、匀速、转弯、倒车、爬坡、上下桥梁、怠速、飞车等)下的行驶参数,并具有防潮、防水、抗震、防火、抗燃烧等功能。其工作状态稳定,性能可靠,适用环境温度宽,具有极高的抗电子干扰能力。记录器作为汽车"黑匣子"的主体部分,当遇到不测或被切断电源后,原先记录下的数据仍会自动被保存下来,并可保存 10 年以上,其时钟运行可持续 1 个月左右。这些宝贵记录对于分析车辆故障和事故原因有着极为重要的作用。

2. 显示器

显示器位于仪表板上。它能及时直观反映出汽车行驶时的动态数据,供驾驶员参考修正车况。当汽车发生超速行驶时,还会立即报警。具体显示内容包括:时间、行驶中的瞬时车速、本次行驶里程等。其中,瞬时车速可反映出停车前 1～10 分钟内 2 个行程的最高车速。

3. 数据采集处理卡

它是集数据采集、存储、显示、存档、报警、受话于一体的便携式多功能磁卡。它可插入记录器中，有中/英文显示，并记录下该车的牌号、驾驶证号、采集时间及各种状态和工作数据，也可把采集到的若干数据送到计算机存档，进行图像处理、事故再现分析等。此外，该磁卡还可以作为汽车遭劫、被盗报警时受话用，与 248 编码的电子钥匙和锁配套使用，能在 1～10 分钟内自动断电、断油，控制丢失车辆行驶。

4. PC 机处理软件系统

它可直接采集、设置记录器中的汽车参数时间、限速范围和一切能改写的参数，也可采集从采集处理器中得到的数据，供事故分析和存档。该系统还可以图形形式再现发生事故汽车的行驶轨迹。

5. 传感器

它能向记录器提供汽车行驶时的速度信号、方向角信号等。我国适用的传感器为SGQ-B1、B3、B4、B5、B6、B7 型。桑塔纳和标致轿车可选用 SGQ-B3 型传感器，丰田、日野、夏利、三菱、皇冠 2.8、大宇、金杯、五十铃面包车等可选用 SGQ-B1 型传感器。

12. 2. 2　汽车黑匣子的功能

1. 性能比较

用"黑匣子"记录汽车的行驶参数，可对同一种、同一类、同等级别的汽车的性能指标进行逐项比较、系统评估、综合评价，确定其性能优劣，为车辆综合性能改进提供原始数据资料。

2. 状态监视

由于汽车黑匣子常与安全警告装置连在一起使用，这样就可以用警示方式时刻提醒驾驶员提高注意力，起到防止驾驶员疲劳驾驶、车辆超速行驶、高速转弯、发动机转速超限、温度超高、电器短路等事故的发生。

3. 事故分析

公安部门可以根据汽车碰撞、翻车、坠毁、烧毁后由黑匣子记录下的事故前的车速、行驶方向、过载情况、发动机功率/转速等信息，以及车内人员对话、驾驶员与调度的通信联络等信息资料，分析事故原因。还可把黑匣子所记录下的信息经处理后送入电子模拟器，回放事故发生时的经过，形象地分析肇事原因。

4. 视情维护

国外对汽车和发动机已采用了"视情维护"制度。日常被黑匣子记录下的异常数据为开展视情维护提供了重要的信息。即汽车上哪个系统、哪个零部件工作不正常就修理哪里，做到有的放矢。这样不仅节省了人力、物力、财力，而且保证了车辆状况的完好率，延长了车辆使用寿命，赢得了更大的经济效益。

5.行驶试验

黑匣子能记录下车辆试验全部数据。例如,用应变计数据、加速度计数据和速度传感器数据,把它们记录在磁(盘)带上,然后进行频谱和功率谱分析,以便日后对该车型的某一部分的结构、刚度、外形、减震等方面进行修正。又如,对汽车环境振动数据的记录和分析,不仅对车材疲劳寿命研究十分重要,而且还能为车载仪表装置和其他系统的设计、改进提供依据。

由此可见,汽车"黑匣子"不仅仅是车辆数据采集的智囊、事故分析的证据,而且还具有极多用途。从某种意义上讲,它还是伴随汽车终身的活"档案袋",不仅能准确、公正、客观地记录,而且定量、定时、动态反映事实,很有说服力。

12.2.3 汽车黑匣子的未来发展趋势

随着微电子技术和计算机技术的发展,汽车黑匣子的功能已经远远超过单纯事故记录的功能,从发展的趋势来看,汽车黑匣子势必将与汽车其他电子系统(如 GPS 定位、通讯、报警、测重、测温、故障诊断等)相结合(如带有汽车黑匣子功能的智能汽车仪表),向大容量、模块化、系统化、数据无线传输和数据集成处理的方向发展。最终使它成为确保现代道路交通运输安全和高效物流动态营运管理的不可或缺的记录处理、显示和数据传送的综合装置,也必将成为智能交通系统(ITS)的重要组成部分。

总之,汽车黑匣子的全面性、包容性和适应性是实现汽车电子综合化、集成化的核心,并必将成为未来智能交通系统(ITS)的重要组成部分。

12.3 驾驶员安全辅助系统

安全辅助驾驶技术的主要目的是提高汽车行驶的安全性,通过安装在车辆及道路上的各种传感器掌握本车、道路以及周围车辆的状况等信息,为驾驶员提供劝告或预警信号,并在一定的条件下能对车辆实施控制。从近几年的国际智能车辆和智能交通会议看,安全辅助驾驶技术的研究主要包括以下几个部分:车辆偏离预警与保持、车辆周围障碍物检测、驾驶员状态检测、车辆运动控制与通讯等。

车道偏离预警与保持是利用机器视觉传感器、激光传感器或埋设于路面下的磁钉,使车辆始终在车道线内运行,防止车辆因为驶离当前行驶车道而导致交通事故的发生,提高了行车安全性。在高速公路上,由于驾驶员操作失误或者注意力分散而引起的车辆偏离车道行驶是造成重大伤亡事故的一个重要因素。

检测车辆外部环境,通过分析车载摄像机传送的图像信息,并通过大规模图像分析并行处理体系 PAPRICA 来解释图像,并将分析结果告知驾驶员,实现辅助驾驶功能。更精确地讲,通过 LED 指示灯提供警告,当车辆接近车道边缘或处于危险境地时，LED 指示灯及时提醒驾驶员规避危险。车辆周围障碍物包括车辆、行人以及道路周围设施等，通过机器视觉、红外线以及激光等传感器能感知车辆周围这些障碍物的存在，并实时跟踪，在危险时刻还可以警告驾驶员采取避障措施。

驾驶员状态监测主要在于研究监控和分析驾驶员状态（疲劳等级、特别是结合驾驶员眼睛凝视方向），设计先进车辆和良好的用户信息交互界面，以便学习、控制甚至模拟驾驶员行为。

车辆运动控制与通讯通过无线网络和移动通讯技术的发展来保证实现，通过车辆与道路设施通讯以提高安全和效率，多车协作通讯驾驶概念也是新近提出的解决交通拥挤的有效手段。

12.4　夜视系统

夜视系统，是用于汽车夜间行驶的辅助观察系统。它实际上就是红外线夜视仪。它利用红外线不受风雪、雨雾的影响的特点，能在恶劣天气和能见度低的条件下，及时发现前方的车辆和行人，以保证行车安全。在这个全新的驾驶辅助系统的帮助下，驾驶者在夜间或弱光线的驾驶过程中将获得更高的预见能力，它能够针对潜在危险向驾驶者提供更加全面准确的信息或发出早期警告。

起动奔驰的夜视辅助系统，驾驶者只需按下方向盘左下方的一个开关（配合近光灯使用）。当时速超过 15 公里时，系统开始工作，而低于每小时 10 公里时，则会自动停止。通过仪表盘的显示器，驾驶者可看到前方路况的高对比度黑白图像，从而能够更快辨别出行驶路径、行人、骑车人和障碍物。

与奔驰汽车不同，宝马汽车装备于 BMW 760Li 的夜视系统是基于远红外线技术的感测接收系统，以模块化的方式集成在车辆已有的电子环境中。它的最大优势是应用了热成像技术，也就是可以有效地区分有生命的物体，如行人或是动物。系统安装只需增加热成像摄像头和控制单元两个硬件部件。用于显示影像的 8.8 英寸显示屏随专业级导航系统一起安装。热成像摄像头直接以探测到的物体和行人的热辐射作为影像数据的来源，而无需车辆提供额外的红外线光源。

BMW 夜视系统通过车灯控制旁边的开关起动和关闭。这套系统在保险杠左下方装了一个探测器，通过它来采集信号，然后在 iDrive 的显示器中成像。另外在内后视镜背面的传感器可以感知前方路况。在路灯照明良好、对面有车经过或是前方有同向行驶的车时，远光灯还会自动变为近光灯。iDrive 系统内设有一个专门的菜单用于起动镜头随动与变焦。此外，驾驶者还可以选择不同的亮度和对比度，并且在全屏和分屏两种显示模式之间进行切换。

12.5　前照灯智能控制

　　为确保汽车在高速公路上稳定和安全地行驶,对汽车前照灯的照度提出了更高的要求,汽车上开始应用高强度气体放电灯(high intensity discharge lamp,简称氙气灯HID)和 LED 前照灯技术;但这两种技术只能工作在一种模式下,即一种固定的光型下。但是,实际道路使用状况、环境状况、气候状况等等情况非常复杂。数据分析显示,在夜间发生车祸的数量是白天车祸数量的两倍,为了在夜间或者是恶劣天气下能达到更好的视觉效果,要求前照灯光线随着不同的驾驶环境而改变。这就需要设计一种灵活的前照灯系统,此系统能根据行车的方向、速度及天气状况的变化自动适应,将前照灯的灯光进行自动光照调节控制。这就是智能化自适应前照灯照明系统(Advanced Front lighting System,简称 AFS)。

　　智能化自适应前照灯照明系统 AFS 可以根据汽车行驶的各种速度、偏离速率以及转向角等表示汽车运动状态的参量、路的类型和天气条件的变化来计算照明的方式,是一种能适应各种不同条件的新的前照灯系统。

12.5.1　前照灯智能控制 AFS 的工作原理与组成

　　AFS 系统的工作原理:当车辆进入弯道或其他特殊的道路状况时,由于方向盘角度和速度发生变化,角度传感器和速度传感器传输到电控单元(ECU)的信号就相应地发生了变化,ECU 捕捉到这些信号的变化,同时判断车辆进入了哪种弯道,并发出相应的指令给前照灯的操控单元,并由操控单元来改变前照灯的水平照射位置。图12-1 和图 12-2 为 AFS 在车上的示意图和模块简图。

　　AFS 系统由传感器组、传输通路、电控单元和执行机构组成。由于需要对多种车辆行驶状态做出综合判断,因此 AFS 系统是一个多输入多输出的复杂的系统。其主要部分包括:

　　(1)基本的前照灯。可以是卤素灯、HID 灯或 LED 灯,有时也加上前雾灯。

　　(2)传感器。包括角度传感器和速度传感器等。通过使用不同的传感器(例如探测湿路条件的雨传感器)来改善灯光照明。随着速度和方向盘角度的改变,车身高度和倾斜度也会随之改变,传感器将这些参数的变化通过 CAN 总线传输给电控单元(ECU),电子控制单元收集所有传感器传来的数据控制执行电机,在理论上给出最合理的光分布,用来改善灯光照明。而第 2 代将由 GPS 信号连接到导航系统,它将可能预测前方的路结构和曲率,并为光分布控制提供预先改变。

　　(3)雾探测器。该探测器能应用在恶劣天气尤其是浓雾条件下,给出真实的实际可视距离。自动雾探测器可根据雾浓度大小给出正确的判断,并调整照明方式,以适应恶

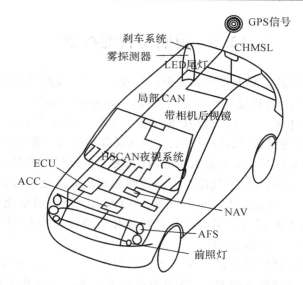

图 12-1　AFS 在车上的示意图

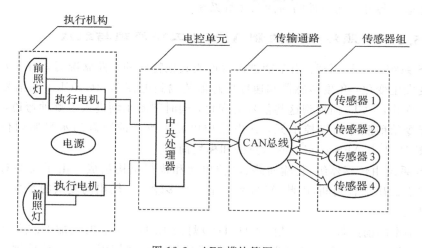

图 12-2　AFS 模块简图

劣天气,提高雾天驾驶的安全性。

(4)随着周围照明环境的改变,由 ECU 发出信号可以控制近光灯的开启和关闭,这在黎明和在隧道中驾驶时,能很好地体现出来。

(5)由于自适应巡航控制器可探测出与前方车辆的距离,AFS 系统多与自适应巡航系统相结合。传感器被放置在前照灯内,而合理的光分布则依赖于车辆的密度。如果密度大,那么降低照准位置可避免对其他驾驶者产生眩目;相反在夜间驾驶时,车辆密度低,提高照准位置可以给出最优化的可见距离,这样就允许驾驶者以更高的速度开车。

(6)夜间可视系统。作为一个独立的可视增强系统,该系统主要分为远红外线和近红外线两种特性,这两种都能应用在支持夜间可视的前照灯系统中。作为一个综合系统,可视光源和红外线的综合应用是识别障碍物、步行者和其他物品的最好选择。

12.5.2　AFS 的控制方式

AFS 要实现不同的功能,必须要从不同的传感器取得不同的车辆行驶信息。如为实现弯道旋转照明的功能,除要从车速传感器获取车速、方向盘角度传感器获取方向盘转角、车身高度位移传感器获得车身倾斜角度以外,还必须通过一些特殊的传感器获取车辆实际转向角度的信息。通常的情况下,AFS 所需获得部分信息也被其他的控制系统采用,即 AFS 实际上要和其他的系统共用一些传感器,通过 CAN 总线实现这些传感器信息的共享(现在某些车也采用 LIN 总线实现 AFS 信息共享)。

AFS 的执行机构是由一系列的电机和光学机构组成的。一般有投射式前照灯,对前照灯垂直角度进行调整的调高电机,对前照灯水平角度进行调整的旋转电机,对基本光型进行调整的可移动光栅,此外还有一些附加灯,如角灯等。

电控单元 ECU 通过 CAN 总线从方向盘角度、车速、车身高度位移传感器分别取得转向轮旋转角度、车体速度和车身倾斜度的精确信息。角度和速度信息通过中央控制电路精确计算后产生输出信号,控制旋转电机对前照灯进行水平旋转,倾斜度信息控制调高电机对前照灯进行垂直旋转,如图 12-3 所示。

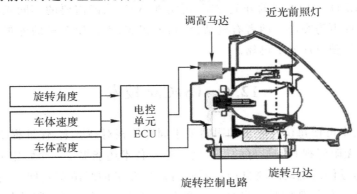

图 12-3　AFS 系统简图

图 12-4 为 AFS 系统与未使用 AFS 系统道路照明对比。与传统前照灯比较,AFS 系统能够在弯路提供更多需要的照明。其中虚线内区域表明无转弯随动功能的前照灯照明范围,实线内区域表明有转弯随动功能的前照灯照明范围,可以清楚地看到转弯随

动功能给驾驶员带来更多有效照明,为对面车辆或路边行人减少了眩光。

图 12-4　AFS 前照灯系统与传统道路照明对比

12.5.3　AFS 系统未来发展趋势

目前,全球各大汽车展中,都能看到以 LED 作为汽车前照灯的概念车型,随着 LED 技术不断发展,LED 的功率越来越高(1W 到 3W),效率也不断提高,如果用于前照灯替代比较节能的气体放电灯,其节能的优势仍然非常明显,这就意味着更低的维护支出,且灯具寿命可达到 10000h,与整车同寿命。同时 AFS 系统能主动消除各种不同路面类型和天气变化所带来的不利影响,给出最佳的照明方式,为安全驾驶提供有力保障。因此,AFS 系统与 LED 前照灯的结合已成为未来汽车前照灯照明的发展趋势。例如,对多个 LED 进行不同的开关控制,可实现 AFS 功能需要的不同光型,可使系统节能性和可靠性更为突出。两者有机结合,相辅相成,不仅使车辆的外观变化多样,而且能够使车辆驾驶更加安全可靠。

12.6　EyeCar 技术

EyeCar 技术可使每位驾驶员的眼睛处于同样的相对高度上,保证提供一个对路面和周围车道的无阻碍视野和最好的可见度。这一技术还能提供一个特定的驾驶环境。

EyeCar 通过使用电动座椅自动将不同身高驾驶员的眼睛调到同一高度来解决可见度的问题,还可根据驾驶员的自身特点和喜好自动调整转向盘、制动与加速踏板、地板和中央控制台等,以得到最舒适的驾驶环境。同时,对 B 立柱进行了重新设计,将它移到驾驶员的视线之外。因为汽车驾驶员所收到的最关键的信息一般有 90% 以上是从车外通过眼睛观察获得的。所以,这一改进对于汽车的安全性具有重要的意义。

EyeCar 中采用两种不同的方式来确定驾驶员眼睛位置。一种是靠人的眼球独特的反射性性能,第二种是利用了人体的含水量。

　　第一种方式是由眼睛识别技术实现的。其基本原理是由位于风窗上饰板内的一个视频摄像机扫描驾驶员的座椅区域,以便查找一个代表驾驶员脸部的模式,然后对驾驶员脸部进行扫描以确定其眼睛的位置,最后再找出各眼的中心。完成整个过程需要的时间很短,通常不到 1 s。摄像机所带的眼睛传感器将这些信息输入计算机,然后根据计算机编写程序进行比较,从而升降座椅直到驾驶员处于最佳高度。可进一步再调节制动踏板和加速踏板、转向柱、中央控制台及地板,以便和驾驶员座椅高度匹配,形成一个舒适的驾驶环境。另外,驾驶员还对踏板和转向盘位置进行微调,以求获得最佳的舒适性和完全符合人机工程学。

　　第二种方式是在顶棚里装一个电容式传感器来测量座椅上方的电场。其基本原理是当驾驶员坐在驾驶座位上时,人体的含水量使周围电场发生改变,电容式传感器通过测量这一电场变化来测量顶棚至驾驶员头顶的距离,通过调整座椅位置使头顶距顶棚 7.62 cm,便能获得最佳的观察位置。

12.7　CamCar 技术

　　CamCar 的仪表板上设有一个中心显示屏和两个侧面附加显示屏,来对汽车的行车环境进行显示,从而减轻驾驶员的疲劳,提高行车安全。显示的内容可以根据具体情况进行改变,以便为驾驶员提供最重要的信息。为防止驾驶员眼睛疲劳,对汽车驾驶室内的显示屏有很高的要求,传统的 TV 显示达不到要求,有些平板式显示屏在冷天环境下的响应速度又不能满足要求,同时对视角也过于敏感。为了解决这些问题,福特的研究人员引进了一种全新的显示方式,采用无眩光的薄型显示屏。这种显示屏具有响应速度快、无虚边、可从各个角度观看、允许的温度变化范围极宽等优点。

　　当 CamCar 的驾驶员通过按键接通倒车视野时,中央显示屏就进行 NightEye 低照度摄像机显示。这一摄像机可以在白天或极暗的亮度下提供紧靠车后区域的细微图像,以便对汽车进行安全的操作。传统汽车在倒车时驾驶员通过后窗遥望观察车后的环境,而现在驾驶员可在显示屏上了解车后的情况,而且更清楚细致,可使驾驶员估计与后保险杠邻近物体的距离,并对障碍物进行显示。

　　CamCar 摄像机系统使用了两个铅笔大小的前向摄像机,装在汽车的两侧,可以获得障碍物之后的视野,其覆盖角可达 22°,在 300m 的距离上相当于 116 m 宽的视场。通常认为一般行驶中的“盲点”是位于旁边车道紧靠驾驶员左肩后面的一块区域。不过,如果驾驶员紧随一辆大型载货汽车或厢式汽车后面行驶,则驾驶员的盲区要大得多。这种视线受到封堵的情况有可能是严重的安全隐患。有了 CamCar 摄像机系统后,这一隐患得以消除。仪表板上的两个附加显示屏一般显示侧面的后向视野,当驾驶员想绕过障碍物了解前面的情况,可以按一个按键,将显示切到两个前向摄像机摄取的画面,这样驾驶员就能绕过障碍物看到前面的东西了。

　　除了倒车视野外,CamCar 的后向视野还可通过精确设计安装在车后的四个微型摄像机来加强。四个摄像机呈扇形展开,以四个分开的图像来捕获车后一个很宽的区域内的路面环境情况。四幅图像被送入计算机中,按照一定的程序进行比较和叠加,然后合成为一个完整的全景视图,其总覆盖角比一般的后视镜要宽得多。

思考题

　　1. 查阅资料,说明什么是预瞄型 AFS? 它与传统的 AFS 前照灯智能控制有何异同?

　　2. AFS 工作时的工作范围取决于什么? 工作时调节左右配光角度是否相同? 为什么?

　　3. 汽车黑匣子是如何工作的? 在汽车维修中它还可能有什么用途?

　　4. 什么是泊车辅助系统? 它是如何工作的?

参考文献

[1]郝君编著. 汽车自动空调. 北京:高等教育出版社,2007 年

[2]于建国,付百学编著. 汽车车身电控系统维修. 北京:中国电力出版社,2007 年

[3]毛峰主编. 汽车车身电控技术. 北京:机械工业出版社,2005 年

[4]李春明主编. 汽车车身电子技术. 北京:北京理工大学出版社,2006 年

[5]李东江,张大成编著. 汽车车载网络系统(CAN-BUS)原理与检修. 北京:机械工业
出版社,2005 年

[6]鲁植雄,赵兰英主编. 汽车多媒体和导航系统结构原理与维修. 南京:江苏科学技
术出版社,2007 年

[7]刑忠义主编. 汽车新结构与新技术. 北京:机械工业出版社,2008 年

[8]郑志中,王长建主编. 汽车车身电控检修. 北京:中国劳动社会保障出版社,
2006 年

[9]杨庆彪主编. 现代轿车全车网络系统原理与维修. 北京:国防工业出版社,2007 年

[10]李贵炎主编. 车载网络系统结构原理与维修. 南京:江苏科学技术出版社,
2008 年

[11]方贵银,李辉编著. 汽车空调技术. 北京:机械工业出版社,2002 年

[12]汪立亮,彭生辉,徐寅生编著. 现代汽车安全气囊系统(SRS)原理与检修. 北京:电
子工业出版社,2000 年

[13]汪立亮,彭生辉,杨生超编著. 现代汽车电子巡航控制系统(CCS)原理与检修. 北
京:电子工业出版社,2000 年

[14]陆华忠,赵去峰,吴慕春编著. 本田汽车维修手册. 沈阳:辽宁科学技术出版
社,1997

[15]云皓,陆华忠,肖超胜编著. 丰田汽车维修手册. 沈阳:辽宁科学技术出版社,
1997 年

[16]上海大众售后服务技术信息系统 Version3.0.上海众大新技术发展有限公司.

[17]李勇主编.最新汽车遥控器设定与音响解码手册. 沈阳:辽宁科学技术出版社,
2004 年

［18］宋年秀,张文照主编.汽车中控门锁防盗系统.北京:人民交通出版社,2004 年

［19］宋进桂主编.怎样维修汽车防盗与音响系统.北京:机械工业出版社,2006 年

［20］陈勇主编.汽车中控门锁及防盗系统结构原理与维修.南京:江苏科学技术出版,
　　　2007 年

［21］许智宏主编.国产汽车防盗及中控系统维修精华.北京:机械工业出版社,2005 年

［22］王成安,朱占平主编.汽车电子电器设备.大连:大连理工大学出版社,2007 年

［23］陈无畏主编.汽车车身电子与控制技术.北京:机械工业出版社,2008 年

［24］刘建清主编.教你检修轿车电器与电控系统.北京:电子工业出版社,2008 年

［25］段京华主编.汽车构造与实训(中册)电气部分.合肥:合肥工业大学出版社,
　　　2007 年